너에게 미치도록 걷다

너에게 미치도록 걷다

방랑작가 박인식의 부처의 길 순례

박인식

생각정거장

차
례

불효자는 웁니다	6
박수를 치다	14
안개	21
집을 나서다	26
거기서 네 이름을 처음 불러보다	37
무궁화꽃이 피었습니다	47
이팔청춘	54
개구리 다음에 악어	66
안녕하세요? 코뿔소	74
코끼리에 대한 오해	83
분홍 메밀꽃 필 무렵	92
고흐가 그린 농부의 초상	102
연탄은 깨져 있었다	109
이것이 인도다	117
박구라와 오무자	125
무슨 문제라도?	134
술나무	141
유마힐이 될까나, 딸꾹!	148
그 망고나무는 아름다웠다	156
시장이 반찬이지	169

쇠똥구리	181
미치도록 사랑하고 싶을 때	191
아버지와 아들	208
연꽃 피어나다	216
어머니와 아들	225
죽 하는 그릇, 나무 그늘 한 자리	243
수갑 찬 다섯 마리 양	256
우리가 양들을 보기는 본 걸까?	267
What's your name?	280
긴 밤 짧은 밤	293
오래된 미로	299
에히 빅쿠!	305
홀로 걸어가거라	315
엄마야 누나야 강변 살자	323
한없이 투명한 중도	339
맨발의 나무	350
후기_ 먼 길을 걸었다, 그러나	366
부처의 길, 백일간의 여정	374

불효자는 웁니다

부처가 죽었다.

제자들이 구슬피 울었다.

어미 잃은 어린 새들 같았다.

그러자 죽은 부처는 두 발을 관 바깥으로 내밀어 보였다.

맨발이었다.

그의 맨발이 된다. 그 맨발이 걸어간 '맨발의 땅'을 따라 걷는다. 그 맨발이 태어난 룸비니에서, 깨달음을 얻은 싯다르타가 부처로 다시 태어난 보드가야와 처음으로 설법을 편 사르나트를 거쳐 열반의 길로 들어간 쿠시나가르까지는 지도상으로 천이백 킬로미터, 곧 삼천 리 길이다.

그 '맨발의 길'은 길고도 멀었다.

일찍이 나는 이보다 더 먼 길을 떠나려고 마음먹은 적이 있다.

대구의 어느 중학교 삼학년생이었다. 이마빡 새파란 그 시절에 이미 사주에도 나와 있다는 역마살을 다스리지 못해 몸부림쳤다. 남태평양 폴리네시아 군도로 가서 그곳 어느 무인도에 태평천국을 세우고자 했다. 타히티 섬의 고갱처럼 원시적인 삶을 그려내는 화가가 되려는 꿈 때문이었다.

급우 일곱 명을 포섭해 반년 넘게 준비해왔던 이 음모는 한 대원의 고자질로 불발탄이 되고 말았다. 부산항 제3부두에서 밀항선을 타려다가 잠복해 있던 경찰에 덜미를 잡혔던 것이다.

그 디데이 전날, 대원들을 집으로 보내며 불효자를 부디 용서해달라는 식의 유서 한 통씩을 써오게 했다. 밀항선에 오를 부산에서 우체통에 넣을 유서들이었다.

나는 유서를 쓰지 않았다. 마음에 품은 유서가 따로 있었다.

……모서리가 상해 오래된 프레스코 벽화 같다. 바탕은 여러 빛깔을 띠지만 청색과 청록색이 주조를 이룬다. 정면 아래쪽에는 잠든 아이와 앉아 있는 세 여자가 그려져 있다. 보라색 옷을 입은 두 여자는 저들만이 알고 있는 은밀한 얘기를 나누고 있다. 화면 한가운데는 원근법을 무시한 채 그려진 덩치 큰 남자가 두 팔을 들어 빨간 과일을 딴다. 그 남자 오른쪽에서 머리 위로 한쪽 팔을 들어올리고 앉아 있는 인물은 비밀스런 얘기를 속삭이는 여인들이 신성모독죄라도 저지른 표정을 짓고 있다.

가운데 선 남자가 따준 과일을 먹고 있는 아이 주변에 고양이 두 마리가 놀고 있다. 한 마리는 앞을 보고, 다른 한 마리는 등을 돌리고 엉덩이와 꼬리를 옆 고양이에게 내밀고 있다. 두 고양이는 염소를 동무 삼았다. 산양 같기도 한 그 염소는 왼쪽으로 비스듬히 기댄 주황빛 피부의 남자를 쳐다본다. 그 남자 오른쪽 위에서 신비롭고도 부드럽게 두 팔을 벌리고 있는 원시 조각상의 청록색 몸빛은 죽음 뒤에 다가올 피안의 세계를 암시한다. 왼쪽 구석에 검은 천을 두르고 있는 노파는 죽음을 앞두고 있는 게 틀림없다. 노파의 대칭 위치에 젖먹이 어린아이 하나가 세상모르고 잠들어 있다. 노파의 발치에는 기묘하게 생긴 하얀 새가 도마뱀을 잡아 부리로 쫀다. 이 모든 '생로병사'라는 인생의 은유는 개울가를 배경으로 펼쳐진다. 개울이 이어진 쪽으로 바다가 그려져 있다. 그 뒤쪽으로 이웃한 섬의 산기슭이 보인다…….

'우리는 어디서 왔으며, 우리는 무엇이며, 우리는 어디로 가고 있는가?'

유서를 대신해 고갱 화집에서 찢어낸 이 그림의 제목은 다른 누구도 아닌 나 자신에게 그렇게 묻고 있었다. 그 유서를 품고 눈물을 삼키며 집을 나오는 어린 나는 이천오백여 년 전 맨발로 카필라 성을 나서는 싯다르타 태자에 다름 아니었다. 고갱의 그림에서 생로병사라는 인간의 굴레를 읽어낼 그즈음부터 나는 근원적인 궁금증을 길에서 찾으려 함부로 길을 떠나는 방랑자가 되었다.

길 위의 내 인생은 그렇게 시작되었다.

남태평양 삼만 리 물길을 헤쳐 나가지는 못했지만, 인생의 길을 스스로 찾아 나서는 나이에 들며 산으로 난 수직의 산길로 떠나고 또 떠나는 산쟁이가 되었다. 살아서 돌아올 수 있다고 결코 장담할 수 없는 길로도 스스럼없이 나섰다. 피 뜨거운 젊은 날이었다. 거기에는 삼 밀리미터의 길이가 모자라 영원히 이 세상을 등질 수도 있는 바람의 길이 있었다. 그 청춘의 낭떠러지에서 활짝 핀 채 산벚꽃처럼 떨어져 내린 산친구들이 숱했다.

그들과 무엇을 약속했던가?

그들과 어디서 무엇이 되어 다시 만나자고 했던가?

등반용 로프를 탯줄 삼아 묶고 찔레꽃 순정을 나누던 산의 영혼들을 무엇이라 불러야 마땅했을까?

그때는 영원과 불멸과 자유라는 이름을 붙여보았다. 그것은 차라리 신앙이었다. 그 산길에서 영원과 불멸과 자유를 안겨줄 바람의 살결을 만져볼 수 있을 것이라고 믿었다.

그 믿음은 끝내 나를 히말라야로 데려갔다. 하늘마저 지쳐 끝난 히말라야가 태곳적 모습 그대로 솟아 있었다.

서른 잔치가 끝날 무렵까지 스무 차례 가까이 히말라야 산길을 헤맸다. 그 산길 어느 구비에서 내가 나왔으며, 그 산길을 가고 있는 나는 누구이며, 또 그 산길은 어디로 이어지고 있는지를 턱없이 궁금하게 여기며 산짐승이 되어 울부짖었다.

그때마다 다행인지 불행인지, 매번 살아서 돌아왔다. 산행의 끝은 언제나 제자리였고 또 빈손이었다. 한 번도 그토록 꿈꿔왔던 영원과 불멸과 자유라는 바람의 살결을 제대로 만져보질 못했다. 늘 빈손인 채 정상에서 더욱 허망해진 가슴을 술로 달랬다. 그렇게 일상으로 되돌아오길 거듭하며 나이를 먹어갔다.

그러던 어느 날이었다.

히말라야의 만년설을 넘어 네팔과 인도의 테라이 평원을 끝없이 걸어가고 있는 한 산사나이가 눈에 들어왔다. 오래전부터 알고는 있었지만, 그를 '산의 아들'로 바라보기는 그날이 처음이었다.

작년 가을 무렵이다.

아침저녁으로 불어오기 시작한 선선한 바람에는 후텁지근하고 끈적끈적한 늦여름의 습기, 다시 말해 눈칫밥 먹고 살아가는 일상의 짜증과 권태가 말끔히 가셔져 있었다. 그 가을바람은 또다시 가슴 한켠을 쓸어내며 오래 잊고 있던 고갱의 화두를 떠올리게 했다. 그 산사나이는 마침 그때 내 눈에 띄었다.

나는 다시 어디론가 먼 길을 떠나야만 했다.

'링반데룽(Lingwanderung)'이라는 등산 용어가 있다. 환상방황(環狀彷徨)이다. 끝없이 펼쳐진 설원 같은 데서 곧잘 겪게 되는데, 어디론가 곧장 나아갔는데도 자신도 모르게 방향을 조금씩 틀게 되어 끝내 제자리로 돌아오게 될 때 쓰는 말이다. 우리 나이로 육십을 몇 달 앞둔 이때 생의 링반데룽에 걸린 듯 어리둥절해졌다.

지난 삶의 길 내내 지녀온 나침반이 고장나 있다는 걸 그때서야 눈치 챈 것이다.

새로운 나침반이 필요했다. 다시는 제자리로 돌아오지 않을 새 길을 가리키는 나침반을 든 것 같은 그 산사나이는 시공을 초월하여 나타나서는 어서 따라오라며 내게 손짓했던 것이다.

가을바람에 흔들리는 그의 손짓은 젊은 날 영원의 세계로 가버린 산친구들과의 오랜 약속들을 되살려주었다. 그 바람은 어서 떠나라고 내 등을 떠밀었다. 그 손짓은 어서 따라오라며 내 발걸음을 재촉했다.

떠날 곳은 많은 듯하면서도 쉬 나타나지 않았다.

맨 먼저 남들처럼 '산티아고 가는 길'을 떠올렸다. 하지만 곧 고개를 가로젓게 되었다. 전체는 아니지만 일부 구간을 걸어본 적이 있다. 더 없이 아름다운 길이고 또 걸어볼 만한 길임에 틀림없다. 그렇지만 이 길은 이미 오래전부터 유럽 문명이 관리하고 있다. 그 길에서는 진정한 자아에서 불어오는 바람에 몸을 씻기 어려울 듯했다. 거기서는 무모함도 찾을 수 없을 듯했다. 그 길은 다만 유행이 되어버렸다.

마흔 즈음에 두어 차례 가본 적 있는 실크로드도 고려해봤다. 이 길은 한없이 길고 한없이 적막하고 또 한없이 지루하다는 점에서 오히려 도전 욕구를 불러일으켰다. 하지만 이 길 또한 마땅찮았다. 걸어서만 가기에는 너무나 먼 길이었다. 이삼 년에 걸쳐 걸어간다 해도 그건 고행도 아닌 극기 훈련에 지나지 않을 것 같았다. 그 길에서 언젠가 놓쳐버린 참된 내 모습을 찾아낼 것 같지 않았다. 여행이 끝나면 집이라는 제자리로 돌아가긴 하겠지만, 돌아온 나는 내가 누군지도 모르는 지금의 내가 아니라 진정한 자아를 찾은 새로운 내가 되어 돌아오고 싶었다.

산티아고 순례길을 세상에 널리 알린 브라질 출신 작가 파울로

코엘료는 '지혜로 향하는 길'은 다음 세 가지 요소를 지니고 있어야 한다고 했다.

우선 그 길은 아가페적 사랑을 포함해야 한다. 그리고 살아가면서 실제로 이용되는 길이어야 한다. 마지막으로 그 길은 누구라도 걸어갈 수 있어야 한다는 것이다.

산티아고 순례길이 그런 길인지 아닌지는 알 수 없지만, 그 길에서 진정한 자아를 찾아낼 수 있을 것 같지는 않았다.

내가 찾는 길은 '깨달음의 길'이다. 감히 그 길을 걷고 나서 깨달음을 얻은 부처가 되고자 한 건 아니다. 다만 그 길의 흙을 발목이 시큰거리고 물집이 잡혔다가 터지기를 거듭해 끝내 발바닥에 굴피나무 껍질 같은 굳은살이 박이도록 걸어보고 싶었다. 그렇게 걷는 나무가 되어가는 사이, 간간이 불어오는 바람결에 오래 잊었던 영원과 불멸과 자유의 속살을 단 한 번만이라도 만져볼 수 있기를 바랐을 따름이다.

내가 찾는 그 길은 무엇보다도 신비로워야 한다. 그 신비는 자연의 아름다움에서 절로 배어나야 한다. 그 아름다운 길에는 자연의 신비에 감응하는 인간의 열정이 용솟음쳐야 한다. 그 열정 때문에 그곳 삶이 현대화에 뒤처졌다 해도 가난을 부끄러워하지 않고 오히려 선택했다는 자부심을 지닌 땅이어야 한다. 그곳에서는 종교라 해도 경전으로 전해지는 관념에 머물러서는 안 된다. 삶 그 자체가 종교인 땅이어야 한다. 그리하여 그들이 현대문명에 어느 정도 노출되어 있다 해도 삶의 근본은 아직 농촌공동체의 원시적 순결성에 젖줄을 대고 있어야만 한다.

그런 길은…… 아무래도 네팔과 인도의 농촌에서만 찾을 수 있을 것 같았다.

내 앞에 나타나 따라오라 손짓하던 산사나이는 바로 '신의 나라' 네팔에서 태어난 부처였던 것이다.

박수를 치다

세상은 엄청 바뀌어 있었다.

인천공항에서 네팔 카트만두로 바로 날아가는 비행기편이 생겨나 있었다. 처음 타본 직항 항공편이다. 산친구 권경업 씨와 사진작가 심병우 씨가 '부처의 길'을 함께 가는 길동무가 되어주었다. 우리는 2010년 새해 첫날 부처가 태어난 네팔 룸비니로 가기 위해 카트만두로 날아갔다.

카트만두 공항은 여전히 보잘것없었다. 하지만 비행기는 미끈하게 착륙했다.

나는 박수를 쳤다.

누가 촌스럽게 박수를 친담? 아직도 비행기 처음 타보는 사람이 있나 보네. 누구야?

여기저기서 왁자지껄 웃으며 두리번거린다.

그들은 내가 박수친 까닭을 결코 알 리가 없다. 하지만 그들도 삼십여 년 전부터 네팔행 비행기를 타본 경험이 있다면 그토록 어처구니없어하지는 않았을 것이다.

그 무렵 히말라야 트래킹을 마치고 귀국할 때다. 방콕과 홍콩을 경유하는 항공편이었다. 카트만두와 방콕 사이는 네팔 항공기를 이용해야 했다. 카트만두 공항을 이륙한 지 두어 시간 지났을까? 비행기가 착륙하려고 저공비행하고 있었다.

벌써 방콕에 닿았나? 방콕까지는 너덧 시간이 걸리는데 이게 웬일인가?

창으로 고개를 돌려 비행기가 막 착륙하는 공항을 살펴보았다. 어이없게도 거긴 카트만두 공항이었다. 두 시간 만에 비행기가 제자리로 되돌아온 것이다. 아무런 안내 방송도 없었다. 뒤쪽 창가 자리여서 바깥이 훤히 내다보였다.

비행기가 착륙하자마자 대형 급유차 넉 대가 쏜살같이 달려왔다. 기름을 제대로 채우지 않고서 이륙한 것이었다. 긴급 주유를 마치고 나서도 비행기는 이륙할 기미가 없었다. 그때 조종사들이 저마다 두툼한 책을 끼고서 비행기에서 내렸다. 그들은 비행기 날개 밑으로 가서 조종술 매뉴얼로 보이는 책을 펼쳐놓고 여기저기 뒤적이기 시작했다. 그러다 갑자기 삿대질을 하더니 상대 멱살을 잡고 성난 투계처럼 싸우는 것이었다. 그 와중에도 기내 스피커는 안내 방송 한마디 없이 입을 다물었고, 불평하거나 항의하는 승객도 없었다. 다만 자리 덕에 그런 전말을 고스란히 바라보게 된 목격자만 남몰래 몸서리쳤을 뿐이다.

단지 그 일 때문에 박수를 친 건 아니다.

그 다음번 네팔행에서다. 에베레스트 쪽으로 산행하게 되었다. 그러자면 쿰부 계곡 들목에 있는 루크라까지 네팔 항공편을 이용해야 했다.

당시 루크라 비행장은 세계에서 가장 짧은 활주로라는 진기록을 갖고 있었다. 해발 이천칠백 미터의 깎아지른 절벽 위에 만들어진 비행장이다. 쿰부 계곡에서 가장 너른 평지라지만 기껏 축구장 두 개 정도 합친 넓이에 지나지 않는다. 항공모함도 아니고 그 옹색한 활주로가 어떻게 비행기들을 안착시킬 수 있겠는가. 어쩔 수 없이 활주로의 끝부분을 얼마간 돋워 언덕으로 만들었다. 그 언덕 활주로를 올라가다 기운이 빠진 비행기가 엉금엉금 뒷걸음쳐 내리면 착륙이 마무리되는 것이다.

착륙은 그래도 양반이다. 진짜 가슴 졸이게 만드는 건 이륙이다. 비행장이 이토록 작기 때문에 루크라행에는 양쪽 날개에 큰 프로펠러가 달린 경비행기만 투입된다. 지금은 어떤지 모르겠지만 그때까지만 해도 제2차 세계대전에 쓰이고 단종된 구소련의 군용기들이었다. 오래전에 폐기처분해야 마땅할 비행기들을 용케도 몰고 다니며 히말라야를 찾는 외국인들을 그 높은 곳으로 실어 나른다.

스물댓 명쯤 탑승할 수 있었다. 자리에 앉자마자 구소련군 구급 박스같이 생긴 자그마한 철제 박스를 든 승무원이 승객들에게 그 속에 든 것을 꺼내 나눠준다.

햐! 여기에도 기내 서비스가 있구나.

그렇게 짐작하며 사탕 물 궁리를 해서는 곤란하다. 그 박스에서 나온 건 사탕이 아니라 솜이기 때문이다. 승무원은 승객들에게 그 솜을 네 뭉치씩이나 안겨준다.

근데 웬 솜이야?

난데없는 그 솜의 용도를 알게 해주는 건 상상력이 아니라 시간이다. 시간이 지나면 자연히 알게 된다. 승무원도 아무런 설명 없이 지하철에서 누군가가 온정의 호소문을 돌리듯 무표정하게 그 내용물을 돌린다. 승객들이 솜뭉치를 받아 들고 '이게 뭐지' 하며 옆 사람을 쳐다보는 사이에 비행기는 이륙 준비에 들어간다.

먼저 프로펠러가 돌아간다. 양쪽 날개에 달린 그 큰 프로펠러가 돌아가는 굉음은 정말이지 흉포하다. 증기 기관차나 증기선이 내지르는 기적 소리나 엔진 소리는 여기에 비하면 자장가다. 넋까지 휘말아 날려보낼 듯 비명을 내지르는 그 소리가 고스란히 승객의 귓속으로 파고드는 까닭은 따로 있다. 비행기 동체 여기저기에 납땜으로 다 막지 못한 틈들이 벌어져 있다. 그 틈 사이로 찬바람보다 먼저 비집고 들어오는 것은 굉음이다. 비행기가 폭발하지 않을까 하는 불안이 엄습하면 누가 시키지 않아도 손은 절로 솜을 찾아 귓구멍을 틀어막게 된다.

그런데 귓구멍은 두 개인데 솜뭉치는 왜 네 개나 줬을까? 그 간단한 산수 문제는 이륙하자마자 곧 풀린다. 활주로가 짧은 탓에 가속도가 제대로 붙지 않은 비행기는 활주로 끝의 절벽에서 다이빙하듯 뚝 떨어져 내릴 수밖에 없다. 그러면 승객의 간도 툭 하는 소리를 내며 절벽 아래로 떨어진다.

담이 약하거나 간이 작은 사람은 이때 남은 두 솜뭉치의 용도를 깨닫게 된다. 워낙 놀란 데다 기내 기압 조절이 제대로 안 된 탓이

겹쳐 그 또는 그녀는 이때 코피가 터졌겠다. 나머지 두 솜은 귀막이가 아니라 코막이용이었다.

귀에다 코까지 막고 나면 안심할 수 있을까? 그렇지 않다. 그 다음은 눈이 문제다. 비행기는 고맙게도 바닥까지 추락하지는 않는다. 그 사이 귀와 코에 막대한 피해를 입히면서도 맹렬한 기세로 돌아간 프로펠러 덕이다.

그제야 비행기는 물에 빠졌다가 솟아오르는 오리처럼 뒤뚱거리는가 하면 바들바들 떨면서 이마가 서늘하게 다가오는 맞은편의 거대한 산봉우리 위를 스치듯 비스듬히 날아오른다. 그 추락과 상승의 변곡점에서 승객들은 보게 된다. 절벽 바닥에 사고 비행기들의 잔해들이 내팽겨쳐져 있는 게 아닌가! 그곳은 채 치우지 못한 사고기들의 무덤이다. 이때 솜은 필요 없다. 눈만 감으면 된다.

하지만 진정으로 공포스러운 순간은 아직 오지 않았다.

비행기가 제대로 부력을 받아 제 항공로로 진입하며 아무 일 없었던 듯 유유히 날게 되면 그 문제의 기내 방송이 나온다. 그 방송이야말로 내게는 정말 공포스러웠다.

"여러분, 반갑습니다. 우리 네팔은 정말 가난한 나라입니다. 그래서 비행기가 아주 낡았습니다. 하지만 안심하십시오. 비행기가 세계 최고로 고물이기에 조종술만큼은 세계 최곱니다. 다른 나라가 버린 비행기로도 우리는 여러분을 안전하게 모시고 있습니다. 감사합니다. 다시 뵙겠습니다."

배짱이다.

히말라야 산속을 걷다보면 내 배 째라는 식의 이런 네팔 배짱과 심심찮게 마주치게 된다.

"네팔 히말라야를 바꾸기 위해 당신이 여기 온 게 아닙니다. 당신을 바꿔주기 위해 네팔 히말라야가 여기 있습니다."

네팔 국립공원 안에서 걸핏하면 나타나는 안내판에 적힌 이 표어 또한 고물 비행기의 기계적 결함을 조종술로 때울 수 있다는 네팔 사람들의 배짱과 한통속이다. 그런 공포에 휩싸여 있다가 카트만두 공항에 무사히 착륙하게 되면, 비록 귓구멍과 콧구멍을 솜뭉치로 막은 기괴한 모습이라 해도 박수를 치지 않고 어찌 배길 수 있겠는가. 그때는 비행기로나마 히말라야를 무사히 넘었다는 기쁨에서 박수를 쳤던 것이다.

하지만 같은 박수라도 지금은 그때와는 의미가 다르다. 다른 승객이 들으라고 박수를 친 것은 더욱 아니다. 히말라야를 넘은 비행기가 카트만두 공항에 무사히 착륙하는 순간, 나는 문득 볼 수 있었다. 내게 그토록 몸 떨리는 공포를 안겼던 네팔 비행기의 생로병사는 싯다르타가 왕궁의 사대문 바깥에서 목격했던 중생들의 생로병사에 다름없다는 것을! 그리하여 비행기가 미끈히 내려앉은 곳은 공항 활주로라기보다 '부처의 길'로 들어가는 들목으로 난 '깨달음의 길'이라는 것을!

그 활주로가 지향하는 하늘 저편 아득한 곳에 관제탑처럼 서 있는 부처가 어서 오라고 다시 손짓했다.

그 부처를 '산의 아들'로 다시 바라보게 된 기쁨을 그 순간의 나는 박수로 드러낼 수밖에 없었다.

먼저 프로펠러가 돌아간다.

양쪽 날개에 달린 그 큰 프로펠러가 돌아가는 굉음은 정말이지 흉포하다. 증기 기관차나 증기선이 내지르는 기적 소리나 엔진 소리는 여기에 비하면 자장가다.

넋까지 휘말아 날려보낼 듯 비명을 내지르는 그 소리가 고스란히 승객의 귓속으로 파고드는 까닭은 따로 있다.

안개

    카트만두에서 네 명의 셰르파를 고용했다. 요리사인 상게를 우두머리로 그의 친척 동생들인 상부, 왕다, 다와는 짐꾼으로 따라나섰다. 네팔 동쪽에 솟은 마칼루 산기슭의 오지 마을 출신인 이 셰르파족 형제들은 십여 년 전 수도 카트만두로 나와 히말라야를 찾는 외국인들의 요리사나 짐꾼 노릇으로 생계를 꾸려가고 있다. 그간 몇 여행사를 거치며 여러 나라 사람들을 겪었는데 한국인과 죽이 잘 맞아 너덧 해 전부터 한국인 전문 여행사에 적을 두고 있다고 했다. 그들과 더불어 카트만두에서 버스로 아홉 시간 달려 부처의 탄생지인 룸비니로 갔다.

    룸비니는 네팔 남부 테라이 지방의 자그마한 마을이다.

    유적으로 보자면 이 룸비니는 여러 불교 성지 중에서 아주 보잘것없는 편이다. 비석 하나 달랑 서 있는 프랑스 오베르의 고흐 무덤만큼이나 초라하다.

마야데비 부인은 친정이 있는 데비다하로 가는 길목의 이 룸비니 동산에서 부처를 낳았다. 그 탄생지에 마야데비 사원이 서 있다. 길이 오륙 미터 될까 말까 한 아쇼카 석주와 기단만 원래의 것일 뿐 후대에 가건물처럼 세운 마야데비 사원은 버려진 듯한 느낌마저 준다.

여기서 굳이 부처 탄생지라는 명성에 걸맞은 풍광을 찾는 사람에게는 숲 속의 수십만 평에 이르는 드넓은 땅을 동서로 나눠 조성한 전 세계 불교국의 사원들이 기다리고 있다. 그리고 가슴에 평화의 그늘을 드리워주는 끝 모를 숲이 있다.

그 국제 사원의 서쪽 단지에 대성석가사라는 한국 사찰이 들어서 있다. 법신 스님이 십오 년째 불사 중인 이 한국 사찰은 룸비니의 숱한 국제 사원 가운데 으뜸자리를 차지하고 있다. 규모 면에서도 그렇고 지난 십여 년 룸비니를 찾는 순례자라면 국적이나 피부색을 묻지 않고 그냥 재워주고 먹여주던 넉넉한 인심으로도 그랬다.

룸비니 사원 단지 안에서 유일하게 순례객을 받기 때문에 룸비니 동산 경내에서 부처의 숨결을 느끼려는 사람들은 한국 사찰을 찾게 되어 있다.

그녀도 그런 순례자의 한 사람이었다.
카트만두 공항에서 그녀는 나를 처음 봤다고 한다. 나는 그녀를 본 기억이 없다.

대성석가사에서 이틀쯤 머문 날 아침, 안개 속에서 그녀는 유령처럼 나타났다. 카트만두에서 밤차를 타고 와서 새벽에 닿은 모양이었다.

룸비니는 안개 마을이었다.

평생 이토록 짙은 안개 속에 몸을 묻고 또 젖어본 적이 없다.

안개는 매일 새벽마다 룸비니 동산을 하얗게 지워버렸다. 안개는 모든 사람이 세상의 중심이라는 것을 알게 해준다. 내가 걸으면 세상의 중심이 한 걸음 한 걸음 옮아간다. 초막, 나무, 새, 개울, 호수, 언덕, 논과 밭으로 이루어진 세상이 동그랗게 동심원을 그리며 나타난다. 세상은 안개 속에서 모두 동그랗게 말려 공이 굴러가듯 서서히 움직인다.

부처가 온 날도 비가 내렸다 한다. 안개비였을 것이다. 안개 속이니 세상의 중심에 저 혼자 우뚝 섰으리. 그래서 부처는 태어나자마자 사방으로 일곱 걸음 걸은 뒤 사자처럼 외쳤다.

하늘과 하늘 사이에 나 홀로 존귀하다(天上天下 唯我獨尊)

안개는 모든 이를 세상의 중심에 홀로 우뚝 서는 부처로 만든다. 안개의 무(霧)는 없을 무(無)이기 때문이다. 또 안개의 무(霧)는 춤출 무(舞)이기 때문이다.

그녀는 안개 속에서 말했다.

"당신을 처음 보았을 때 나는 알아보았어요. 당신이 내가 그토록 오랫동안 기다려왔던 사람이란 걸요. 그리고 룸비니로 가면 그곳에서 당신이 나를 기다리고 있을 거란 것도 예감했어요."

파란 눈을 가진 오스트리아 여인이었다. 삼십대 후반쯤으로 나이가 엿보였다. 한때는 꽤 이름을 날렸던 가수였단다. 모델로도 유명세를 탔다고 했다. 외모와 몸매가 뒷받침해준 얘기였다. 삼 년 전에 모든 활동을 그만두고서 불교에 귀의했다고. 룸비니에 있는 오스트리아 사찰을 찾아가는 길에 바로 그 맞은편에 있는 한국 사찰에서 묵으려고 들른 것이었다. 네팔에 도착하는 날 카트만두 공항에서 얼핏 보았지만 전생에서 이어진 인연을 느낀 동양 남자를 다시 만나는 기적 같은 일이 있어났다고 한다.

그녀는 부처의 길을 따라 걷게 해달라고 떼를 썼다. 하지만 그럴 수는 없었다. 내가 끝까지 버티자 이틀을 머문 뒤 그녀는 룸비니를 떠났다.

그녀가 떠나는 날은 안개가 더욱 짙었다. 그 사이 그녀가 내놓은 말이 안개처럼 아리송한 안개 말이었기 때문인지도 모른다.

아침 공양을 마치고 그녀가 떠났을까, 하고 요사채 이층 난간 끝으로 나가보았다. 그녀는 막 버스 정류장으로 가는 릭샤에 몸을 싣고 있었다. 고개를 무릎 사이에 파묻은 그녀는 큰 두루미 같았다.

릭샤가 막 움직이기 시작했다.

마지막으로 그녀의 이름이나마 불러주고 싶었다. 하지만 그녀의 이름조차 물어보지 못했다는 걸 그때서야 알게 되었다. 다만 "잘 가라"라고만 소리쳤다.

그 난데없는 인사말에 그녀는 고개를 들었다. 얼굴이 활짝 폈다. 막 빗방울을 떨군 배꽃 같다.

나는 손을 흔들었다. 그녀도 손을 흔들었다. 릭샤가 출입문 쪽으로 움직였다. 그녀는 곧 안개에 지워졌다. 안개는 아무것도 보여주지 않았다. 조금 전 그 자리에 배꽃 얼굴의 여인이 배꽃 웃음을 지으며 나를 바라보았다는 사실조차 믿어지지 않았다.

   그때 안개 속에서 그녀의 흐느낌 소리가 들려왔다. 그 울음소리는 그 울음소리를 감싼 안개를 붉게 물들이는 것만 같았다. 내 눈시울도 따라 붉어졌다.

   안개는 그 흐느끼는 소리마저 곧바로 삼켜 하얗게 지워버렸다.

집을 나서다

이튿날인 1월 5일, 우리 일행은 버스를 타고서 룸비니에서 서쪽으로 삼십오 킬로미터가량 떨어진 카필라바스투로 갔다. 이제야 '깨달음의 길'로 걸어 들어가는 출발점에 서게 되었다.

나는 여기를 떠나 부처의 외가가 있는 데비다하와 치트완 국립공원의 원시림 지대를 뚫고 지나가서 헤타우다까지 동쪽으로 나아간 다음, 인도의 락솔로 들어갈 것이다. 그리고 보드가야와 사르나트를 거쳐 쿠시나가르에 이르는 천오백 킬로미터의 농로를 백일 동안 걸어가게 된다.

카필라국의 숫도다나 왕이 드디어 아들을 보자 아시타라는 예언자가 찾아왔다. 그는 태자를 무릎에 올려놓고 관상을 보았다.

"태자는 상서로움을 두루 갖춘 복을 타고 났습니다. 만약 궁성에 머물면 천하를 발아래에 두는 전륜성왕이 될 것이며, 출가하게 되면 일체종지를 이룬 성인이 될 인물입니다."

그 예언에 왕은 태자가 전륜성왕이 되길 바라마지 않게 된다. 태자의 출가를 막기 위해 온갖 수단을 다 동원한다. 고통받는 백성들의 실상을 보지 못하게끔 궁중 속에서만 살아가도록 조처한다. 카필라 성 안에 계절 따라 바꿔가며 지낼 수 있는 세 별궁을 지었다. 그 별궁에서 산해진미와 여인의 아름다움에 빠져 출가는 꿈도 꾸지 못하게 만들려고 애썼다. 이웃 석가국의 아소다라 공주와 일찌감치 결혼시키기도 했다.

하지만 어느 해 참관한 농경제에서 태자는 채찍을 맞아가며 보습을 끄는 늙은 소와 파헤쳐진 흙 속에서 기어 나온 온갖 벌레, 그리고 그 벌레를 쪼아 먹으려고 다투어 달려드는 까마귀떼를 보고 만다. 뭇 생명들이 그 불평등한 관계 속에서 고통을 받고 있는 게 또렷이 들여다보였다.

태자 나이 스물아홉이 되던 어느 날이었다.

카필라 궁의 사대문 밖으로 나갔다가 생로병사의 고통에 신음하며 살아가는 중생들의 비참한 삶을 보고 돌이킬 수 없는 충격을 받는다.

태자는 그날 밤 문득 잠에서 깨어났다. 궁전 안은 등불과 촛불로 대낮처럼 훤했다. 그 불빛 아래 낮에 함께 놀았던 궁녀들이 늘어져 자고 있었다. 그녀들은 은밀한 곳까지 드러낸 채 잠에 곯아떨어져 있었다. 어떤 궁녀는 코를 골고 이빨까지 갈았다. 낮에 그토록 우아하게 보였던 다른 궁녀는 침을 질질 흘렸다. 그 옆의 여인은 누군가 뒤를 본 오물에 얼굴을 박고 있었다. 낮에는 꽃보다 더

예쁘다 싶었던 그녀들이 지금은 시체보다 더 추악했다. 어느 쪽이 진짜 모습인지 알 수가 없었다.

그날 이후 궁성의 큰 누각은 온갖 해골이 나뒹구는 묘지만 같았고, 세상은 온통 불이 붙어 화염에 휩싸인 듯했다. 며칠 동안 잠을 이루지 못하던 태자는 어느 날 새벽녘 북문으로 나갔다. 문 밖에서 그는 눈동자가 샛별처럼 빛나는 한 수행자를 만난다. 그 수행자의 눈빛은 태자에게 출가의 뜻을 굳히게 한다.

궁으로 돌아와 시종을 불렀다.

"종마 칸타카를 데려와라. 궁성의 누구도 말굽 소리를 듣고 깨어나는 일이 없도록 조심하라."

시종이 말을 데려오는 사이에 아버지로서의 싯다르타는 깊은 고민에 빠졌다. 떠나기 전에 이제 막 돌을 지난 아들 라훌라를 한번이라도 안아보고 싶었다.

그는 까치발을 돋우고 라훌라의 방을 찾아갔다. 방문을 살며시 열었다. 향기로운 등불이 타오르고 있었다. 그 등불 아래에서 아들은 어머니 야소다라 비의 품에 안겨 자고 있었다.

'라훌라를 안아보려면 라훌라를 안고 있는 아내를 깨워야 한다. 아내는 결코 나를 놓아주려 하지 않을 것이다.'

태자는 어쩔 수 없이 발걸음을 돌려 시종에게로 간다.

성을 나간 태자는 천리마 칸타카를 타고 밤새 세 왕국을 지나 어느 강가에 닿았다. 강 언덕에 올라 그는 시종에게 강 이름을 물었다.

"최후의 승리를 뜻하는 아노마 강입니다."

"그렇다면 나도 아노마가 되리라."

그 자리에서 시종과 종마를 카필라 성으로 돌려보내고 태자는 지금의 네팔 땅을 삼백 킬로미터 가까이 동으로 가로질러 홀로 걸어가기 시작한다.

카필라 성에는 궁터를 빼고는 아무것도 남아 있지 않았다. 궁성의 규모도 변변찮았다. 남북으로 오백 미터 길이에 동서로 사백오십 미터쯤 쌓은 성벽 흔적뿐이었다.

태사의 출가를 막기 위해 부왕이 지었다는 여름과 상마철 그리고 겨울의 세 별궁 가운데 여름 별궁만 그 자취를 간신히 남겨놓고 있었다.

당시에 구운 붉은 전돌 조각만 여기저기 나뒹굴 뿐, 그 어디에도 세상에서 가장 진귀한 것들을 모아놓고 그 속에 빠져 살게 했다는 보금자리의 영화를 찾아볼 수 없다.

무너진 궁터에는 사오백 년의 나이를 먹은 듯한 쿠숨나무와 망고나무가 부처의 지혜를 익혀 나이 들수록 싱그러운 그늘을 드리우고 있다.

성의 동문으로 나가봤다.

싯다르타가 그 문 밖에서 늙은이의 모습을 봤다는 문이다. 창고와 상가 터 그리고 아치를 올렸을 것으로 추정되는 성문의 기단부만 조금 남아 있다. 동문 밖에는 늙은이 대신에 추수가 끝난 논만 일망무제로 펼쳐져 아스라이 지평선을 긋고 있다.

남문으로 갔다.

싯다르타가 병든 사람을 봤다는 문이다. 그곳에는 성문터조차 찾을 길이 없었다. 문터가 있었으리라 짐작 가는 곳에 흙더미가 쌓여 있고, 온갖 잡초가 그 위를 덮어 봉두난발 꼴이었다.

서문으로 갔다.

카필라 성의 출입문은 이 서문 쪽으로 나 있다. 성문 흔적을 간신히 알아보게 해주는 붉은 벽돌이 바닥에 깔려 있었다. 싯다르타는 이 서문을 나서며 주검을 처음 보았다. 지금 그 문 밖에는 그 주검 대신 관리소 건물과 그 마당이 있다. 마당 곁에 우물이 있고 그 너머로는 팔십여 가구에 구백여 주민이 사는 카필라바스투 마을이 펼쳐진다.

그 마을 서쪽 끝자락에 성터에서 발굴한 유물을 전시해놓은 자그마한 박물관이 있었다.

북문으로 갔다.

싯다르타가 눈동자가 빛나는 수행자를 만나 출가의 뜻을 굳혔다는 문이다. 그 문도 흔적 없이 사라졌다. 그 문터를 나서 얼마쯤 걸었다. 엉성한 철조망을 두르고 있는 두 개의 둥근 전탑 기단이 나타났다. 싯다르타 부모의 묘다. 앞쪽의 큰 스투파가 아버지 숫도다나 왕의 묘이고, 뒤쪽 작은 것이 어머니 마야데비 왕비의 묘다.

그 무덤을 나서며 마주친 풍경을 결코 잊을 수 없다.

그 넓은 들판에 따로 계절이랄 것이 없었다. 낮은 한여름이고 밤은 겨울이다. 그 낮과 밤 사이에 봄과 가을이 잠깐씩 다녀갔다.

마을마다 햇벼를 탈곡하고 있다. 마을의 하오는 가을을 지나고 있는 것이다. 길가 방앗간에서는 햇벼를 도정하는 짚단 냄새를 풍겼다. 그 짚단들은 망고 숲 속에 초가 모양으로 쌓여 있었다.

가을에 계절을 빼앗긴 땅에도 봄은 와 있었다. 추수를 일찌감치 끝내고 갈아엎은 논에 물을 대는 농부들의 일손이 바쁘다. 아버지와 아들이 또 어머니와 딸이 바가지에 매단 줄을 맞잡고 물을 퍼내고 있다. 일을 한다기보다 고무줄놀이를 즐기고 있는 것 같다.

그 곁을 검은 물소 한 마리가 지나간다. 어디서 날아온 백로가 그 물소 등을 타고 앉아 거들먹거린다. 검은색과 흰색의 대비가 날카롭다. 흰 혹소가 지나가다 백로 태우고 가는 검은 물소를 흘깃 쳐다본다. 검은 물소가 백로와 만리장성을 쌓아 새끼 백로 낳은 걸 질투하는 눈빛이다.

스무 마리쯤 되는 염소 가족이 단체로 산보 나왔다. 모두 하이힐 신은 모델처럼 걷는다. 뿔도 안 난 어린것도 그 걸음새만은 벌써 염소다.

그 주변 이웃들에게 따듯한 눈길을 주면서도 농부들은 한 방울도 흘리지 않고 물을 푼다. 속궁합까지 찰떡궁합이어서 평생 해로해온 노부부가 줄을 맞잡고 물 푸는 그림이 여기서는 가장 아름답게 그려진다.

그렇게 물 오른 봄 냄새는 벌써 샛노란 꽃을 피운 유채꽃밭의 봄기운을 잘 받쳐준다. 고운 눈웃음이 고운 얼굴을 받쳐주는 것 같다. 유채꽃밭은 그 웃음에 힘 받아 추수하고 있는 논보다 한 계절을 훌쩍 뛰어넘어버렸다.

그러고 보니 논둑은 이미 파릇파릇하다. 냉이며 민들레며 쑥이며 달래 따위가 제 몸을 키워 봄 처녀들을 기다리고 있다. 나물 캐는 처녀들의 대바구니가 제대로 차기도 전에 안개가 걷히고 나면 들판은 바로 여름으로 접어든다.

새들이 살맛 나는 여름이다. 도요새, 참새, 두루미, 솔개, 제비, 독수리, 물총새, 오리, 되새, 백로, 단정학, 앵무새에다 공작까지 도감에서나 보았을 뿐 우리 땅에서는 볼 수 없는 온갖 새들이 제철의 제 세상을 만나 하늘에 길을 낸다. 새들은 제 부리 생긴 대로 울고 웃으며 노래 부르다가 심심풀이로 태양을 향해 솟구쳐 올랐다.

해질녘이면 기온이 갑자기 뚝 떨어졌다. 여름은 바로 겨울로 이어졌다. 그 겨울을 견뎌내야 하는 생명은 그러나 사람뿐인 듯했다. 겨울을 사람에게 넘겨주고 그 벌판에서 살아가는 모든 생명들은 봄과 여름과 가을 가운데서 제 마음이 가는 대로 골라서 살고 있었다.

카필라바스투에서 남서쪽으로 오 킬로미터쯤 떨어진 쿠단은 보드가야에서 부처로 거듭난 싯다르타가 카필라 성을 떠난 지 칠 년 만에 가족을 만나보기 위해 처음 고향 땅으로 돌아와 머문 곳이다.

싯다르타는 태어난 지 열흘 만에 어머니를 여의었다. 모든 부처의 어머니들은 그 신성한 자궁에 다른 생명을 다시 들여놓아서는 안 되는 까닭에 일찍 이승을 하직하게 된다고 한다.

그 어머니를 대신하여 돌봐주던 이모 프라자파티는 아버지 숫도다나 왕의 새 왕비가 되었다. 그 프라자파티 왕비가 부처에게 황금빛 가사를 바쳤고 또 부처의 아들 라훌라가 아버지를 만나 출가한 곳이 쿠단이다. 그로부터 오 년 뒤 부처는 다시 고향에 들렀다. 그때 양모 프라자파티 왕비와 아내 야소다라 비가 출가의 뜻을 비쳤으나 부처는 받아들이지 않았다. 여기서 여덟 살에 출가한 라훌라는 최초의 사미승이 된다.

뒷날 그런 일들을 기념하는 스투파들을 세웠으나 지금은 바닥 부분만 간신히 남아 있다. 근처에 사는 개구쟁이들이 그 유적의 벽돌을 주워 모아 베이스를 만들고 크리켓 놀이를 하고 있었다. 일루타면 부처는 개구쟁이에게 한 번 밟혔고 이루타에는 두 번 밟혔다

니그리하와는 부처 이전에 속세로 내려온 과거의 일곱 부처 가운데 다섯 번째 부처인 구나함모니불의 탄생지이다. 허리 부러진 아쇼카 석수가 외로이 누워 있을 뿐, 다른 어떤 것도 여기가 불교 성지라고 말해주지는 않았다.

카필라바스투에서 북쪽으로 십여 킬로미터 떨어진 사가르하와 호수에는 석가국이 멸망한 비극의 눈물이 여태 고여 있다.

북부 인도에 할거한 열여섯 나라 중에 남쪽의 마가다국과 더불어 양대 강국으로 떠오른 북쪽 코살라국의 비루다카 왕이 카필라국을 침략했다. 많은 석가국 백성들이 카필라 성에서 여기까지 쫓겨왔다. 코살라국의 병사들은 석가족들을 무자비하게 살육했다. 그때 카필라국의 마하나마 왕이 나섰다.

"내가 호수 속으로 들어가 숨을 참는 동안만이라도 내 백성들을 죽이지 말아주시오."

적장의 허락을 얻은 왕은 호수로 뛰어들었다. 그러나 한 식경이 지나도록 왕은 호수에서 나오지 않았다. 왕은 호수 속 버드나무 뿌리에 머리카락을 묶어 몸이 아주 떠오르지 않게 하고서 숨겨 있었

던 것이다. 그 덕에 석가족은 멸족을 면하게 되었다.

사가르하와 호수에도 그 어떤 역사적 흔적을 찾을 길 없다. 안내 팻말 하나 서 있지 않았다.

나는 '대체 마하나마 왕이 호수 어느 쪽으로 뛰어들었을까' 하고 여기저기를 유심히 살폈다. 괜한 궁리일 수도 있다. 그래도 짐작이나마 해보고 싶었다.

버드나무를 먼저 찾아보았다. 호숫가에는 버드나무가 아니라 그 어떤 나무도 보이지 않았다. 이천 년도 훨씬 넘는 세월 저편의 일이니 그 버드나무가 지금껏 호수 속으로 뿌리내리고 있기를 바랄 수는 없는 노릇이다.

그때 그게 나타났다.

그것은 북쪽 가장자리께 호수 위를 걸어가고 있었다. 처음에는 헛것을 봤거니 했다. 입대해서 처음 총을 쏘게 되었을 때 표적을 노려보듯 뚫어져라 쳐다봤다. 그것은 물속에 비친 그림자처럼 여전히 일렁거렸다. 헛것이 아니었다. 멀리서 봐서 새끼손가락 한마디쯤 될까 말까 한 어떤 것이 물 위를 오락가락하며 춤을 추고 있었다.

시간이 지날수록 그게 뭔지 궁금해서 견딜 수가 없었다. 서쪽 둑을 내달렸다. 달려가면서도 그 물 위에서 춤추고 있는 것에서 눈을 떼지 못했다. 돌부리에 걸려 넘어졌다. 그래도 그에게서 눈을 뗄 수가 없었다. 그가 조금 커졌다. 그래도 그게 뭔지 알 수 없었다. 후딱 일어나 다시 달려갔다. 아주 가까이 가서야 나는 그게 뭔지 알 수 있었다.

물닭이었다.

물닭은 물 위를 걸을 수 있는 희한한 새다. 중닭 크기의 물닭이 뭔 신나는 일이 생겼는지 물을 무대 삼아 신명나는 춤을 추며 오락가락 걸어다니고 있었다.

물닭도 닭이라 닭처럼 걷는다. 여느 닭은 땅 위로는 걸어도 물 위로는 걷지 못한다. 그런데 물닭은 땅보다 물을 딛고 걷는 걸 더 좋아한다.

하지만 제 아무리 신통한 재주를 가진 물닭이라 해도 저 혼자 힘으로는 물 위를 걸을 수가 없다. 물 위에 개구리밥이나마 깔판이 깔려 있어야 한다. 그래야만 물닭의 발을 받쳐줄 평면의 힘이 생겨난다. 아무리 물닭이라 해도 맹물 위로는 걷지 못한다.

멀어서 잘 보이지는 않지만 그 발치의 파릇파릇한 물빛으로 봐서 근처에 개구리밥이 깔린 듯했다. 그제야 나는 호수 여기저기서 울어대는 개구리들의 울음소리를 알아듣는다. 그 개구리 소리에 장단 맞춰 물닭이 춤을 추고 있는가 보다.

여기까지 도망쳐 왔지만 호수가 앞길을 가로막았을 때 석가족 백성들은 누구든 저런 물닭이 되고자 했겠다. 물닭처럼 물 위를 걸어 코살라국 병사의 피 묻은 창칼로부터 몸을 피하고 싶지 않았겠는가. 그랬다면 물닭이 된 자신의 발이 물속으로 빠지지 않도록 받쳐주는 저 동글동글한 연초록 동그라미가 바로 부처가 굴려준 법륜이라는 것을 깨달을 수 있었을 법하다.

다음 날 정오 무렵 안개가 걷히자마자 호수로 다시 나가보았다. 그러나 물닭도, 파란 개구리밥도 보이지 않았다. 먼데서나마 개구리 울음소리도 들리지 않았다.

사가르하와 호수를 춤추며 걸어가고 있던 그 물닭은 그곳에서 익사한 석가족의 한이 만들어낸 환영일지도 모른다.

내가 카필라 성 부근에서 들른 여러 불교 유적지들은 이미 오래전에 하나의 추상, 아니면 하나의 관념이 되고 말았다. 아쇼카 석주라는 이름의 돌기둥이나 붉은 벽돌 조각이 나뒹구는 폐허였을 따름이다.

하지만 전혀 개의할 일이 못 된다. 그 유적지의 이름은 '부처의 길'에 세워진 이정표에 지나지 않기 때문이다. 그 이정표의 표석이나 안내 간판이 너무 작고 초라하다고 해서 실망할 바보는 없을 것이다.

거기서 네 이름을 처음 불러보다

카필라바스투에서 부처의 외가가 있는 데비다하로 바로 가지 못했다. 룸비니를 다시 들러야만 했다.

짐꾼들이 말썽이었다. 카트만두에서 고용한 셰르파족 포터들은 어쩐 일인지 평지에서는 제 힘을 쓰지 못했다.

"지난여름에 비가 많이 와서 강물이 여기 다리를 두 개나 가져가버렸어요. 강물 정말 나빠요."

상게는 우리말을 꽤 한다. 한국인 히말라야 트래킹 팀을 따라다니며 오 년 가까이 요리사로 일하며 익힌 한국어다. 그가 데리고 온 포터들도 등짐을 몇 년간 져온 덕에 단단한 어깨를 가지고 있었다. 그럼에도 삼십 킬로그램쯤 나갈 짐을 지고서 쩔쩔맸다. 평지 트래킹을 산길보다 더 힘들어했다. 그 바람에 걸음발이 받질 않았다. 짐꾼 오기를 기다리느라 하루에 기껏해야 십오 킬로미터 정도 걸을 수 있었다. 그 바람에 카필라바스투에서 룸비니에 이르는 꼬불꼬불한 육십여 킬로미터의 논길을 걷는 데 닷새나 걸렸다.

룸비니까지 하루 걸을 거리를 남겨둔 두파히 마을에서 그간 인상을 찌푸리고 있던 상게가 속을 털어놓았다.

"우리는 인도로 안 가요. 아니 못 가요. 네팔 사람이 거기 가면 인도 사람들이 막 손발을 잘라서 버려요. 목까지 잘라서 아무데나 버려요. 난 무서워서 못 가겠어요. 말도 잘 안 통해요."

엄살이 아니었다. 인도 사람들은 네팔 사람들을 불가촉천민보다 더 천시한다. 하지만 용맹하기로 소문난 고산족 셰르파들까지 이렇게 겁먹고 꼬리를 내릴 줄은 몰랐다. 아무리 구슬려도 상게와 그의 친척 동생들은 처음 약속과는 달리 인도로는 가지 않으려 했다.

그 바람에 다시 들른 룸비니에서 셰르파들을 카트만두로 돌려보냈다. 대신 법신 스님이 소개해준 방글라데시 출신 릭샤꾼과 요리사를 새로 고용하게 되었다. 릭샤꾼 빔과 요리사 빌은 힌디어에 능통해서 인도로 들어가면 통역까지 도와줄 수 있을 것이다.

이백오십 킬로그램의 짐을 싣고 다닐 수 있다는 빔의 릭샤는 대여섯 명 짐꾼 몫을 해냈다. 나는 그 릭샤에 '칸타카'라는 이름을 붙여주었다. 부처가 카필라 성을 빠져나올 때 타고 달렸다는 천리마의 이름이다.

칸타카는 잘 달렸다. 실낱 같은 논길로는 다닐 수 없지만 평원의 바다에 무인도로 떠 있는 농촌 마을과 마을 사이는 마차나 손수레가 다닐 만한 농로가 어김없이 나 있어서 우리의 칸타카가 지나다니기에는 아무런 어려움이 없었다.

1월 10일, 다시 룸비니를 떠난 우리는 다마울리와 아마와와 샤크라푸르와 마니그람 등의 작은 시골 마을을 거쳐 데비다하로 나아갔다.

하루 종일 또는 며칠을 걸어도 차 한 대 지나가지 않는 길이 끝없이 이어진다.

이 길섶의 농부들은 여태 천수답으로 농사짓고 있었다. 하늘은 기도 많이 하는 농부의 논에 더 많은 비를 뿌려준다. 그런 믿음으로 오늘을 살고 있는 네팔 농부들을 만나며 걷고 또 걸었다.

갠지스 강의 상류인 타파하 콜라를 건넜다. 그 강 건너 마을인 수크라울리 동구에서 키실하는 소녀를 보았다. 열두어 살쯤 되었을까. 재미 삼아 놀이 삼아 일을 하고 있는 것 같은데 손이 그렇게 잴 수 없다. 일어서서는 춤을 추듯 키를 놀려댄다. 그 나이가 요염하다 싶게 허리가 돌아간다.

키질하던 중에 '나마스테' 하며 먼저 인사를 건네온다. 인사말을 앞질러 눈빛이 다가와 안부를 묻는다. 그 눈빛의 깊이를 재고 싶다. 그 눈빛에 어리는 그리움의 거리를 재고 싶다. 그리고 그 눈빛의 광도까지 재고 싶어진다. 수만 년 떨어진 광년의 거리와 시간의 강을 건너뛰어 그 눈빛은 별빛이 되어 내 가슴에 박힌다.

그런 눈빛을 쏘이면 그냥 있을 수가 없다. 내 몸속으로 무작정 쏟아져 내리는 저 그리움과 슬픔과 아름다움을 남김 없이 쓸어 담아 어루만지고 싶어진다.

어느새 또 하루가 저문다.

지평선에 논일을 마치고 집으로 돌아가는 일가족의 실루엣이 걸렸다. 아버지는 알 굵은 감자나 무 따위가 들었을 보따리 두 개 그 눈빛의 깊이를 재고 싶다.

그 눈빛에 어리는 그리움의 거리를 재고 싶다.

그리고 그 눈빛의 광도까지 재고 싶어진다.

수만 년 떨어진 광년의 거리와 시간의 강을 건너뛰어 그 눈빛은

별빛이 되어 내 가슴에 박힌다.

를 이고 맨 앞에 섰다. 그 뒤로 두어 살쯤 되었을 막내딸 아이가 맨몸으로 따라 걷는다. 땔감과 염소 꼴을 머리 멜빵으로 잔뜩 인 어머니가 그 뒤를 따르고 빨간 보따리를 인 큰 딸은 보자기 빛깔만큼이나 붉은 노을을 끌고 집으로 돌아가고 있다.

하루가 길에서 또 저문다.

지평선 가족을 마중 나온 강아지가 깡충깡충 뛰면서 지평선을 낮췄다가는 들어올리기를 거듭하다 힘에 부치는지 제자리에 놓아두고는 냉큼 집 쪽으로 내달려간다.

이곳은 별을 일찍 깨우기 위해 일찌감치 어두워지는 땅이다. 별을 박아두기 위해 하늘은 어둠의 물감을 서둘러 풀어놓는다. 어둠이 내린 저녁 여덟시면 사람들은 가축들과 뒤섞여 하루 종일 밭일을 본 눈을 감는다.

다음 날 새벽에도 어김없이 안개가 몰려왔다. 이 새벽에 날 깨워놓은 새들은 또 어디로 날아가서 누구를 깨우고 있을까.

먼 장터로 가는 장꾼들은 벌써 안개 속을 걷고 있으리라. 걸어도 걸어도 안개가 걷히지 않아 제자리걸음하고 있으리라. 제자리걸음해도 세상은 따라 오리라.

그들은 저마다 머리에 뭔가를 이고서 제자리걸음하고 있으리. 새처럼 울며 노래하며 길동무와 재잘거리고 있으리라. 안개는 어제처럼 또 어제 보낸 시간처럼 그들을 감싸주리라.

안개 속에서 지저귀는 새들이 벌판에 꽃이 폈다고 알려준다. 새들이 봄소식을 물어와 전해준다.

언젠가 나도 여기서 살았으리라. 저 새들처럼 봄이 왔다고 노래하며 춤추었으리라. 그러나 이제는 옛일이 되었다. 나는 이미 다른 길로 접어들어버렸다. 옛길은 안개 속에 지워졌다. 오늘의 길도 내일 걸어가야 할 길도 지금은 안개 속에 잠겨 있다. 안개는 시간의 그림자조차 드리우지 않는다.

그 농촌 풍경 속으로 걸어가며 그 풍경에 어울리는 사람과 새와 나무와 벌판과 구름과 바람과 강과 별을 만나고 헤어질 때마다 나는 그리운 사람의 이름을 하나씩 불렀다.

1990년대 초 네팔의 랑탕히말라야로 트래킹 갔을 때다. 갠지스강 최상류인 트리슐리 계곡의 깎아지른 절벽 위로 큰 산사태가 난 흔적이 나타났다. 그 이웃 마을에서 그 산사태에 별다른 피해는 없었는지 물어보았다.

"말도 마시오. 저기 산사태 흔적 위에 있던 마을이 몽땅 휩쓸려 내려간걸요. 열서너 집의 쉰두 명이 한꺼번에 몰사했다오. 그런데 참 희한한 일이 다 있었지 않겠소. 그들이 휩쓸려 내려가는 동안 이웃인 우리 마을 사람들의 이름을 한 명씩 한 명씩 죄다 부르는 거 아니겠소. 우리 쪽에는 육십여 명이나 살고 있었는데 말이오. 그들이 부르는 우리 이름은 산이 무너지는 그 으르렁거리는 소리보다도 더 또렷하고 빠르게 들려오지 않았겠소. 그래서 우리 마을 사람들도 저마다 그 목소리의 임자를 알아듣고서 그들의 이름을 마지막으로 빠짐없이 불러주었소. 서로의 이름을 다 불러주고 나서야 마을의 집과 사람들과 가축들이 뒤엉킨 사태더미가 계곡 속으로 처박히는 굉음이 들려왔소. 우리가 불러주었던 이름의 주인들은 아무도 살아서 돌아오지 못했소."

그때 랑탕 마을 사람들이 마지막으로 불렀다는 이웃 동네 사람들의 이름만큼이나 간절히 나는 그리운 사람들의 이름을 부르며 테라이 벌판 속으로 걸어 들어갔다.

그때 나는 묘한 환상 속에 빠져들었다.

나는 네팔의 농촌이라는 '거기'에 있지 않았다. 그 대신 어린 시절에 읽었던 흥부전이나 심청전의 얘기 속으로 빨려들어간 '여기'에 있는 게 아닌가.

바로 '여기' 어디쯤에서 내가 찾고 있는 내가 살아왔는지도 모른다. 누군가 내 이름을 그렇게 간절히 불러주던 '여기'에서 시원의 내 생명은 잉태되었을 것만 같은 예감에 사로잡혔다.

여기서부터 나의 그 길고 먼 숨바꼭질이 시작된 것이다.

마을과 마을은 끝없이 펼쳐지는 논밭의 바다 위에 무인도처럼 떠 있었다. 가르마 같은 논길로 이어지는 마을은 모두 초가였다. 초가지붕마다 흥부가 키우던 박이 보름달로 둥글게 부푼 꿈을 키워가고 있었다. 그 박을 따서 켤 흥부와 놀부네 가족들의 피부색과 옷차림만 낯설 뿐이다. 표정이나 행동거지는 영락없이 우리 동화의 주인공들이다.

심병우 씨가 흥부네 아이들에게 카메라를 갖다 대었다. 셔터를 누를 때까지 세 아이는 사진기 렌즈에 최면이라도 걸린 듯 꼼짝하지 않는다. '대체 이게 뭔 물건인가' 하고 쳐다보고 있나 보다. 드디어 '찰칵' 하고 셔터 소리가 나자 그게 총 소리나 되는 줄 알았는지 놀란 참새처럼 자리에서 폴짝 뛰어올라 집안으로 쏜살같이 달려갔다. 그리고 셋이 한꺼번에 소리쳤다.

"엄마야!"

그 엄마야 소리를 듣고 얼마나 놀랐으면 나도 절로 엄마를 부르고 말았다. '여기' 세 아이 중 하나가 바로 나였던가?

서울에 두고 온 팔순 노모를 엄마라고 부르는 '여기'의 나는 무엇이며 또 어디로 가고 있는 것이었을까?

그 순간부터 이 세상을 처음 보는 눈으로 스치고 만나고 헤어지는 모든 것을 새롭게 바라보고자 했다.

여기서 나는 잃어버린 고향으로 되돌아가 고향 산천의 옛 동무들과 만나고 있었다.

어떤 삶이건 나뭇등걸 위에 올라가 낮잠을 자는가 하면 나무 사이로 흘러가는 구름과 얘기 나누기도 하고 밥때가 되면 그곳까지 찾아와서 밥 먹으러 가자고 소매를 끄는 누이가 있던 시절만큼 행복할 수는 없다.

나는 그 시절로 돌아가려 했다.

흥부네뿐 아니라 놀부네 아이들도 닭과 염소와 개들과 잘 놀았다. 그들은 가축이 아니라 애들에게 가장 가까운 동무들이었다. 발은 있되 손이 없고 사람의 말을 못하는 불쌍한 이웃이었다. 그 이웃을 위해 애들은 안아주고 먹이를 챙겨주고 밤에는 혹시 추위에 떨까 싶어 제 옷까지 벗어서 덮어주기도 했다. 누더기 이불을 염소 옷으로 기워서 입혀준 녀석도 있었다.

저들은 녹두죽 한 그릇 변변히 챙겨 먹지 못하면서 열서너 살

된 소녀들이 숲 속으로 들어가 하루 종일 염소나 소에게 먹일 꼴을 지게로 한 짐이나 벴다. 그 꼴 한 짐을 이마에 끈을 둘러 동무들과 열을 지어 종종걸음 치며 마을로 돌아오는 풍경만큼 아름다운 그림은 없다.

밤하늘에 반짝이는 별빛으로 내 가슴에 박혀오는 그네들의 눈빛들! '신의 은총을'이라는 뜻의 인사말인 '나마스테'를 건넬 때마다 그네들 얼굴에서 번져나는 태초의 웃음 물결! 세상에 태어나서 처음 만난 사람에게 처음으로 인사와 웃음을 건네는 듯한 그 순결한 아름다움에 감전되어 나도 태초의 인간으로 되돌아가려 했다.

그 순결의 세계로 한 발씩 걸어 들어갈 때마다 사는 동안 나도 모르게 입혀진 남의 옷을 한 겹 한 겹 벗어나갔다.

카필라바스투에서 사가르하와로 가는 길목에서 그곳 초등학교 교사 람 사무지흐 타루를 만났다. 그는 무작정 내 소매를 끌며 자기 집에서 며칠이건 묵고 가라고 했다.

사위 오는 날 잡는다는 토종 씨암탉으로 손님 대접한 저녁상을 물리고 타루가 꽃피운 이야기 한 송이!

"여기 사람들은 이곳에서 태어나 이곳에서 자라나서 이곳에서 늙어가다 병을 얻어 이곳에서 세상을 떠나 이곳에 묻히거나 화장되는 것을 팔자로 여기며 살아가지요. 딴 곳으로 팔려가지 않는 우리 동네 가축들과 전혀 다를 게 없는 사람 팔자랍니다. 어떻게 보면 가축 팔자가 사람 팔자보다 낫지요. 우리가 그들을 재워주고 먹여주니까요. 우릴 다른 누가 먹여주고 재워주지는 않잖아요. 다음

생에 사람보다 집에서 기르는 가축으로 태어나길 바라는 사람도 많아요."

타루의 얘기를 듣고 있는 거기의 나는 이미 타루의 염소였다. 그 염소는 엄마를 부른다며 '메헤헤메헤헤' 하는 울음소리를 내며 동쪽으로 내달려가고 있었다. 그 염소는 뾰족구두 신은 듯 종종걸음 치며 그 집 앞을 언젠가 지나간 부처의 뒤를 쫓아가고 있었다.

몸은 걷는 것!

마음은 걸으며 내디딘 발을 받쳐주는 땅의 탄력!

영혼은 걸을 때마다 들이쉬고 내쉬는 숨결!

그 몸과 마음과 혼을 하나로 섞어 어제도 오늘도 내일도 걷는다. 안개가 걷힌 숲마다 그 속에 둥지 튼 마을이 나타난다. 그 마을과 마을 사이로 길이 나 있고, 길과 길 사이에는 논밭이 펼쳐진다.

무궁화꽃이 피었습니다

부처의 어머니 마야데비 부인의 친정인 콜리 성은 데비다하에서 이 킬로미터쯤 서쪽으로 나가 앉은 비와니푸르에 있었다.

콜리 성터도 여느 불교 성지에 다름없이 폐허가 되었다. 무릎에 닿을까 말까 한 아쇼카 석주 잔해와 장정 팔뚝 길이의 마야데비 석상이 세워진 사원 건물 한 채가 유적의 전부다.

사원 뒤쪽에 자그마한 구덩이가 패여 있었다. 마야 부인이 목욕하던 연못자리라 한다. 비가 아무리 많이 와도 넘치지 않았고, 비가 아무리 적게 와도 마른 적이 없다는 우물이다. 그런데 지금은 완전히 매몰되어버렸다.

데비다하에서 부처의 길은 람그람을 향해 남하하기 시작한다. 그곳에서 람그람까지는 삼십오 킬로미터쯤 되었다. 도중에 하룻밤만 묵고 다음날인 1월 16일에는 람그람에 닿을 수 있도록 걸음을 서두른다.

람그람은 부처의 몸에서 나온 사리를 여덟 등분하였을 때 콜리성에 분배된 사리를 모신 곳이다. 뒷날 아쇼카 왕이 전 세계에 불교를 전파시키고자 세계 각처에 팔만 사천여 불탑을 조성하려고 진신사리 탑을 해체했었다. 그때 아쇼카 왕은 이 람그람의 스투파만은 건드리지 않았다. 현재까지 원형이 보존된 유일한 진신사리 탑이라 할 수 있다. 전 세계로 불교가 퍼져나간 이 일을 계기로 뒷날 한반도에까지 부처의 진신사리 몇 구가 전해져 오대산과 영취산과 가야산에 적멸보궁을 세울 수 있게 된다.

람그람을 십여 킬로미터쯤 앞둔 카와미푸르에 닿았을 땐 이미 어둠이 내렸다. 어딘가에서 또 하루를 묵어야 했다.

근처 식당에서 새카만 얼굴에 눈빛이 꽤나 영악스레 빛나는 사내와 만났다. 식당 주인이었다. 그가 식당 한켠을 내줘서 여장을 풀게 되었다.

헤타우다에서 태어났다는 사내는 식구들을 고향에 두고 타관으로 와 식당을 꾸려가고 있었다.

그가 내온 네팔산 위스키에서는 공업용 알코올 냄새가 났다. 그 술의 기분 나쁜 취기 탓인가. 그 사내와 나눈 그날 밤 얘기도 골머리를 지끈지끈 쑤셔댄다.

아이들이 몇이오? 둘이오. 아들과 딸 그리고 딸이 하나 더 있소. 아니 그러면 셋 아니요? 아! 그렇군. 셋이로군. 막내놈을 깜빡했네. 어째 애가 몇인지를 잊을 수 있소? 아, 글쎄 말이오. 그게 다 마누라가 둘이라서 그래요. 둘째 마누라가 얼마 전에 딸아이를 하나 낳앉는데……. 그 녀석을 깜빡했지 뭡니까. 첫 마누라가 언니고 둘째 마누라는 그 동생이오. 그러니까 처제인 셈이죠. 두 마누라 사이에 내가 끼어 자지요. 침대가 좁거든요. …… 그게 정말이오? 그럼요. 여기 네팔에서는 마누라가 둘이 아니라 셋이라도 아무런 문제가 없죠. 마누라가 있어도 다른 여자를 사랑하고 부양할 능력만 있으면 결혼해서 마누라를 새로 또 얻을 수 있거든요. 우리 네팔 좋은 나라죠? 당신한테는 좋을지 모르겠지만 내가 보기에는 그렇지도 않소. 아니 마누라를 여럿 둘 수 있다는데도 싫단 말이오? 한국 속담에 이런 게 있소. 마누라 둘 둔 놈 속은 호랑이도 안 먹는다고. 그렇게까지 속 썩일 짓을 왜 저지르겠소! 아하, 선생은 아직 인생의 맛을 제대로 모르는가 보군. 내 말을 잘 들으쇼. 부처의 길을 따라간다 했지요. 그 부처님의 아버님을 봐요. 마누라가 죽자 그 여동생을 새 왕비로 맞았잖아요. 그래서 부처님은 이모가 되는 그 양모 손에서 자랐잖아요. 하지만 숫도다나 왕이 마누라를 한꺼번에 둘을 취한 건 아니잖소? 아따 이 양반 보기하고는 다르게 영 깐깐하네. 뭘 그런 걸 따지긴 따져요. 사내대장부가! 히히히. 그딴 얘긴 그만하고 오늘밤 술이나 맘껏 마셔봅시다. 자 그 잔 비우고 나 한 잔 주쇼. 아, 좋은 밤이오. 술맛 나는 밤이오…….

 이튿날 점심께 조금 지나서 람그람에 닿았다. 간밤의 숙취 때문에 늦게 일어난 탓이었다. 중국에서도 그렇지만 네팔에서는 술을 잘 골라 마셔야 한다. 공업용 알코올이 섞인 가짜 술을 모르고 마시다가 가끔 목숨까지 잃기도 한다.

목숨은 아니더라도 어젯밤에 마신 위스키에 섞인 공업용 알코올이 내 시력을 앗아가 잠과 술에서 한꺼번에 깨어날 때 두 눈 중 한눈만 떠지면 어쩌나 했다. 오늘 아침 붉은 해는 지평선 위로 하나만 떴으나, 내 눈은 그 해처럼 붉게 충혈되긴 했어도 두 쪽 다 떠졌다. 해에게 고마워했다.

람그람에 사리탑은 보이지 않는다. 그 자리에 둔덕이라 불러야 마땅할 큰 흙무덤이 덩그러니 솟아 있었다.

관리인 얘기로는 보존을 위해 흙으로 진신사리 탑을 덮어뒀기 때문이라 한다. 하지만 제대로 알고 있는 것 같지 않았다.

부처 사후에 바로 세운 람그람 진신사리 탑이다. 지난 이천오백 년은 사리탑을 세우는 데 사용된 벽돌들이 흙으로 되돌아가기에 충분한 세월이다. 당시의 벽돌은 굽는 기술이 떨어져 장구한 세월을 견뎌내지 못한다. 그 벽돌들이 풍화되어 경주 왕릉처럼 큰 둔덕으로 바뀌어버린 것 같았다.

람그람뿐 아니라 대부분 불교 유적지가 폐허가 되어 붉은 벽돌 조각만 나뒹굴게 된 까닭이 여기에 있다. 게다가 아쇼카 왕의 마우리아 왕조와 그 뒤를 이은 굽타 왕조 이후에 인도와 네팔에서는 불교가 제 대접을 받지 못했다. 건축술이 발달하면서부터는 인도와 네팔을 지배한 어떤 왕조도 불교 유적지를 보살피지 않았던 것이다.

모든 선지자들은 고향에서 박해받기 마련일까.

버려라! 모든 것은 마음에 달려 있다. 버리려는 그 마음마저 버려라.

그렇게 가르쳤던 부처마저 인도와 네팔은 버렸는가? 불교가 버려진 땅에서 불교 유적지의 버려진 벽돌들은 벽돌이었던 기억마저 내버리고 흙으로 되돌아가 있다.

그 둔덕 한쪽 기슭에 자생한 카르마나무의 나이만 해도 칠팔십 년은 되어 보였다. 그 나무의 나이는 무척 오래전에 이 스투파가 흙으로 되돌아간 걸 알려줬다.

일본인은 어딜 가나 잽싸다. 그들은 어느새 람그람 스투파 들목에 일본 사원을 지어놓았다. 람그람을 찾는 사람들은 둔덕으로 변한 스투파보다도 일본 사원을 더 꼼꼼히 살펴보고 이곳에서 더 많은 시간을 보낸다. 깨끗이 단장한 일본 사원에 대비되어 엉성한 철조망을 두른 채 버려진 진신사리 탑의 허물어진 육신이 눈물겹다는 듯 또 안개비가 내린다. 공업용 알코올의 휘발성 취기가 눈자위에 불똥을 튀긴다. 안개비에 젖어 더욱 서글픈 부처의 묘는 차마 눈을 뜨고 볼 수 없다.

다리가 휘청거렸다. 넘어지지 않으려고 나뭇등걸에 몸을 기댔다. 눈을 감았다. 그때 환청이 들렸다.

무궁화꽃이 피었습니다. 무궁화꽃이 피었습니다…….

그 순간의 나는 동무들과 숨바꼭질하던 고향의 뒷동산에 가 있었다. 나는 술래였다. 뒷동산에는 무덤도 있었고 소나무도 있었다. 술래는 나뭇등걸에 눈을 감고 기대서 '무궁화꽃이 피었습니다'라는 열자 음절의 술래말을 열 번 읊고는 꼭꼭 숨어 있는 동무들의 머리카락을 찾으러 까치발을 하고서 여기저길 살핀다.

아! 그 동무들을 찾으러 여길 온 것이로구나.

이 미련퉁이는 이제야 부처가 왜 이 길을 걸어서 따라오라고 했는지를 알게 된다. 소꿉장난하고 물장구치고 숨바꼭질하며 같이 놀던 그 고향 동무들 속에 내가 찾고 있는 '그'가 있을지 모른다.

눈을 뜬다. 동무들을 찾아 나선다. 동무들은 모두 둔덕으로 허물어진 진신사리 탑으로 들어가 숨었다. 그 속으로 들어가 아예 부처의 유골이 되었다.

둔덕을 빙 둘러 걸어본다. 철조망이 둥글게 쳐져 있고 그 철조망을 따라 누군가 무궁화를 심어 울타리 삼았다.

무궁화꽃은 환청으로만 핀 게 아니었다. 실제로 부처의 무덤가에는 무궁화꽃이 활짝 피어 있었다.

무궁화꽃이피었습니다무궁화꽃이피었습니다무궁화꽃이피었습니다무궁화꽃이피었습니다무궁화꽃이피…….

그 순간의 나는 동무들과 숨바꼭질하던 고향의 뒷동산에 가 있었다.
나는 술래였다. 뒷동산에는 무덤도 있었고 소나무도 있었다.
술래는 나뭇등걸에 눈을 감고 기대서 '무궁화꽃이 피었습니다'라는
열자 음절의 술래말을 열 번 읊고는 꼭꼭 숨어 있는 동무들의
머리카락을 찾으러 까치발을 하고서 여기저길 살핀다.

이팔청춘

안개는 여전하다.

아침녘에는 안개비가 내린다. 1월 17일, 람그람을 떠나 그 남쪽으로 얼마쯤 걸어 벨라스푸르에 닿았다.

여기서 동으로 삼십오 킬로미터나 뻗어 있는 농수로를 만났다. 이 농수로를 줄곧 따라가면 트리베니가 나온다. 트리베니로 가서 치트완 밀림 지대를 지나야 헤타우다에 닿게 된다.

안개는 내 망막에 나무를 인화한다. 안개는 또 내 시야에 밀밭을 실크스크린 뜬다. 안개는 내 눈앞에 초가를 탁본한다. 안개는 또 내 눈길에다 그 집에서 나온 아이가 길을 걷고 있는 풍경화를 그려낸다.

안개는 세상 모든 것을 평평하게 그려낸다. 안개 속에 드러나는 것은 도무지 입체감이 없다. 안개는 모든 사물을 바람 뺀 풍선으로 납작하게 눌러버린다.

사물과 사물은 제자리를 떠나 서로 겹쳐진다. 내가 걸으면 안개는 들판이라는 인화지에 나무와 집들과 사람들을 평면으로 몽타주시킨다.

그래서 안개 속을 걷는 일로는 그 풍경 속으로 들어갈 수가 없다. 모든 게 도무지 두께가 없이 얇아져버리는 까닭이다. 걸음 앞에 안개는 그 평면화시킨 사물들의 껍질을 한 켜 한 켜 벗겨내서 새로 찍은 사진을 보여줄 뿐이다. 걸음만이 그 사진첩을 넘길 수 있다. 넘겨진 사진은 추억을 끌고 다시 안개 속에 묻혀버린다.

고브리히야라는 마을에서 점심 요기할 즈음에야 안개가 걷히기 시작했다. 햇살이 희미하게 비쳐들며 주변 풍경에 다시 입체감을 입힌다. 풍경은 입체를 지닌 현실로 돌아온다. 안개가 사라지자 신비가 따라 사라진다. 세상이 밝아지니 사람들의 삶은 오히려 어두워진다.

이들의 삶을 밝혀주던 것은 전깃불이 아니라 안개였다. 안개는 이곳의 암울함을 가려준 게 아니었다. 그 얼굴의 어둔 그림자를 오히려 지워줘서 그들이 세상의 변두리가 아니라 중심에 우뚝 서 있다는 걸 알려줬다. 세상의 중심에서는 인간도 새나 양이나 소나 개들과 대화를 나누며 다시없는 행복을 누릴 수 있었다. 안개는 그들 모두를 세상의 중심으로 끌어들여 밝고 맑게 웃게 했다. 모든 목숨붙이에게 평등한 안개는 모든 목숨에게 제 분수를 깨닫게 했다.

하지만 안개가 사라지자 이들은 바로 이 세상에서 가장 먼 변두리로 내동댕이쳐졌다. 그리하여 삶에 찌든 이웃들이 고스란히 드러났다.

동네마다 한두 대씩 마련한 텔레비전은 중심 세상에서 온 현대 산업 사회의 돈독 든 욕망을 그대로 내비치며 자신들이 얼마나 먼 바깥으로 유배되어 있는가를 알려준다.

트랙터 달리는 소리가 난다. 그 꼬리에서는 제대로 연소되지 않은 배기가스가 연막탄처럼 검게 뿜어져 나왔다. 어디선가 핸드폰 울리는 소리도 난다. 새소리는 들리지도 않고 '헬로, 헬로' 하다가는 알아들을 수 없는 네팔어가 이어진다.

우리 릭샤를 끄는 빔의 핸드폰도 울린다. 그도 틈만 나면 어디의 누군가와 통화하고 있다. 놀랍게도 이제 네팔 농촌에서조차 웬만한 이는 핸드폰을 들고 있다. 칩을 사서 쓰면 전화 요금이 엄청 싼 까닭에 중계탑 세우기 쉬운 네팔 테라이 평원 어디에건 이미 핸드폰이 보급되어 있다고 한다.

하지만 이들의 실제 생활이 텔레비전이나 핸드폰으로 상징되는 현대 물질문명과 연결된 것은 아무것도 없다. 그 문명의 이기로 전해지는 소문은 개꿈보다도 더 허망하다. 그것은 진통제 주사약에 지나지 않는다.

텔레비전 앞에 모여 앉은 이들을 볼 때마다 몇 년 전에 세상을 뜬 아버님이 생각이 난다.

마지막 시기에 당신은 암 투병을 한 게 아니라 죽음을 기다리고 있었다. 그 무렵 고통을 견뎌내지 못하는 당신께 얼마나 자주 진통제 주사를 놓아드려야 했던가.

그때마다 나는 너무도 죄송스러웠다. 진통제로 고통에서 벗어나게 해드리는 게 왜 죄송스러웠을까.

속이고 있었기 때문이다.

약효가 떨어지면 더 심한 고통이 기다리고 있다는 사실을 감추고 있다는 자책감으로 가슴을 쥐어뜯었다.

네팔에 와서 부처의 길을 따라 나선 지 스무 날이 넘도록 하루도 거르지 않고 찾아와준 안개는 이 텔레비전과 핸드폰이라는 문명 이기와 대척점에 있었다.

안개가 한 번 몰려오면 시간은 어느새 부처의 시대로 돌아가고, 핸드폰이 한 번 울리면 시간은 어느새 21세기로 돌아와 있다.

다네와와 시사니를 거쳐 고비언스라는 마을을 지날 때다.

한 시간 가까이 앞서거니 뒤서거니 하며 함께 걷던 네팔 아가씨가 말을 걸어왔다.

몸에 착 달라붙는 빨간 사리 차림이 몹시 관능적이다. 지적인 얼굴 쪽보다 불룩한 가슴과 육덕 좋은 엉덩이께로 자꾸 눈길이 갔다. 하얀 피부에 검은 머리카락과 큰 눈은 네팔 사람이라기보다는 전형적인 아리안계 인도 미인으로 보이게 했다.

그녀의 이름은 미누카였다. 네팔의 어느 여신의 이름을 땄다. 미누카는 예쁜 말도 잘한다.

"우리 집은 작아요. 그러나 내 마음은 넓어요. 우리 가족은 몹시 가난하지만 누구보다도 행복하게 살아요. 엄마가 학교 교사인데 오늘이 생일이에요. 그래서 생일 선물 사러 읍내 시장으로 가는 길입니다. 집에서 읍까지 걸어서 세 시간쯤 걸려요. 사과를 사드릴까 해요. 여기는 사과가 아주 귀하거든요. 그동안 모아뒀던 이 돈 사물과 사물은 제자리를 떠나 서로 겹쳐진다.
내가 걸으면 안개는 들판이라는 인화지에
나무와 집들과 사람들을 평면으로 몽타주시킨다.
그래서 안개 속을 걷는 일로는 그 풍경 속으로 들어갈 수가 없다.
모든 게 도무지 두께가 없이 얇아져버리는 까닭이다.

을 쓸 때가 왔어요."

미누카는 오른손에 꼬깃꼬깃 쥐고 있던 돈을 살짝 보여줬다. 붉은색 이십 루피 지폐 몇 장이었다. 많아야 팔십 루피 정도 될 것 같았다. 우리 돈으로 천육백 원쯤 된다.

그녀의 여러 식구와 친척들을 그 길에서 만났다. 할아버지를 먼저 만났고 이어 시집간 언니를 만났다. 장터 네거리에서는 고모들을 만났고, 곡물상이 늘어선 길에서는 이모들을 만났다. 그 이모들이 내게 유독 관심을 쏟았다. 네팔 말로 그녀 귀에 쏙닥거렸지만 그게 무슨 얘긴지 다 알 수 있었다.

어디서 온 사람이냐? 너랑은 어디서 만났니? 누가 먼저 말을 걸었어? 몇 살 먹었다니? 직업은 뭐라던? 결혼은 했다니? 안 했다면 잘해보지 그러냐?

그런 어른들의 궁금증에 미누카는 적당히 잘도 얼버무리는 것 같았다. 이제 미누카는 열여섯 살이다.

길에서 만난 어떤 사내가 오늘밤은 자기 집에서 묵으라며 소매를 끈다. 중동 근로자로 나가 사 년간 일해서 번 돈으로 다섯 칸이나 되는 집을 장만했다고 한다. 그 사내의 집으로 가면 씻을 수 있을지도 모른다. 룸비니 대성석가사를 떠난 뒤로 한 번도 씻지 못했다. 내가 맡지는 못하겠지만 내 몸에서 이미 장기 노숙자의 그 시큼한 냄새가 풍겨나리라.

하지만 그 사내의 집은 거기서 너무 멀리 떨어져 있었다. 그곳까지 걸어가기에는 너무 지쳐 있었다. 어쩔 수 없이 그를 보내고 가까운 마을로 들어갔다.

농수로를 벗어난 야트막한 두 동산 사이의 고샅에 장난감 같은 한 칸짜리 초가들이 드문드문 자리 잡고 있었다. 황토벽 초가여서 더욱 정겨웠다.

이 마을에서도 난생 처음 보는 외국인을 서로 접대하려는 소동이 일어났다. 결국 맨 처음 들른 집에서 끝까지 놓아주질 않아 그 집에서 묵게 되었다.

저녁 지을 무렵 온 동네 사람들이 한국 사람을 구경하겠다고 몰려왔다. 아무도 빈손으로 오지 않았다. 다들 손수 농사지은 감자며 콩이며 옥수수 따위를 가져왔다.

주인 내외는 아주 현명했다. 우선 그 많은 사람들을 일렬로 서게 했다. 그리고 서너 명씩 끊어서 우리가 저녁 먹는 방으로 들여보냈다. 그렇게 해서 자기 집의 영원한 자랑거리가 된 '한국인'을 한 사람도 빠짐없이 고루 구경할 수 있게 했다.

프리티미 바스티와 루폴리아를 거쳐 벌바리까지 갔다. 여기서 트리베니까지는 십 리 길이다. 이제 오후 두시다. 시간도 충분하다. 하지만 벌바리에서 주저앉고 만다. 그 동네 초입에서 만난 비나 때문이다.

그녀는 벌바리 마을 동구에 다리난간에 꼴짐을 부려놓고 잠시 숨을 고르고 있었다. 나는 난간에 부려놓은 그녀의 꼴짐을 들어 보았다. 혼자 들기 벅찰 정도다. 꼴 가운데는 땔감으로 쓸 굵은 나무 토막들이 섞여 있었다. 못 되어도 쌀 반 가마 무게는 나갈 것 같았다. 그 무거운 짐을 여린 여자가 머리 멜빵으로 지고 다닌다는 게 믿기지 않았다.

그녀는 새벽 여섯시에 집을 나선다. 꼴과 나뭇감이 있는 숲까지 가는 데만 두 시간이 걸린다. 숲에서는 세 시간 가까이 땀 흘리며 꼴을 베고 나무를 한다. 그리고 집으로 돌아오자면 그 무거운 짐을 지고 세 시간이나 발품을 팔아야 한다. 꼴난 염소 꼴값과 며칠 날 땔감 장만하는 데 온 하루 품을 팔게 되는 것이다.

몸겨누운 외할머니를 돌보러 어머니가 친정으로 갔기 때문에 벌써 넉 달째 비나는 팔순 할머니를 모시고 남동생과 셋이서 산다. 아버지는 비나가 어릴 적에 돌아가셨다. 어머니가 외가에서 돌아올 때까지지만 열아홉 살의 비나는 이미 가장인 것이다. 외삼촌이 알선해줘서 사우디에서 가정부로 이 년간 일했다. 그래서 영어를 곧잘 한다. 그때 벌어서 모은 돈으로 남동생을 공부시키고 있다.

트리베니가 가까워지면서 북쪽으로 큼직큼직한 산들이 솟아올랐다. 순하게 흐르는 능선이 지리산 같다. 그 산들이 트리베니라는 세물머리 근처에서 강물을 만나며 큰 숲 지대를 펼쳐놓았는데 비나의 집은 그 숲 속 언저리에 있었다.

나무를 엇댄 삽짝 위에 넝쿨로 아치를 둘렀다. 주변 어느 집도 이런 멋을 부리지 못했다. 어머니 작품이란다. 자세히 봤더니 넝쿨나무가 아니다. 곧바로 자라는 나뭇가지 다발을 노끈으로 묶어 구부려서 만들었다. 까마귀 한 마리가 시원하게 날아와 그 아치 위에 잠깐 앉아서 깍깍 하고 노래하며 놀다가 도로 날아갔다. 여기서는 까마귀를 깍깍이라 불렀다. 까마귀가 알아 듣는다면 까마귀보다 더 좋아할 이름이다.

삽짝을 열고 들어서자 하얀 염소가 엄메메에…… 하며 제 먹을거리를 한 짐 진 그녀를 반긴다. 염소 곁에 강아지 한 마리가 촐싹대며 따라다닌다.

겉보기보다 마당이 꽤 넓다.

삽짝 맞은편에 세 칸짜리 초가가 자리 잡았고 그 오른쪽에는 염소집이 있다. 왼쪽 담 곁에는 작은 개집이 붙어 있다.

마당 가장자리는 빙 둘러 꽃밭이다. 장미는 붉고 노란 꽃봉오리를 활짝 터뜨렸고 담장 울타리의 여러 꽃나무들은 제 꽃필 철을 기다리며 고개 숙이고 있었다.

그녀는 부지런하다.

열심히 부엌을 들락거린다. 네팔식 짜파티인 로티를 굽고 네팔 수제비 툭파도 빚는다. 우리가 토종닭백숙을 좋아한다니까 남동생을 시장으로 보내 촌닭을 사오게 한다.

비나는 열심히 산다.

저녁 먹은 뒤 마당에 친 우리 텐트로 놀러와 이런저런 얘기를 나누다가 곧바로 일어선다. 내일 아침 일찍 일어나 동생에게 밥을 해주고 학교에 보내야 된다고 했다. 그때가 저녁 여덟시나 되었을까 모르겠다.

네팔에서는 오전반이면 아침 여섯시나 여섯시 반에 수업을 시작한다. 동생이 다니는 학교까지 걸어가자면 한 시간 반이나 걸린다. 동생이 학교에 늦지 않게 밥을 해먹이려면 그녀는 도대체 몇 시에 일어나야 하는 걸까? 손가락 꼽아가며 셈을 해보다가 어느새 잠이 들었다.

트리베니는 꽤 큰 마을이다. 도시 같은 느낌이 든다. 치트완 국립공원과 맞물려 있는데다 여기서 솜바드리 강과 톰사 강 그리고 나라야니 강이 합수되기 때문에 수량이 풍부하여 네팔인들이 즐겨 찾는 강변 휴양지가 되었다. '세물머리'라는 뜻의 트리베니는 얼핏 동남아 어디선가 본 해변 리조트 같았다.

강은 아직 보이지 않는다. 남쪽에서 불어오는 바람에 갯냄새가 실렸다. 생선 비린내도 섞인 것 같았다. 그 남쪽 지평선은 람그람에서부터 이어진 긴 둑에 가로막혀 있다.

그 둑이 수상했다. 그곳으로 달려갔다. 역시 그랬다. 그 둑 너머로 바다같이 넓은 강이 펼쳐졌다. 강 저편의 피안은 안개에 잠겨 보이지 않는다. 그 끄트머리를 안개에 잡아먹힌 강은 내 상상 속에서 자꾸만 넓어져갔다. 그것은 끝내 이 세상에서 본 어떤 바다보다도 더 넓어졌다.

농로를 끝없이 걸어 논 바로 곁에 파도가 출렁이는 바다에 닿은 느낌이다.

아, 둑에 올라 바라본 그 고요의 거대한 집합체를 도대체 뭐라고 불러야 할까!

그것은 강이 아니었다.

그것은 호수도 아니었다.
그것은 바다도 아니었다.

그 둑에는 전깃줄에 앉은 참새떼처럼 스물댓 명의 사람이 앉아 있었다. 모두 여자였고 모두 무표정했고 누구도 입을 열지 않았다. 남자들은?
둑 아래로 내려가 큰 장작불을 에워싸고 이리저리 날뛰고 있었다. 그때 다시 생선 비린내가 확 끼쳐왔다. 비린내는 곧 화근내로 바뀌었다.
화장터였다.
그 비린내는 그 강 속에서 지느러미 흔들며 헤엄치고 있을 물고기가 아니라 남정네들이 지핀 장작불에 타고 있는 사람의 몸에서 풍겨나고 있었다.
인도도 그렇지만 여기 네팔에서도 여인들은 장송에 끼일 수 없다. 그건 남자들만의 일이다. 여자들은 멀찌감치 떨어져 바라볼 수 있을 뿐이다.
석유나 휘발유를 끼얹은 것 같지도 않은데 불길이 엄청나다. 장작이 굵다. 금방 탄다. 하얀 옷을 입은 상주가 유골을 싼 수건을 강에 던지는 것으로 화장은 끝났다. 그 사이 타다 남은 장작들을 서로 차지하려는 몸싸움이 일어났다. 어떤 사내는 **빼앗은** 장작을 떨어뜨리는 바람에 발등을 찍혀 울상이 되었다. 불길이 아직 누그러지지 않아 몹시 뜨거웠던 모양이다.

모름지기 살아남은 자의 슬픔이란 게 이런 것이다.
모름지기 살아남은 자의 기쁨이라는 것도 이런 것이다.
죽음은 저 말 없는 강물처럼 경건한데 삶은 이토록 우스꽝스럽다.
그제야 그 가없는 침묵의 덩어리를 부를 이름을 찾았다.

그것은 '죽음'이었다.

개구리 다음에 악어

트리베니에서 부처의 길은 강으로 끊긴다.

치트완 국립공원의 정글 지대를 뚫고 흐르는 나라야니 강의 양안은 깎아지른 절벽이다. 여기서 헤타우다 쪽으로 빠져나가려면 헤엄치지 않는 이상 뱃길을 따를 수밖에 없다. 부처도 여기서는 배를 탈 수밖에 없었으리라.

비나의 외삼촌이 이리저리 알아봐서 우리는 람메 소르라는 뱃사람을 만나게 되었다. 트리베니에는 나라야니 강변의 힌두 사원으로 순례자를 실어 나르는 배가 서너 척 있다. 그중 한 척을 람메가 갖고 있다. 올해 여든세 살인 그의 아버지 지우트도 현역 뱃사공이다. 람메는 일곱 살 때부터 아버지에게서 배 다루는 법을 배웠다.

람메는 아버지를 키잡이로 모셨다. 동생과 조카인 수라지와 라구와르까지 데려와 자기 배에 우리 일행과 칸타카까지 싣고서 트리베니를 떴다.

1월 21일, 람메의 배는 안개와 바람이 퇴고를 거듭하는 산수시(山水詩) 속으로 천천히 들어갔다. 강을 거슬러 대나무 삿대로 저어 강심이 얕은 물가를 따라갔다. 키를 잡은 아버지는 손금 보듯 훤한 강바닥을 봐가며 배를 우안으로 몰았다가 또 좌안으로 데려오기도 했다.

　강의 오른쪽 언덕 너머로 치트완 국립공원이 펼쳐진다.

　코끼리, 사슴, 고릴라, 원숭이 그리고 종류를 다 헤아릴 수 없는 조류 등의 야생동물이 이 국립공원의 주인이다. 이 '동물의 왕국'에는 호랑이와 코뿔소, 그리고 악어 같은 맹수들이 수두룩해서 함부로 들어갈 수 없다. 안전 대책을 세워 탐방객을 받는 사파리 관광 구역만 개방되어 있다.

　우리가 가야 할 길은 그 동물의 왕국의 경계선이 된 나라야니 강 북쪽의 평원으로 나 있다. 부처 시대 때부터 '사람의 땅'으로 편입된 곳이기에 국립공원에서 뛰쳐나온 맹수들과 마주칠 걱정은 없다.

　하지만 지금처럼 강심이 얕은 곳을 찾아 치트완 국립공원의 경계를 넘어설 때면 여간 긴장되지 않는다. 이곳에 편히 쉬고 있을 주인들의 심기를 건드리지 않는 게 좋다는 듯 람메와 그 조수 뱃사공들도 숨소리를 죽이며 삿대를 저었다.

　그 침묵을 처음 깬 건 왼쪽 언덕에 떼거리로 나타난 원숭이들이다. 놈들은 꿱꿱거리며 큰 보리수에 올라타서 나무 타는 솜씨를 자랑한다.

　공공공공공공…….

　원숭이 다음에 개구리가 나타났다. 울음소리가 너무도 맑고 깨

개구리 다음에 악어

끗하다. 목어 치는 소리 같기도 하다. 개구리 울음소리는 물 위를 공처럼 구른다.

첨벙첨벙.

깊은 우물에 두레박 떨어지는 소리가 이어졌다. 람메가 소리 나는 쪽을 가리켰다. 악어였다. 강안의 모래톱에서 일광욕을 즐기던 여섯 마리 악어 중에서 두 마리가 더위를 참기 힘들었는지, 아니면 난데없는 침입자 때문인지 물속으로 다이빙했다. 동물의 왕국 쪽 절벽 밑에 자리 잡은 하얀 모래톱은 모두 악어들의 놀이터였다. 놈들은 고생대라든가 중생대 같은 지사학(地史學) 용어를 떠올리게 하는 가죽 옷을 입고 모래찜질 중이었다.

물총새 열댓 마리가 줄지어 날아왔다. 다시 원숭이 무리들이 나타나 자기들과 놀아주지 않고 어딜 가느냐는 듯 캬캬캬 소리쳤다. 그러던 어느 순간 사방이 갑자기 적막해졌다. 수면은 더없이 고요하고 물살이 아주 느려졌다. 호수에 들어선 것 같다.

그 어디에도 인적을 찾아볼 수 없다. 아무도 건너가지 않았던 강 같다. 아무도 거슬러 오르지 않았던 강 같다.

나는 거길 지나고 있다.

오후 두시쯤 강변 모래톱에 배를 대놓고 삶은 감자와 계란으로 점심 요기를 했다. 비나가 삶아준 것이다. 강 건너 맞은편 모래톱에서 일광욕하던 악어들이 우리를 신기한 듯 빤히 쳐다봤다. 녀석들은 그 옆에서 우아한 날개를 펼치는 공작에게는 아무런 관심도 없다. 그 악어에게만큼은 우리가 공작보다 더 우아하고 아름다운 동물이었나 보다. 너무나 사랑스런 나머지 악어가 그 큰 입을 벌려

키스하려고 달려드는 일만 벌어지지 않는다면 이보다 기분 좋은 일은 없겠다. 이럴 때 사람은 꽃보다도 공작보다도 더 아름다울 수 있다.

강이 오른쪽으로 크게 휜다. 국립공원 쪽 강안에 모래사장이 넓게 펼쳐져 있다.

그 모래사장 위에 울긋불긋한 천이 펄럭인다. 아무래도 사람살이 흔적 같았다. 그 천은 사람이라는 야생동물이 물고기라는 또 다른 야생동물을 잡아먹고 사는 수렵족의 천막이었다.

노란 천막 옆의 모래밭에 붉은 침낭을 펼쳐놓았다. 두 사람이 부근에서 얼쩡댄다. 한 사람은 흰 치마 차림이고 다른 이는 녹색 셔츠를 입었다. 부부 같다. 큰 통나무의 속을 파낸 고무신 모양의 배 두 척을 모래사장에 올려다놓았다. 두 사람은 그 통나무배 곁에서 고기잡이 그물을 손질하고 있었다.

람메는 그들의 고기잡이가 불법이라고 얘기해주었다. 거긴 국립공원 안이다. 고기잡이하며 살아가도록 내버려둘 리가 없다. 호랑이나 코뿔소나 악어들과 이웃해서 생활해야 하니, 호환을 당하거나 코뿔소에 받치거나 악어에게 물리는 봉변을 당할 각오를 해야 한다.

그럼에도 이들은 왜 저기까지 들어가 고기잡이 그물을 손보고 있을까?

답은 간단하다.

인생의 적이 자연의 적보다 더 두렵기 때문이다. 이들도 호랑이나 악어 따위의 맹수를 두려워한다. 하지만 자연의 맹수는 눈에 보이기라도 한다. 싸우다 정 안 되면 한 번쯤 물어뜯어볼 수도 있다.

하지만 이들을 저 삶의 변방으로 내쫓은 인생의 적들은 어떻게 생겼는지도 모른다. 그들만 모르는 게 아니다. 사실은 나도 모른다. 그게 인간인지 관념인지 아니면 제도인지 사상인지조차 모르고 있다. 그걸 알고자 여기에 왔는지도 모를 일이다. 보이지도 않고 냄새도 없고 그림자조차 없는 인생의 적이다. 그러니 어떻게 상대하랴! 호랑이에게 물려가거나 국립공원 관리에게 쫓겨나더라도 물고기나 잡으며 한세상 보내는 게 오히려 속 편하다.

상류의 여울목은 가팔랐다. 거칠게 물길이 뻗치는 데다 배 밑창이 닿을 정도로 수심이 얕다. 그런 여울목에서는 우리도 배에서 내렸다. 줄로 배를 묶어 끌거나 삿대를 놀려야 했다. 그 바람에 이십 리 뱃길을 나아갔을 뿐인데 하루해가 저문다.

이날 묵을 바구반 마을 앞에서 거센 여울을 다시 만났다. 아무리 애를 써도 그 여울은 끝내 헤쳐나갈 수 없었다. 어쩔 수 없이 바구반에서 일 킬로미터쯤 못 미친 가파른 언덕에 배를 댔다. 해는 이미 떨어지고 있었다. 어둠 속을 서너 번씩 오가며 마을로 짐을 날라야 했다.

강변 오지 삶의 동반자로 술만 한 것이 어디 있으랴! 집집마다 네팔 증류주인 럭시를 고는 술고리가 있었다. 바구반은 집집마다 술이 익어가는 마을이었다.

우리는 뱃사공과 술 좋아하는 마을 장정과 어울려 밤새도록 술추렴을 했다. 술 센 뱃사람들이다. 온 마을의 술 단지를 모두 말려버리려는 듯 마셔댔다.

술 배 따로 있다 물 없어야 배 못 건너지 술 없다고 배 못 가나 저 강물이 모두 술이라네 뱃사공의 노가 곰팡이 슬더라도 이 밤에 다 마셔버리세 취한 신선이 되면 내가 탈 배 따로 있지 노 없이 삿대도 없이 허리만 저어도 가기도 잘도 가네 그대 배를 탄 내 술 배는…….

취하면 여자 생각하는 버릇은 '부처의 길'을 가면서도 개 못 줬나 보다. 이튿날 아침에 본 수첩에는 그런 메모가 적혀 있었다. 쓴 기억이 없다. 모든 게 술 탓이다. 아니다. 여기까지 와서 술 욕 먹일 일이 뭔가. 이 모든 건 난생 처음 겪는 이 짙은 안개 때문이다. 지금까지 단 하루도 거르지 않고 밤마다 몰려와 더러는 술 취하게 하고 더러는 환각에 빠지게 하는 이 안개는 도대체 누구의 입김이란 말인가?

술판에 그대로 엎어졌던 잠자리를 털고 일어났다. 휘청거리는 다리를 끌고 간밤에 짐을 부렸던 절벽을 찾아갔다.

그 절벽 위에서라면 도대체 이 안개가 어디서 생겨나서 어디로 몸을 감추는지, 그 행방이나 종적을 가늠해볼 수 있을 것만 같았다.

안개가 강을 낳고 있었다.

강물이 안개 속에서 마구 쏟아져 나와 여울목을 몰아치며 흘러갔다.

그 여울목에서 갠지스 강물은 오래 참았던 눈물을 쏟아내며 마음 놓고 흐느끼고 있었다.

쏴아 쏴아.

갠지스 강은 이 여울목을 만나 비로소 제 속내를 털어놓았다.

사랑한다, 사랑한다.

우리 만난 게 아무리 우연이라 해도, 내가 갠지스 강을 따라 흘러올 수밖에 없는 게 필연이라 해도, 지금 우리가 흘러서 만나고 또 흘러가서 헤어져야 하는 것은 목숨 가진 것이면 피할 수 없는 삶의 나그네길이겠지…….

엊저녁 끝내 헤쳐나가지 못한 여울목의 흐느끼는 소리는 끝내 내가 뱉지 못한 사랑을 고백하고 있었다.

지금 보니 엊저녁 배에서 내린 곳에서 솟아오른 절벽은 허공길로 이어져 있었다.

어제 잠시 배에서 내려 걸어보았던 강 건너편에 넓은 모래밭이 활짝 펼쳐졌다. 엷은 살색이 도는 그 모래밭은 발가벗은 채 강물을 끼고 편안히 드러누워 있다. 저를 낳아 키우고 살찌게 해준 강물이 지금은 허리와 허벅지와 엉덩이를 씻어주고는 갠지스 강의 몸통으로 서둘러 빠져나가고 있다.

여울을 빠져나와 내가 올라선 절벽 산기슭과 마주치며 강물은 부서져 수백 수천의 소용돌이를 만들어낸다. 저희끼리 얽히고설키며 새 물길을 찾아내는 사이 강은 의미를 알 수 없는 물결무늬를 그려나간다. 기름같이 미끈거리는 밀도를 느끼게 해주는 무늬다.

소용돌이끼리 겹치면서 서로 끌어당겼다가는 놓아주기를 거듭하면서 강물은 유유히 흘러간다.

무슨 해면체 동물이 심해에서 먹이를 노리고 열 개나 되는 팔다리를 쥐도 새도 모르게 움직여 스멀스멀 다가가는 것만 같다. 한 소용돌이가 다른 소용돌이를 만나면 곧바로 수면 아래 잠겼던 어떤 괴수가 날숨을 쉬는 듯 허연 거품이 인다. 하품을 하고 기지개를 켜며 강은 다시 제 몸을 추슬러 소용돌이를 마구 끌어당겨 섞어 버린다. 그리고 다시 흘러갈 채비를 갖춘다.

곧 소용돌이는 제자리 돌기를 멈추고 하나로 뭉쳐서는 하류로 흘러 안개와 섞인다. 강도 안개에 젖는다. 그리하여 내 시야 끝에서 강은 안개와 하나가 된다.

이제 강은 안개이고 안개가 곧 강이다. 안개는 서로 하나된 사랑의 끝에서 강을 하늘로 들어올린다. 안개 속에서 강은 하늘로 흐른다. 하늘로 올라가 하늘과 섞인다. 강은 끝내 하늘에서 사라진다. 안개는 강을 하늘로 들어올린다.

나는 안개에 홀린 나머지 안개에 휩싸인 강의 눈썹이라도 밟아보려고 애를 태웠다.

안녕하세요? 코뿔소

바구반에서 아말타리에 이르는 길은 정말 고약했다.

나라야니 강으로 흘러드는 숱한 지류를 가로질러야 했다. 그 지류들은 건기가 되어 허연 강바닥을 그냥 드러내고 있다. 발목까지 빠지는 강바닥 모래밭으로 쌀 세 가마니 무게의 짐을 실은 수레를 밀고 나가자니 숨이 턱에 차오르고 다리는 후들거린다. 그 바람에 바구반을 떠난 1월 22일에는 하루 종일 땀을 흘려도 겨우 십 킬로미터의 길만 좁혀졌다.

하지만 지류를 건널 때마다 그 진땀을 말끔히 씻어주는 예쁜 마을들이 기다리고 있었다는 듯 맞아주었다.

타디, 차나울리, 콜루와, 라탄푸르 마을은 우리의 옛 초가 마을을 빼다박았다.

산을 베고 누워 강으로 다리를 뻗고 있는 우리 풍수를 그대로 따르고 있는 마을이었다. 이 마을들이 산 대신 끝없는 평원의 지평선에 머리를 맞대고 있는 것만 색달랐다.

날마다 지평선 너머로 해가 뜨고 지평선 너머로 해가 졌다. 질 때마다 해는 빨갛게 익은 홍시처럼 지평선에 걸려 갑자기 뚝 떨어졌다.

대지는 그 홍시를 삼키고 하루를 마감했다. 대지의 만찬에 초대된 새들은 오늘도 즐거운 하루를 보냈다고 재재거리며 다투어 인사말을 건넸다.

오늘이 섣달 보름인가, 대지는 보름달을 토해냈다. 나라야니 강으로 이어지는 긴 둑 위로 크고 둥근 달이 떴다.

밭에서 일하던 농부들이 하나둘 허리를 펴고 집으로 돌아간다. 더러 소를 몰고 가는지 먼 데서 워낭소리가 난다. 초가 골목에서 여남은 마리 소가 나타나서는 옆집으로 들어간다. 빨간 사리를 걸친 여인이 모는 소들의 넉넉한 등짝 위로 노란 달빛이 첫눈처럼 차곡차곡 쌓인다.

먼동이 트고 있다는 소식은 언제나 햇살보다도 새들이 먼저 전해준다.

참으로 많은 새들을 만나 인사 나눴다. 새들은 나무의 길을 알고 있었다. 이 나무에서 저 나무로 날아다니며 세상 소식을 나무에게 전한다. 그래서 나무는 벌판에 홀로 서 있어도 외로움을 모른다.

나무는 나무대로 새의 길을 서로 이어준다. 새들의 길에 나무는 이정표로 서 있다. 새들은 그 나무에 앉아서 운다. 새 노랫소리로 나무는 자라고 늙어가며 나이를 먹는다. 나무 나이테는 새들의 노랫소리로 해마다 하나씩 개수를 늘려간다.

걷다보면 시간은 훨씬 느리게 지나간다. 보고 느끼는 걸로 따져보면 하루를 걷는 게 도회지에서 몇 달을 갇혀 사는 것보다 남는 장사다.

걷는 사람은 누구든 어린아이가 된다. 모든 게 새롭기 때문이다. 만나는 것마다 그것을 난생 처음 보는 어린아이의 눈으로 보게 된다. 모든 첫 만남의 설렘이 그 길 위에 있다. 그래서 그 길로 첫사랑이 돌아온다. 또 그 길에서 첫사랑이 다시 떠난다. 첫 봄도 첫 여름도 첫 가을도 그리고 첫 겨울까지 거기서 다시 만나고 헤어진다.

첫 만남이 거듭되는 사이 걸음은 사람을 차츰차츰 바꿔간다. 한 걸음 한 걸음이 한 꺼풀 한 꺼풀 허물을 벗긴다. 느림보 걸음은 길에서 스치는 모든 것을 자세히 들여다볼 눈을 가져다준다. 그들과 섞이게 해준다.

그 사이 내가 가진 것을 그들에게 얼마간 돌려주기도 한다. 또 그들이 가진 것을 얼마쯤 받아오게 된다. 나무와 새가 그런 걸 가르쳐준다. 바람의 살을 더듬으며, 웃음으로, 나마스테라는 인사말 한마디로 우리는 서로 무언가를 주고받으며 그 짧은 틈에 서로를 섞는다.

차나울리라는 마을에는 이상한 정적이 감돌고 있었다. 마을 사람들이 죄다 동구로 쏟아져 나왔다. 삼백 명도 넘을 듯했다. 어린아이부터 노인까지 죄다 나온 것 같았다. 약장수나 서커스단이 왔나 했더니 그것도 아니다.

그들은 약속이라도 한 듯 모두 침묵했다. 우는 어린애도 없었다. 그러고는 양떼처럼 벌판 어느 한쪽으로 고개를 돌리고 줄곧 쳐다보고 있었다.

정말 묘한 광경이었다. 출연자가 수백 명쯤으로 늘어난 부조리극 〈고도를 기다리며〉를 보고 있는 것만 같았다.

어떤 이는 손을 눈썹 위로 거수경례하듯 올려붙인 정찰병 자세를 취하고서는 팬터마임 배우처럼 그 자리에 굳어 있었다.

이제까지 지나온 모든 마을에서 우리는 성가실 정도의 관심거리가 되었다. 많을 때는 수십 명이나 되는 개구쟁이들이 졸졸 따라다니며 동네방네 '여기 외국 사람이 왔다'고 소리치며 호위 아닌 호위를 해줬다.

그런데 이 마을에는 대체 무슨 일이 일어났기에 마을이 생긴 이래 처음 찾아왔을 외국인에게 이토록 무관심할 수 있을까?

코뿔소였다.

간밤에 코뿔소 한 마리가 뿔난 코를 치켜들고 그 마을로 쳐들어왔다 한다. 코뿔소는 애꿎은 학교 담벼락을 들이받아 무너뜨려놓고서는 동쪽 밀림 쪽으로 도망쳤다. 그 코뿔소가 다시 나타날 것 같아 주민들이 동구로 나와 그 밀림 쪽을 숨죽여 살피며 얼어붙어 있었던 것이다.

나는 코뿔소를 모른다. 얼마나 빠른지도 모른다. 그래서 코뿔소가 달려들면 그 뿔을 피할 수 있을지 없을지도 모른다.

그럼에도 그 코뿔소를 기다리는 듯 코뿔소가 도망쳤다는 밀림 쪽을 뚫어져라 쳐다보며 그 자리에 얼어붙은 네팔 사람들이 코뿔소보다도 더 아리송했다. 이 순간만큼은 네팔 사람이 코뿔소보다 훨씬 이해하기 어려운 존재였다.

이 사람들은 코뿔소가 다시 나타나면 도대체 어쩌자는 걸까? 이들은 코뿔소가 나타나길 마냥 기다리는 것 같았다. 코뿔소야말로 맹수다. 그런 맹수가 다시 나타나면 어쩌려고 이렇게 동네 조무래기에다 꼬부랑 할머니까지 다 모여서 구경거리 삼고 있느냐는 말이다.

코뿔소가 다시 나타나 이 사람들 사이로 돌진해오면 정말 그만한 볼거리가 없을 것이다. 스페인 투우 따위는 애들 장난에 지나지 않을 것이다. 하지만 그런 판이 벌어져도 이들이 구경꾼이 될 수는 없을 것이다. 오히려 코뿔소의 뿔난 코에 받히거나 육중한 몸무게가 실린 발에 밟히지 않으려고 필사적으로 도망치게 될 것이 뻔하다.

그런데도 왜 이들은 세상을 구원해줄 메시아를 기다리듯 코뿔소를 기다리고 있는 것일까? 코뿔소가 세상을 구했다는 소리를 소문으로라도 들어보지 못했기에 그 궁금증은 뼛속까지 파고들었다.

"코뿔소가 나타나길 바라는 거요? 지금."

나는 정찰병 자세로 진지하게 밀림 쪽을 바라보고 있는 사내에게 물어보았다.

"그럼요. 아침부터 기다리고 있는데……. 왜 이놈이 이렇게 늑장을 부릴까. 낮잠을 자는가?"

"코뿔소가 달려들면 위험하지 않나요?"

"위험하지. 위험하고 말고. 뿔에 받히거나 밟히면 살아남기 어렵지."

"그럼 댁이 희생될 수도 있잖소."

"당연하지. 뭐 그러면 다른 목숨 하나 내가 구했다 치면 되잖소. 우리는 타루족이오. 타루족은 수렵족이란 말이오. 맹수들과 싸우다 죽는 걸 두려워할 우리가 아니지. 사실 우리 선조들은 맹수들의 목숨을 숱하게 해쳤소. 오늘 그 후손이 나타났다기에 인사라도 나누려고 기다리고 있는 거요."

"……"

나는 대꾸할 수 없었다. 그 타루족 사내가 기다리는 손님께서 쉬고 있는 밀림이 내가 가야 할 길과 반대 방향이라는 사실만을 감사하게 여기며 그 마을을 떴다.

아말타리에 닿은 1월 25일, 마침 마을에 축제가 열렸다. 이웃 서너 동네가 함께하는 축제다. 남자들은 축구 시합을 벌이고 여자들은 모두 전통 사리를 차려 입고 춤추며 응원한다. 우리가 묵은 집은 할아버지에서 손자에 이르기까지 삼대에 걸쳐 스물여덟 명의 대가족이 살았다.

운동장 한구석에 마련된 귀빈석에 초대받은 할아버지를 모시고 모든 가족들은 이른 아침에 축제장으로 갔다.

그 집 식구들은 점심 무렵에 돌아왔다. 꽤 늦은 것이라며 집을 나선 사람들이었다.

마당으로 들어서는 그들은 다같이 훌쩍이고 있었다. 어린 여자 아이들은 집 안으로 들어가 서로 껴안고 통곡했다.

그들은 약속이라도 한 듯 모두 침묵했다. 우는 어린애도 없었다.
그러고는 양떼처럼 벌판 어느 한쪽으로 고개를 돌리고 줄곧
쳐다보고 있었다.
정말 묘한 광경이었다. 출연자가 수백 명쯤으로 늘어난 부조리극
〈고도를 기다리며〉를 보고 있는 것만 같았다.

곧 이어 낯선 어떤 노파가 이 집안의 둘째 며느리 머리채를 끌고 들어왔다. 허리가 형편없이 꺾였고 얼굴에는 주름 반 검버섯 반인 노파가 그녀를 마당 한구석으로 내팽개쳤다. 노파도 그녀도 온 얼굴이 번들거릴 만큼 눈물범벅이 되어 있었다. 노파는 산발한 머리를 떨어뜨리고 땅에 엎드린 그녀에게로 달려들었다. 그녀의 머리와 등을 마구 두들겨 패며 정신 나간 듯이 울부짖었다.

죽어라 이년아! 이게 다 네 팔잔데 어쩌자고 아직도 이러냐. 이년아! 어서 썩 뒈지지 않고 뭐하느냐. 이년아. 네년이 또 어미 가슴에 이렇게 대못을 박아야겠느냐. 네 서방 죽은 지 벌써 몇 년짼데 아직도 이러고 있느냐. 차라리 자진하고 말거라. 여자 팔자 뒤웅박 팔잔데 운다고 이년아 죽은 애들 애비가 살아서 돌아오느냐. 이 못난 년아. 오냐, 이년아 오늘 날 맞았다. 오늘 너 죽고 나 죽자 이년아.

노파는 이 집 둘째 며느리의 친정 어머니였다. 한동네에 살고 있는데 축제장에서 만난 모양이었다.

이 집 둘째 며느리는 노파의 딸이라고는 도무지 믿어지지 않을 만큼 예쁘게 생겼다. 늘씬한 몸매에 눈꼬리 끝이 살짝 올라간 갸름한 얼굴이 그랬다. 이 집에서 잘까 아니면 저 집에서 잘까 하고, 이 집 저 집을 기웃거리던 우리 눈치를 단 한 번의 눈웃음도 없이 낚아챈 미모였다.

미인 났다는 소문이 아말타리 일대에 뜨르르할 무렵 그녀는 남편이 될 이 집 둘째 아들을 만났다. 벌써 십이 년 전의 일이다. 그때 그녀의 나이는 열일곱 살이었다.

그날도 오늘처럼 마을에 축제가 있는 날이었다. 그녀는 마을의 응원단장으로 뽑혔고 외지에서 공부를 마치고 막 귀향했던 남편은 축구 선수로 뛰었다. 그러니까 2010년 1월 30일 오늘이 서로 처음 만난 지 정확히 십이 년째 되는 날이었다. 건장한 체격의 남편은 공도 잘 찼다. 최우수 선수로 뽑혔다. 동네 처녀들을 설레게 했다. 공을 가장 잘 차는 남자는 마을에서 가장 예쁜 처녀의 가슴으로 사랑의 공도 차 넣게 되었다.

결혼해서 딸 둘 낳고 동네 사람들의 부러움을 독차지하며 그대로 살 것을! 더 잘살려는 욕심에 남편은 육 년 전 사우디로 갔다. 그리고 얼마 지나지 않아 공사장에서 사고를 당해 남편은 세상을 떴다.

그 뒤 매년 1월 30일이면 마을 축제장에서는 축구 경기가 열렸다. 하지만 그녀는 한 번도 경기장에 나가지 않았다.

그러다가 무슨 바람이 불었는지 오늘 경기장에 식구들과 함께 나갔다가 십이 년 전 그 운동장을 달리며 공을 차던 남편의 옛 모습을 떠올리게 되었는지 갑자기 울음을 터뜨리다 말고 까무러쳤던 것이다.

나라야니 강을 다시 건널 배와 뱃사공을 찾고 또 치트완 국립공원 트래킹 허가받는 일로 그 집에서 하루 더 머물렀지만, 떠날 때까지 한 번도 그녀 얼굴을 다시 볼 수 없었다.

코끼리에 대한 오해

이 강변 마을에서도 안개는 새벽처럼 다가왔다.
새벽이 없는 날이 없듯, 안개 없이는 날이 새지 않았다. 여기서 어둠을 밀어내는 것은 먼동이 아니라 안개였다. 어둠이 밀려가도 어두운 건 마찬가지였다. 검은 어둠을 대신해서 하얗게 어두운 안개가 자욱하게 깔린 탓이다.
텐트는 아침마다 안개비에 흠뻑 젖어 눈물을 흘렸다. 아침 볼일 보러 들판으로 나서면 길섶의 이름 모를 풀도, 벼 그루터기도 이슬을 머금고 아침 추위에 떨고 있었다.
새벽 다섯시면 안개 속에서 두런두런 사람들 움직이는 소리가 들리기 시작했다. 기침소리와 밤새 끓어오는 가래 뱉는 소리에 섞여 타닥타닥 짚단 태우는 소리가 들려왔다.
온기 없는 냉방에서 자느라 새벽녘부터 추위에 떨던 사람들이 죄다 나와 짚불을 쬔다. 오뉴월 짚불도 쬐다 말면 섭섭하다는데 정월 짚불이라니 이게 웬 떡인가 싶다.

몇 걸음만 떨어져서 봐도 그 짚불은 빛이 은근히 배어나는 연등으로 추상화된다. 그토록 새벽안개는 짙었다.

아이들은 안개 낀 새벽길을 걸어 학교로 갔다. 오전반 아이들이 하교하는 열시 무렵까지도 안개는 물러갈 기미가 없다.

우유 탄 홍차인 '차이' 한 잔으로 아침을 때웠기에 학교에서 돌아온 아이들은 곧바로 아침 겸 점심으로 채소 카레를 곁들인 로티를 먹는다.

그 '아점'으로 몸을 데울 때라야 안개는 약발 떨어진 풍문처럼 슬그머니 자취를 감추고 만다.

정월도 여기서는 여름이다. 안개가 걷히고 나면 밤새 이 벌판에 주둔했던 안개가 무슨 짓을 저질러놓았는지 낱낱이 드러난다. 안개는 이 대지를 싸늘하게 식혀놓은 것이다. 하지만 햇살이 퍼지면 세상은 바로 그 냉동고에서 꺼내져 펄펄 끓는 물속으로 던져진다. 안개와 해는 그렇게 세상을 담금질해 벌판에 깃들어 사는 모든 목숨을 제 자식으로 키운다.

아말타리도 타루족의 마을이었다.

정글 속 맹수들과 자웅을 겨루며 잔뼈가 굵은 타루족이다. 코뿔소를 기다리고 있던 차나울리 사람들만이 아니라 바구반 건너편 치트완 국립공원구역 안 모래톱에서 목숨을 내놓고 고기잡이하던 사람도 타루족이었다.

타루족이 사는 집은 구조부터 다르다. 맹수의 침입을 염두에 두고 집을 짓는 까닭이다. 벽을 아주 두텁게 쌓는데다 창문을 내지 않는다. 굵은 나무를 쓴 출입문 하나만 낼 뿐이다.

타루족의 핏줄은 아리안계와 닿아 있다. 그렇지만 생김새나 말투나 먹성 따위를 보면 딱 몽골리안이다. 그래서 무척 가깝게 느껴진다. 모두들 옛 고향 사람들 같다.

옆집에 사는 이쉬와리라는 타루족 총각만 해도 그렇다.

그의 집은 아주 가난했다. 부쳐 먹는 땅뙈기도 눈곱만하다. 부모는 무학에다 문맹이다. 여동생 둘 딸린 다섯 식구 살림을 저 혼자 꾸려야 한다. 허리가 휜다. 타이거 탑(Tiger Top)이라는 코끼리 사육장에서 뼈빠지게 일했지만 한 달 급료로 이천 루피밖에 받지 못했다. 월급이 우리 돈 사만 원인 셈이다. 그나마 재작년에 그만뒀다. 그 벌이로는 다섯 식구 입에 풀칠하기도 어려웠다.

지금은 이웃집 땅을 소작 부치며 가끔 치트완 국립공원을 찾는 관광객이나 나라야니 강 래프팅 팀을 안내하는 가이드 일도 한다.

그 코끼리는 갑자기 나타났다.

검은 코끼리 두 마리였다. 믿기 어렵게 덩치가 컸다. 언젠가 본 영화 〈알렉산더 대왕〉에 출연한 놈 같았다.

이곳에는 가끔 야생 코끼리가 출몰한다고 했다. 사육 코끼리와는 달리 야생 코끼리는 사나워서 사람을 해치기도 한다는 것이다. 보기와는 달리 야생 코끼리는 엄청 빠르다. 전쟁에 투입될 정도다. 오죽하면 세계를 정복한 알렉산더 대왕의 기마대에 인도의 코끼리 군단이 맞섰겠는가.

한 놈은 아주 근사한 상아를 갖고 있었다. 다른 놈은 상아가 없었다. 암수 한 쌍인 듯하다.

이쉬와리와 나는 트래킹 허가를 받으러 치트완 국립공원 지소로 가는 중이었다. 우리는 둘 다 자전거를 타고 있었다.

다음 날 아말타리에서 배를 빌려 나라야니 강을 다시 건너야 했다. 강 건너편 골라가트까지만 가면 되는데 그때 통과하게 되는 강 유역이 국립공원 안이어서 국립공원 방문증이 필요했다.

공원관리사무소는 우리가 묵은 집에서 북쪽으로 오리쯤 떨어져 있었다. 걸어가기엔 조금 멀어서 이쉬와리와 자전거를 빌려 타고 가는 길이었다. 관리사무소가 빤히 바라보이는 숲 속에서 나는 얼어붙고 말았다. 무시무시하게 생긴 거구의 검은 코끼리 두 마리와 마주친 것이다.

누구보다 이쉬와리가 원망스러웠다.

가이드 노릇하는 친구가 어떻게 야생 코끼리 앞으로 손님을 데려간단 말인가! 물론 야생 코끼리가 어딜 간다고 보고하고 다니지는 않을 것이다. 하지만 명색이 국립공원 가이드다. 이런 봉변을 당하지 않도록 손님을 제대로 안내하는 게 가이드가 할 일 아닌가. 화가 치밀어 올랐지만 그걸 따질 때가 아니었다.

상아 없는 놈이 앞발을 쳐들었다. 오륙 미터도 넘어 보이는 나뭇등걸에 걸린 넝쿨을 따먹으려는 것 같았다. 앞발에 걸린 굵은 나무가 버드나무 가지처럼 휘청거렸다. 대체 저놈의 몸무게가 몇 톤이나 되기에……. 그 코끼리는 내게서 불과 이십여 미터 떨어져 있었다. 그리고 자전거 길은 그놈이 버티고 선 두 다리 바로 곁을 지나가고 있었다. 저 앞발에 밟히면 돈 없으면 집에 가서 부쳐 먹으라는 빈대떡 신세가 되고 말 것이다.

그제야 사태가 심각하다는 걸 알았는지 이쉬와리가 오른손 검지를 입에 갖다 대며 조용히 하라는 시늉을 낸다.

한심한 녀석이다. 이제 와서 조용히 한들 뭣하랴. 우리는 이미 부처님 손바닥이 아니라 코끼리 발바닥 안에 들어와 있는데.

으악 하는 비명이라도 질러버리려고 했다. 가이드라는 친구가 워낙 어처구니없어 어깃장을 놓고 싶었던 것이다. 그러자 문득 그 코끼리 발바닥에 찍혀 빈대떡이 될 팔자는 아니라는 확신이 들었다.

나는 먼저 자전거를 몰아 코끼리 다리 곁으로 스치듯 지나갔고 코끼리는 코끼리대로 나뭇잎 따먹기에 열중했다. 뒤따라온 가이드는 아무 일 없다는 듯 다시 앞서 달렸다.

아무리 봐도 짐승 같은 놈이다. 지금이라도 뭔가 해명을 해야 할 것 아닌가. 허가만 받고 더는 일을 맡기지 말아야겠다고 마음 다져 먹었다.

볼일은 금방 끝났다. 앞선 가이드는 코끼리 만났던 그 길로 다시 자전거를 몰았다. 잠자코 있었더니 이건 해도 해도 너무한다 싶다.

이 녀석이 대체 내게 무슨 원한이 있다고 한 번도 아니고 두 번씩이나 그 코끼리 발밑으로 나를 밀어 넣으려고 저러나.

"야, 거긴 코끼리 만난 길이잖아. 다른 길 없어?"

"돌아가는 길도 있죠. 그런데 그 코끼리 다시 보고 싶지 않으세요?"

"다시 보다니? 내가 미쳤냐! 그 위험한 야생 코끼리를 다시 보게."

"하하하. 그러셨군요. 제가 미처 말씀드리지 않았네요. 그 코끼리는 위험하지 않습니다. 야생 코끼리가 아니라 이 관리소에서 사육하는 코끼리입니다. 순하고 착한 놈이죠. 네팔에 대해 워낙 많이 알고 계셔서 그것도 알고 계시겠거니 하고 미처 말씀드리지 않았습니다."

그의 말 한마디로 세상의 모든 질서는 제자리를 찾았다. 나는 감사했다. 제자리로 돌아온 세상은 참으로 아름답고 평온했다.

원효와 의상은 불도를 찾는 젊은 도반이었다. 신라 시대 얘기다. 두 도반은 이 땅에 불교를 전해준 중국으로 유학가기로 했다. 서라벌을 떠나 중국으로 가는 배를 타려고 두 도반은 서해안을 향해 걸어갔다. 어느 날은 한밤중 깊은 산속의 동굴에서 하룻밤을 보내게 되었다. 먼 길을 걸은 뒤라 갈증이 났다. 마침 동굴 안에 옹달샘이 있었다. 그 곁에서 물을 떠 마실 만한 바가지까지 만져졌다. 두 사람은 바가지로 샘물을 거푸 퍼마시고 갈증을 풀었다. 이튿날 먼동이 텄다. 동굴 안으로도 빛이 들어왔다. 그래서 두 사람은 알게 된다. 간밤에 샘물을 퍼마셨던 바가지는 바가지가 아니라 해골이었다. 그 사실을 알고 나서 두 사람은 그 뒤 각자 다른 길을 걸어가게 된다. 의상은 중국 유학의 길을 그대로 밀고 나갔고, 원효는 중국행을 포기한다.

동화에도 가끔 인용되는 얘기다. 그 원효와 의상이 해골바가지를 들고 당황하는 순간이 그날 네팔 아말타리의 내게로 찾아왔다. 신라의 해골과 바가지는 네팔에 와서 야생 코끼리와 사육 코끼리로 변주되었다.

　이 두 종류의 코끼리는 '부처의 길'을 가는 내 마음속에 원효와 의상이라는 두 갈림길이 나 있음을 일깨워주었다. 나는 또 간사해졌다.

　원효의 길을 갈 것인가?
　의상의 길을 따를 것인가?
　이 선택의 문제는 '부처의 길'을 가는 길목 여기저기서 불쑥불쑥 튀쳐나왔다. 그럴 때마다 나는 이 아말타리 코끼리 일화를 교훈삼게 되었다.

　관리소에서 숙소로 돌아갈 때 어느 길을 택했느냐고?
　물론 왔던 길로 되돌아왔다. 그 길에 다시 보게 된 코끼리는 정말 늠름하고 순박해 보였다. 나는 정말 간사했다.

　그 코끼리를 다시 보며 한쪽 눈을 찡긋 감는 내 가이드는 정말 귀엽고도 믿음직스러웠다. 나는 한없이 간사했다.

　거슬러 올라가야 할 물길이 십 리쯤 되었다.
　아말타리 청년회의 젊은 친구들이 통나무배 두 척을 내주었다.
　아름드리 통나무 속을 파낸 전통적인 배다. 바구반 건너편 모래톱에 타루족 어부가 대놓았던 배 같다. 베틀의 북같이 생겼다. 부처 시대에 비해 조금도 달라진 게 없을 이곳 배의 먼 조상이다.
　배의 나이가 궁금했다.
　하지만 아무도 모른다. 뱃사공으로 따라나선 늙수그레한 사내가 말했다.

"어릴 때부터 이 배를 타고 고기잡이 갔소. 그때도 지금만큼이나 이 배가 늙어 보였소."

그의 아버지는 그 배를 타고 나라아니 강을 건너 치트완 쪽 강변에서 고기잡이 하다가 호환을 당했다.

"사지가 찢긴 아버지 시신을 이 배에 태우고 돌아왔소. 또 이 배에 시신을 싣고 트리베니까지 내려가서 거기서 수장했소. 벌써 삼십 년이나 지난 얘기요. 한동안은 저기 고물에 아버지의 핏자국이 남아 있었지. 지금은 갠지스 강물에 말끔히 씻겨버렸지만……."

그는 핏자국이 묻어 있었다는 배의 고물을 투박한 손으로 한 번 쓰윽 문질렀다. 그러고 나서 나무 배 두 척을 삼줄로 묶었다. 노련한 솜씨다.

가늘고 길쭉한 두 배를 묶고 나니 칸타카까지 실을 수 있었다. 수레의 양쪽 바퀴는 두 배에 한 짝씩 실렸다.

사공들의 땀 냄새가 오히려 정겹다. 여울에서 더욱 거세지는 숨소리도 반갑다. 배가 지나갈 때마다 놀고 있던 오리들이 비상하면서 강물 위에 물수제비를 뜬다.

수면이 기름 바른 듯 미끈거린다. 그렇지만 속으로는 힘차게 흐른다. 두어 여울목을 힘겹게 넘는다. 우기 때마다 범람하는 홍수로 강안의 사구가 옮겨 다닌다고 한다. 강은 지도와는 전혀 다른 모습이다. 어디가 허리이고 어디가 엉덩인지 알아볼 수가 없다. 그 사구 너머로 엷은 안개에 가려 먼 산들이 남쪽 하늘 선을 가른다. 치트완 국립공원 남쪽 경계선에 솟아오른 산줄기다. 밀림으로 뒤덮인 그 산록은 인도와 네팔의 국경을 긋고 있다.

공원 쪽 모래사장에서 고기잡이하는 타루족이 쓰는 천막이 거듭 눈에 띈다. 맹수에게 살 찢겨 죽을지라도 저들답게 살아가려는 자들의 보금자리다.

그 보금자리에 나마스테!

오후 다섯시 반쯤 골라가트 강변에 닿았다. 우리를 내려준 타루족 뱃사람들은 바로 아말타리로 뱃머리를 돌렸다.

언덕에 올라 돌아가는 배를 떠나보낸다.

마침 노을이 비꼈다.

이 세상 같지 않은 평화로운 풍경 속으로 배가 떠나간다.

분홍 메밀꽃 필 무렵

　골라가트 동구에 들어서자 바로 어둑발이 내렸다.
　어쩔 수 없이 발길 닿는 첫 집의 문을 두드렸다. 한쪽 다리를 심하게 저는 집주인은 선뜻 자기 의자까지 내주며 맞아주었다.
　여태 다녀본 마을 중에서 가장 궁벽진 오지 마을이다. 초가 한 칸에 노부부와 딸과 외손자 등 다섯 식구가 몇 마리 염소와 강아지 한 마리와 살아가고 있었다. 하지만 마당 한구석에 서 있는 망고나무와 카타르나무는 아주 듬직했다.
　이튿날인 1월 29일, 새벽같이 길을 나섰다. 얼마쯤 걸었나. 한 여자가 뒤에서 달려오며 우리를 불렀다.
　몸에 딱 맞는 청바지와 분홍색 티셔츠 차림의 그 여자는 어딘가 낯이 익었다. 시장 가방 같은 큼직한 보따리를 든 그녀는 다름 아니라 어제 묵었던 망고나무집의 아이들 엄마였다.
　그녀의 이름은 꽃필라였다.

꽃필라라는 이름의 우리말 뜻이 꽃필라라고 애기해주자 그녀는 얼굴에 웃음꽃을 피우며 좋아라 한다. 엇저녁 얼핏 봤을 때는 꽃필라가 아니라 꽃질라로 보였다고, 그래서 금방 알아보지 못했다고 애기해주자 그녀는 우습다며 팔짝팔짝 뛴다. 사실 그랬다. 전기도 들어오지 않는 집이었다. 희미한 호롱불빛밖에 없었으니 우물물을 길어 우리 천막 쪽으로 가져다주었을 때 얼핏 보긴 했지만 그녀가 이토록 화사하게 생겼을 줄이야. 헐렁한 몸뻬에 낡은 점퍼를 걸치고 있어서 중년의 촌색시로 본 것이다.

그녀는 들고 있는 보따리를 보여주며 말했다.

"이거 메가울리 장에서 팔려고 가져온 아차르예요. 여러 병이어서 무겁거든요. 시장까지 저 수레에 좀 싣고 가주었으면 해서 쫓아온 겁니다."

아차르는 무나 배추 뿌리로 담그는 네팔 장아찌다. 메가울리는 치트완 국립공원에서 가장 가까운 비행장이 있는 읍이다. 그 읍에서 오늘 에어쇼까지 벌어지는 큰 축제가 열린다. 근동의 사람이 다 모이기 때문에 특별히 장도 선다고 했다. 꽃필라는 그 장에서 얼마 전에 담근 아차르를 팔아볼 깜냥으로 새벽같이 집을 나선 것이다.

아차르 통이 잔뜩 든 보따리를 칸타카 등에 실어주었다.

거기서 메가울리 장까지는 사십릿길이다. 그 장으로 가는 길에 메밀꽃이 한창이었다. 메밀을 네팔에서는 파파다라 부른다. 우리처럼 그들도 메밀로 전도 부치고 수제비도 뜨고 국수도 뽑아 먹는다.

네팔 메밀꽃은 코스모스처럼 하얗게 피는 것도 있고 분홍빛으로 피는 것도 있다.

꽃필라와 함께 메가울리 장터로 가는 길가는 온통 분홍빛 메밀꽃밭이었다. 꽃필라라는 그녀 이름을 받쳐주며 메밀은 그 너른 들에 분홍빛 연정을 꽃 피우고 있었다. 네팔 농촌의 봄은 이 연분홍 치마저고리를 차려입은 메밀꽃밭으로 먼저 찾아왔다.

"이 아차르 한 통에 얼마씩 받아요?"

"제대로 받지요. 오십 루피씩."

우리 돈으로 천 원 꼴이다.

"모두 몇 병이나 되요?"

"서른 병입니다."

"그럼 다 팔면 천오백 루피나 벌겠네. 그 돈으로 뭘 할 거요?"

"쓸 데가 많죠. 우선 아버님 약값부터 대야죠. 옛날에 사고를 당해 한쪽 다리를 거의 못 쓰는데 요즘 다시 편찮아지셨거든요. 엄마와 애들 옷도 사고……. 또 이참에 우리 염소와 강아지들에게 집을 장만해줘야겠어요."

그러고 보니 그녀 집 마당에 여섯 마리 염소와 강아지 한 마리가 어슬렁대던 기억이 떠올랐다. 어미 애비 염소는 밤늦게까지 네 마리 새끼 염소를 데리고 강아지를 동무 삼아 마당에서 놀다가 꽃필라 식구들이 칼잠을 자는 한 칸 초가 안으로 불려 들어갔었다.

"그 돈으로 그걸 다 해낼 수 있소?"

"그럼요. 충분해요. 아, 깜박한 게 있구나. 재료값! 그 외상값만 해도……."

"아니 애기 아빠는 대체 뭘 하기에 꽃필라가 혼자서 그리 애쓰는 거요?"

"그 사람은 돈 벌러 트리슐리로 갔는데 이 년째 감감 무소식이에요. 시골 버스 조수 노릇한다는 소문은 들었는데……. 언젠가 살아서 돌아오겠죠. 호호호."

서글픈 얘기를 털어놓으면서도 꽃필라의 얼굴에서는 거푸 웃음꽃이 핀다. 그 웃음꽃을 뒤쪽 분홍 메밀꽃밭이 잘 받쳐줬다. 그때마다 메밀꽃밭은 '꽃필라 꽃필라' 하고 소곤대는 것만 같았다.

안개 속에서 사람들이 몰려나왔다. 잔칫집에 가는 사람들처럼 다들 차려 입었다. 이 마을 저 마을에서 쏟아져 나온 사람들이 모여들어 메가울리 가는 길은 사람 물결로 넘실댔다. 모두 하늘에서 재주넘기한다는 비행기를 구경하러 가는 사람들이었다.

길가에 바퀴가 빠져 푹 고꾸라진 버스 한 대가 버려져 있었다. 쳐다보기 민망할 정도다. 성한 데라고는 하나도 없어 내장과 썩어 문드러진 뼈다귀를 다 드러내고 있었다.

'소림객차(小林客車)'

간신히 살아남아 붙어 있는 등짝에 그런 한자가 적혀 있었다.

중국 버스였다. 어쩌다 소림사가 있는 지방에서 중국 인민을 태우고 다니던 버스가 네팔에서도 가장 궁벽진 이곳에서 최후를 맞았을까.

소림사라면 중국 무림에서 첫째가는 수련장이다. 하지만 불교 사찰인 만큼 소림사는 부처와는 끊으려야 끊을 수 없는 인연을 맺고 있다. 부처의 제자 마하가섭이 싹 틔운 선종이 달마에 의해 히말라야를 넘어 중국으로 전해진 까닭에 소림사도 세상 빛을 보게 된다. 그 소림사의 이름을 달고 다니던 버스가 도로 히말라야를 넘어와 부처의 고향이자 출가의 길을 걸어간 네팔 오지까지 와서 목숨이 다한 것이다.

"보세요! 저 중국 버스 말이에요. 우리 남편도 트리슐리에서 저런 버스에 매달려 조수 노릇하고 있을 거예요."

지금 네팔은 세계에서 몇 손가락 안에 드는 인력 수출국이다. 해외 근로자들의 수가 몇 년 전에 이미 이백만 명을 넘어섰다. 자국민이 피하는 삼디 업종의 일을 싼 인건비로 맡길 수 있으니 순박한 네팔 사람들은 어느 나라를 가도 환영받는다. 우리나라만 해도 삼 만이 넘는 네팔 사람들이 일하고 있다.

해외 취업으로 돈 번 네팔 사람들이 가장 선호하는 업종 가운데 하나가 버스 회사다. 달랑 버스 한 대만 가진 버스 회사가 수도 없이 생겨났다. 큰돈이 없는 그들에게 중국인은 폐차 수준의 고물 버스를 떠넘기게 되어 네팔 땅 곳곳에 소림객차뿐 아니라 운남객차, 산동객차, 신장객차 따위가 굴러다니게 되었다.

네팔 오지를 다니다보면 조수를 두지 못해 사장이 운전수와 조수 노릇까지 도맡은 버스를 어렵잖게 만날 수 있다. 북 치고 장구 치는 일까지 다하는 일인 삼역의 버스 사장을 보면 안쓰러울 때가 많다. 게다가 무임승차하는 진드기들을 모심기하는 논에서 거머리 떼어내듯 떼어내야 하니 여간 힘 부치는 일이 아니다.

꽃필라의 남편은 그런 버스의 조수 노릇을 한다는 것이다.

"내가 아차르 만들어 팔고 남편은 땅 몇 마지기 소작 부치면 우리 여섯 식구는 밥 먹고 살 수 있어요. 그래도 굳이 돈 벌어오겠다며 집을 나간 거예요."

"뭔 돈을?"

"글쎄 말입니다. 한국으로 돈 벌러 가겠다는군요. 그렇게 큰돈 벌어오면 여기서 버스 회사 차려 날 호강시켜주겠다면서요. 호호호."

꽃필라의 얼굴에 또 웃음꽃 필라.

"그럼 한국으로 먼저 나가야 순서가 맞는 거 아닌가요. 오지로 가서 버스 조수 노릇을 할 게 아니라."

"그건 아녜요. 순서는 맞아요. 한국으로 가려면 수속을 밟는 데 엄청난 목돈이 필요하거든요. 우선 그 돈을 벌겠다는 겁니다."

"그게 얼마나 드는데요?"

"남편 말로는 백만 루피 정도 필요하다고 했어요."

"……."

나는 할 말을 잃고 말았다. 백만 루피면 우리 돈으로 이천만 원이다. 우리에게도 적은 돈이 아니다. 한 달 인건비가 삼십 달러 수준인 네팔 사람들에게 이 금액은 대체 어느 정도 거액으로 불어날까? 몇 년을 일해야 그만한 돈을 장만할 수 있단 말인가. 도무지 계산이 서지 않았다.

여권과 비자를 발급 받는 데 공식적으로 들어가는 돈은 십만 원을 넘지 않을 것이다. 비행기 삯을 뺀다 하더라도 나머지 천구백만 원은 어떤 검은 입이 삼키게 되는 것일까? 대체 얼마나 많은 입들이 달려들었을까?

"웬 침을 그렇게 삼키세요? 시장하세요? 감자 삶아온 게 있는데 드실래요?"

차 한 잔만 마시고 출발한 길이어서 사실 출출했다. 그녀는 칸타카 등에 얹어놓았던 보따리를 내려 감자가 든 비닐 봉투를 꺼냈다.

우리는 메밀꽃 밭둑에 걸터앉아 삶은 감자를 함께 나눠먹었다. 자줏빛깔에 씨알이 자잘한 감자가 아주 맛있었지만 이상하게 자꾸만 목이 메었다.

"남편이 그 돈 장만해오도록 살 수 있겠소. 실례지만 올해 나이가?"

"스물셋입니다만 그때까지는 못 살겠죠. 그 돈 장만하려면 백년도 더 걸릴 테니. 제 아이들도 그때까지 못 살 텐데요 뭐."

"아이들이 몇 살인데?"

"큰 아들이 일곱 살, 작은 놈은 다섯 살."

그러면 열다섯이나 열여섯에 결혼했다는 얘기다. 놀랄 일은 아니다. 아직 네팔 농촌에는 조혼 풍습이 남아 있다. 열대여섯 살이 여자의 결혼 적령기다. 트리베니에 오기 얼마 전 길에서 만난 미누카의 나이도 열여섯이었다. 그녀 이모들이 내 나이에 상관없이 미누카에게 결혼 운운하며 짓궂은 장난을 칠 수 있었던 것도 조혼 풍습 때문이다. 미누카도 이미 결혼 적령기에 든 것이다. 네팔에서 열여섯은 아직도 이팔청춘이다.

"그렇지만 그이는 곧 돌아올 거예요. 그렇게까지 어리석은 사람이 아니거든요. 이삼 년 내 빈손으로 돌아와서 다시 시작할 거예요. 그때까지는 내가 아차르를 더 열심히 담그면 되고요."

"꽃필라. 그 아차르 내가 다 사면 안 될까? 앞으로 몇 달 더 여행해야 하는데 밑반찬이 필요하거든. 내게 다 넘기고 어서 애들과 부모님께 돌아가지."

"마음은 고맙게 받겠습니다. 하지만 그럴 수는 없어요. 저는 메가울리 장에 가서 팔고 싶어요. 비행기도 구경할 겸."

밭둑 너머 메밀밭에는 원두막이 서 있었다. 우리들 참외밭이나 수박밭에 세워 둔 원두막 같았다. 메밀밭에 원두막이 무슨 소용 있을까 싶었다. 이곳 개구쟁이들은 메밀 서리도 하는 걸까?

"개구쟁이들 때문이 아니라 코뿔소를 쫓으려고 세운 거예요. 그놈이 들이닥쳐 마구 짓밟아버리면 메밀 농사를 망치거든요. 참! 저기 올라가면 근처 메밀꽃밭을 죄다 바라볼 수 있어요. 저랑 올라갈래요?"

코뿔소는 꽃필라 얘기 속에서 다시 모습을 드러냈다. 그 얘길 들으니 원두막을 망루처럼 꽤 높이 세운 까닭을 알 수 있었다. 원두막 바닥을 코뿔소의 키보다 훨씬 높게 올린 것이다.

그녀는 먼저 일어나 메밀밭 속으로 뛰어들었다. 멀리서 보기와는 달리 메밀은 키가 컸다. 거의 허리까지 메밀꽃 물결이 차올랐다. 그 분홍빛 물결을 헤치고 그녀를 뒤따랐다.

흐트러진 메밀꽃에 가려 이랑이 제대로 보이지 않았다. 자꾸만 발을 헛디뎠다. 앞서 가던 그녀가 돌아와 내 손을 잡아주었다.

그때 바로 곁에서 푸드득 하는 소리와 함께 장끼와 까투리 한 쌍이 솟아올랐다. 메밀밭 속에서 사랑을 나누다 우리 발걸음에 놀란 모양이었다.

분홍빛 이불을 덮었던 꿩 부부의 잠자리에서 밤꽃 향기가 올라왔다. 비릿하면서도 어딘가 숨어 있는지도 모르는 가려운 데를 찾아내서 살살 쓰다듬어주기도 하고 긁어주다가는 갑자기 바늘로 쑤셔버리기도 하는 분홍빛 메밀 향기였다.

그녀와 맞잡은 손에 메밀꽃 가루가 잔뜩 묻었다. 손이 분홍빛 연지 곤지를 발랐다. 바람결이 전해주는 그녀의 체취에도 메밀꽃 연지 곤지가 묻어 있다.

원두막 위에서는 메밀꽃밭의 분홍빛이 더 짙어 보였다. 짙은 메밀꽃밭이 사방으로 끝없이 펼쳐졌다. 문득 어릴 적 고향의 어른들이 보리철이면 투덜거리던 볼멘 목소리들이 들려왔다.

아, 또 어느 연놈이 붙어 뒹굴었는지 간밤에 우리 보리밭을 작살내놓았지 뭐요. 윗말 보리밭 한 짝도 죄 쓰러뜨렸다지.

보리밭은 그 궁핍한 시절의 청춘들에게 사랑의 요를 깔아주고 이불을 덮어줬다. 보리밭이 없으면 달빛을 이불 삼아, 물방앗간 뒷전에서라도 사랑은 맺어져야만 했다.

여기 청춘들은?

틀림없다. 이런 메밀밭을 찾아 눈 맞은 짝들은 저 분홍빛 꽃을 뭉개며 메밀꽃 향내를 심호흡했으리라.

혹시 그런 흔적이?

있었다.

원두막에서 열댓 걸음 떨어진 메밀밭 한쪽이 작은 돗자리 하나 넓이로 넘어져 있었다. 누군가 메밀대를 쓰러뜨리고 그 위에서 뒹군 듯했다.

조금 망설이다가 그녀에게 물었다.

"꽃필라! 저기 저 자리에서 누군가 사랑을 나눈 모양이지?"

순간 꽃필라의 얼굴에 메밀꽃보다 더 붉은 꽃이 폈다. 그곳에서 몰래 사랑을 나눈 걸 들킨 사람 같았다.

"맞아요. 여기는 사랑을 나눌 데가 정말 없어요. 그래서 메밀꽃 밭에서 맺게 된 사랑이 많지요. 파파드라는 이름을 가진 애들이 많아요. 메밀을 뜻하는 파파다 밭에서 가진 아이라는 뜻이죠."

"그럼 혹시 애 이름이……."

"큰아이가 바로 파파드랍니다."

멀리서 불어온 봄바람이 분홍 메밀밭에 출렁이는 물결무늬를 그린다.

그 분홍빛 물결에 실려 여기서도 봄날이 간다.

가는 봄날의 뒷모습이 연분홍이다.

고흐가 그린 농부의 초상

　메가울리에서 꽃필라와 헤어진 우리는 그날 벨하타까지 먼 길을 걸었다. 여기서부터는 초가가 별로 눈에 띄지 않았다. 다들 시멘트나 벽돌로 쌓은 새집 짓기에 바쁘다. 하지만 소들은 점차 우리 황소를 닮아간다. 소들도 저들 사는 동네에 따라 생김새가 달라진다. 처마 끝에 강냉이 걸어 말리는 광경도 정겹다.
　오후 두시 무렵 데르나가르에 닿았지만 그곳에서 하루 묵기로 한다. 그 앞으로 무인지경의 밀림이 구 킬로미터나 펼쳐져 있는 까닭이다. 밀림에서 맹수가 출현할지도 모른다기에 다음 날 새벽같이 길을 나서 오전 내에 밀림을 빠져나가기로 했다.
　이날은 데브나가르 형제 집에서 묵었다. 나란히 붙어 있는 두 집에서 형제는 따로 산다. 집도 부쳐 먹는 땅도 모두 남의 것이다.
　남매를 둔 형은 아이들을 모두 출가시켰다. 그래서 부부만 새카맣게 늙어가며 남의 땅뙈기를 부쳐 먹고 산다.

부부는 말이 없다. 대신 술을 잘 마신다. 우리가 낸 '로얄 스택'이라는 네팔 위스키를 물잔에 한 컵 따라줘도 단숨에 비워버린다. 안주인이 더 잘 마신다. 술을 더 달라고 하지는 않는다. 빈 잔은 늘 한쪽 구석에 치워놓는다. 그 잔을 찾아 다시 술을 가득 쳐준다. 그리고 눈앞에서 없어진 잔을 찾아보면 어느새 비어 있었다.

아침에 살짝 훔쳐본 광경이다. 안주인은 부엌에서 밥을 지으면서 간밤에 비웠던 위스키 병을 거꾸로 세워 병나발 불며 바닥에 깔려 있는 그 노란 액체들을 한 방울도 남기지 않고 쪽쪽 빨아 마시고 있었다.

종교 의식처럼 신성해 보였다. 위스키 네 병을 태어날 때의 모습 그대로 되돌려보내는 그 의식은 삼십분 가까이 걸렸다.

그녀는 우리가 뭘 하든 도와주지 않고는 못 배겼다. 생선 매운탕을 해먹고 싶다고 했더니 시동생을 십오 킬로미터나 떨어진 장에 다녀오게 했다. 자전거를 몰고 간 시동생은 두어 시간 만에 붕어와 미꾸라지와 피라미 따위를 잔뜩 사왔다.

그 물고기도 그녀가 다 손봐줬다. 우리가 쓰는 등산용 스토브의 불이 시원찮다며 매운탕거리가 든 냄비를 냉큼 자기 집 부엌 화덕으로 들어 옮겼다. 그리고 그 귀한 나무를 아궁이에 잔뜩 집어넣고서는 불을 지폈다. 그 불땀에 큰 냄비의 민물고기 매운탕감은 금방 끓으며 그 맵고 뜨거우면서도 시원한 국물 맛을 냈다.

우리가 굼뜬 손으로 그 매운탕에 네팔식 수제비인 툭바를 떠넣는 꼴도 가만히 보고 있질 못했다.

이리 달라는 말도 없이 달려들어 반죽 그릇을 빼앗더니 순식간에 그 큰 덩어리를 낱낱이 수제비 떠 냄비 속으로 던져넣었다.

바깥주인은 술자리에서조차 말 한마디 거들지 않았다. 숫제 바위 같다. 인상도 바위다. 고흐가 봤다면 '네팔 농부'라는 제목의 초상화를 남겼을 법하다. 화가가 아니어도 그려보고 싶은 충동을 주는 얼굴이다. 그가 일군 논밭 이랑의 길이와 깊이가 얼굴에 다 새겨져 있다. 그 논밭 자체다.

논밭은 말이 없다. 자식들인 곡식들과 얘기 나눌 따름이다.

그가 술을 마신다. 논밭에 물이 들어간다. 물이 든 논밭에 은근한 미소가 번진다. 보기에 참 좋다. 참 좋은 밤이다. 위스키 네 병이 후딱 빈다. 빈 병이 우리보다 먼저 눕는다. 빈 병에 바람이 놀다 간다. 그냥 가지는 않는다. 부우웅 뱃고동 소리를 울려 자릿값을 치른다.

이들 형제가 부치는 논밭은 모두 마흔 마지기다. 적은 땅은 아니다. 땅 주인과 소출을 반반씩 나눈다. 이쪽에서도 많이 갖는 것 같지만 알고 보면 그게 아니다. 집세와 종잣값과 비료값 따위를 빼면 겨우 입에 풀칠할 거리만 남는다. 그래서 애들은 의무교육만 시켰다. 다행스럽게도 그 애들은 마름 노릇을 하거나 남의 집 살림을 도와주며 자기 밥그릇은 자기가 챙기더니 모두 출가해서 가정을 이뤘다.

그리고 지금은 굶지 않고 목숨 이어가는 것만으로 자족하며 지낸다. 달리 더 원하는 게 없다. 이미 선농일치(禪濃一致)의 경지에 들었다. 체념? 그럴지도 모른다. 형과는 달리 얘기하길 좋아하는 동생은 인간이 만물의 영장이라는 생각을 비웃었다. 이들은 대개의 힌두교도들이 그렇듯 소만이 아니라 까마귀나 뱀, 나무와 큰 바위까지 신으로 모신다. 그의 믿음에 따르면 인간은 짐승보다 못한데도 말로써 자신의 얼굴에 만물의 우두머리라는 탈을 씌우는 재주를 타고났다고 했다. 형의 입에서 말이 사라질 만했다.

밀림 입구에는 철책 문이 설치되어 있었다.
혹시 맹수가 나타나면 어쩌나 싶어 그 문으로 들어서자마자 종종걸음을 쳤다.
북쪽으로 호수를 보았다.
습지도 여럿 있다. 거기서 두루미가 학춤을 추며 놀고 있다. 사슴도 많다. 그 곁에 악어도 몸을 뒤틀며 놀고 있다. 악어는 권태롭다. 화석처럼 예스럽다. 진흙을 잔뜩 바르고 있어 더욱 늙어 보인다.
악어 부레를 먹어본 적이 있다. 북경에서다. 나는 지금도 "그 악어가 그립다"라고 말하기도 했다. 벌써 십칠 년 전의 일이다. 그 악어 부레를 먹은 지 얼마쯤 지나 명혜라는 중국 여고생을 만난 기억도 떠오른다. 악어에 관한 것이면 뭐든 옛이야기가 되고 만다.
서양인 관광객을 실은 사파리 지프차 한 대가 지나갔다. 우리를 맹수보듯 휘둥그레진 눈으로 쳐다본다. 쇠창살 안에 갇힌 그들이 딱해 보인다. 중범죄자 호송차 같다.
그 얼마 뒤 오토바이 여러 대 지나갔다. 오토바이를 탄 사람은 모두 쌍쌍이었다. 남자는 운전대를 잡았고 사리를 입은 여자들은 뒷자석에 걸터앉아 그 남자의 허리를 잡았다. 놀이 삼아 나온 것 같았다. 이 밀림을 지나서 백 리만 더 달리면 뒹굴기 좋은 메밀밭이 나온다고 얘기해줄까. 거기서 꽃필라처럼 임과 함께 파파드를 만들라고 얘기해줄까.

이어서 자전거도 몇 대 지나갔다.

이제 확실해졌다. 방심해서는 안 되겠지만 이곳은 맹수의 공격에 노출되는 위험 지역은 아니다. 동서로 구 킬로미터에 남북으로 십오 킬로미터나 되는 넓은 밀림 지대는 코끼리 사육장 외에는 인가가 전혀 없는 원시림 보호구역이다. 하지만 낮 시간에는 인근 주민들이 나들이 다닐 정도로 맹수들을 맞닥뜨릴 위험은 없는 듯했다.

두 시간 만에 그 밀림을 빠져나왔다.

바차울리라는 마을을 지나 주아니까지 갔다.

그 마을로 들어서자 논길 끝의 한 잔칫집에서 우리를 반겼다. 네팔 힌두교도들은 삼 년에 한 번씩 온 가족이 모여 힌두 신에게 양을 바치고 가정의 평온을 비는 제의를 올린다. 쿨다바타 푸자라 부르는 이 잔칫날을 맞아 시카르네 가족은 전날부터 제사 음식을 장만하느라 정신이 없었다. 카트만두와 헤타우다에 사는 이모와 고모네 식구들까지 모였다. 이웃 아낙네들도 찾아와 물을 길어주는가 하면 부엌일을 거들고 있었다.

시카르는 이남 삼녀의 맏이다. 아버지를 쏙 빼닮은 다섯 남매들이 모두 영특하게 생겼다.

큰일을 마무리한 저녁이다. 뒤란에 온 식구들이 모닥불을 피우고 둘러앉았다. 어머니가 밀가루 반죽을 떼어내 눈 깜박할 사이에 홍두깨로 얇게 편다. 그걸 화덕에 굽는 일은 아버지 몫이다. 부부 궁합으로 손발을 맞춰 로티를 만들어낸다.

시카르네 우물가에는 복사꽃과 살구꽃이 폈다. 내 고향에도 복사꽃과 살구꽃이 만발했었지.

우물가 곁을 지나가는 전깃줄 위에 되새 서너 마리가 날아와 앉았다. 어디서 되새가 열댓 마리 더 날아와 그 곁에 앉았다. 전깃줄은 두 가닥이다. 앉을 자리가 더 있다는 걸 알고서 어디선가 또 수십 마리의 되새가 날아왔다.

그 사이 시카르네 마당에서는 힌두 신에게 바치는 양의 목이 날아갔다. 목에서 시뻘건 피가 뿜어져 나왔다. 시카르네 아버지는 그 피를 제단 여기저기 뿌린다. 마당에 피가 흥건하다.

양이 피를 다 쏟아낼 즈음 전깃줄에는 수를 헤아릴 수 없도록 많은 되새들이 내려앉았다. 얼추 사오백 마리도 넘을 것 같았다.

되새들은 날아올랐다가 다시 내려앉기를 거듭했다. 그럴 때마다 하늘에는 새들의 길이 어지럽게 그려졌다.

시카르네 마당에서 양의 피는 차츰 식어가도 푸자 잔치는 더욱 열기를 더해갔다. 비쉬누 신상을 가운데 모셔두고 집안의 모든 아낙네들이 울긋불긋한 사리를 갖춰 입고 둘러앉았다.

대나무 바구니 다섯 개에 쌀을 담고 그 위에 꽃과 나뭇잎을 꽂은 구리 항아리를 올려놓았다. 이모들은 온갖 곡식을 바구니에 담고 실패를 돌리며 실을 잣는다. 고모들은 소금과 술, 실 그리고 붉고 노란 꽃가루와 여러 과일을 쟁반에 나눠 담는다.

그네들은 나뭇잎으로 만든 넓적한 공기에 놓여 있던 그 자잘한 것들을 손으로 집어 옮긴다. 그리고 비빔밥 비비듯 그것들을 섞는다. 그러고는 모두들 품에서 뭔가를 꺼낸다. 성냥이다. 향을 피워 나뭇잎 그릇에 꽂는다.

그 모든 게 눈에 익었다.

도대체 어디서 본 걸까?

순간 '무궁화꽃이 피었습니다. 무궁화꽃이 피었습니다'라며 고향 뒷동산 소나무 등걸에 머리 박고 숨바꼭질하다 술래가 된 기억이 떠올랐다.

그랬다. 그때 나는 이들처럼 동무들과 소꿉장난을 하고 있었다.

되새들이 다시 한꺼번에 전깃줄을 떴다. 그리고 시카르네 집 뒤란의 대나무 숲으로 일제히 날아갔다.

되새는 그 대나무 숲을 오늘 잠자리로 잡은 모양이다. 더는 날아가지 않는다. 그 대신 대나무 숲에 매미처럼 달라붙어 울어댄다. 새는 보이지 않고 울음소리만 들렸다.

수백 마리의 되새가 붙어서 울고 있는 대나무 숲은 온통 소리통이다.

대나무 숲은 악기가 되었다.

소리의 숲이다.

소리의 몸통이다.

연탄은 깨져 있었다

　주아니를 떠나 쿰로즈에서 점심을 해먹고 피드라하니로 향했다.
　잎을 다 떨어뜨린 나무들의 숲을 지났다. 이번 나그네 길에서 처음 보는 나목이다. 오늘이 2월 4일, 아직 겨울이다. 그 나목이 절기를 알려줬다.
　가인다로 가는 길에서 만난 청년이 피드라하니로 바로 갈 수 있는 길을 알려줬다. 그 길에 사십 킬로미터 길이의 제방이 쌓여 있다고 했다. 그 제방은 치트완 국립공원의 북쪽 강인 랍티 강의 북쪽 하안을 따라 피드라하니까지 이어졌다.
　마을에 가까워질 무렵 랍티 강 건너편 치트완 국립공원 뒤쪽 산자락 위로 해가 떨어졌다. 하늘은 박명의 노을로 물들었다.
　여태 이토록 넓고도 긴 풍경을 바라본 적이 없다. 억겁의 세월처럼 풍경이 길다. 고개를 백팔십도로 돌려야 그 풍경은 제 몸의 길이를 제대로 읽게 해준다.

여기서는 모든 게 수평이다. 길게 흐르는 강물이 만들어낸 풍경은 원래 길다. 모래밭과 자갈밭과 억새밭이 끝 모를 띠를 두르며 강을 끼고 수평으로 흘러간다. 그 너머로 치트완의 밀림 산줄기가 하늘선에 긴 횟대를 치고 올라탔다.

숲도 강물도 모래사장도 갈대숲도 자갈밭도 그 모두가 시간의 강을 따라 수평으로 길게 흘러간다.

제방은 피드라하니에서도 끝나지 않았다. 수나추리까지 이어졌다. 수나추리는 난민촌 분위기다. 타망족 동네다. 몽골계인 타망족은 어딜 가나 사는 꼴이 이 모양이다. 주민이 천여 명은 될 듯한 큰 마을인데도 언덕 위에 자리 잡은 탓인지 우물 하나 없다.

목마른 수나추리를 목마르게 빠져나와 마나하리를 향하면서 지난 한 달 동안 피해왔던 고속도로와 만나고 말았다. 어쩔 수 없는 노릇이었다. 여기서부터 헤타우다에 이르는 오십 킬로미터 구간은 고속도로로 걸어가는 수밖에 없다.

테라이 평원에서 나는 곡물을 네팔의 수도 카트만두로 유통시킬 수 있는 유일한 도로답게 대형 트럭들의 통행량이 엄청났다.

좀 못사는 나라에서 대개 그렇듯 여기서도 운전사들의 위세가 대단하다. 여기 트럭 운전사들은 모두 자기 운전석 높이만큼이나 출세한 걸로 안다. 그래서 눈에 보이는 게 없다. 납작하고 자그마한 차들도 안중에 없는데 하물며 걸어가는 사람이 눈에 들어오겠는가. 그냥 밀어붙인다. 여기서 살아남자면 걸어가는 사람이 알아서 차를 피해야 한다. 정말 급할 때는 몸을 논두렁으로 날릴 각오를 해야 한다.

그런 길에서는 어물거릴 수가 없다. 빨리 지나쳐버려야 한다. 걷는 기계가 되었다. 마나하리를 떠난 그 이튿날인 2월 7일 점심 무렵 우리는 헤타우다 시내로 들어섰다. 어제 하루 동안 거의 삼십오 킬로미터를 걸었고 오늘은 오전에만 십육 킬로미터를 걸었다.

연탄 반쪽이 날 쳐다보고 있었다.
시커멓게 탄 얼굴은 영락없는 연탄이었다. 그것도 온전한 연탄이 아니라 구공탄의 아홉 구멍 중 네 구멍을 잃어버린 반쪽 연탄이었다.
반쪽 연탄 얼굴에는 기름기가 아주 빠져 나가버린 뺨에 광대뼈가 불쑥 튀어나와 있었다.
나는 헤타우다 시가지의 쇼윈도에 비친 내 모습을 보고 있다. 삼십일 만에 사백 킬로미터를 걸어 부처가 인도로 내려가기 시작했다는 이곳에 도착한 직후다.
그간 거울도 없이 지냈고 한 번도 내 모습을 비춰볼 수 있는 시설을 갖춘 숙소에서 머문 적이 없었다. 한사코 노숙자에 다름없는 텐트 생활을 고집했다.
믿을 수가 없었다. 눈을 비비고 다시 쳐다보았다.
아직도 미련을 버리지 못한 채 도회의 욕망에 번들거리는 눈빛만 낯익었다. 연탄 얼굴을 폐사 직전의 닭 모가지가 간신히 받치고 있었다. 곧 꺾어질 듯 가느다란 목은 자글자글 주름져 축 처졌다. 오갈 데 없는 육십 노인네가 그 가게 유리창 앞에 우두커니 서 있었다.

그 쇼윈도 속의 연탄 얼굴이 내게 물었다.
너는 어디에서 왔으며, 너는 누구이고, 너는 어디로 가고 있는가?

그 순간의 나는 둘로 나눠진 것이었다.
쇼윈도 속의 그 연탄 얼굴의 사내는 아무리 봐도 나 같지 않았다. 내가 아니라 그였다. 그가 내게 도대체 어디서 굴러온 개뼈다귀며 어디로 가는 길이냐고 물어온 것이다. 나는 그에게 대답해줬다.

부처가 태어난 데서부터 걸어온 사람이다. 하지만 아직 내가 누군지는 모른다. 그걸 알고 싶어 부처의 길을 따라 끝까지 걸어보려 한다.

그는 귀가 어두운지 내 말귀를 잘 못 알아듣고는 눈만 껌벅거렸다. 그래서 입을 보다 크게 열어 분명한 어조로 다시 말해줬다. 그랬더니, 놀라워라, 그의 입이 내 말을 그대로 도로 뱉어 내놓는 게 아닌가. 그 순간 나는 그에게로 옮아간다. 그제야 그는 내가 되었다.
그렇게 쇼윈도 속의 그가 나로 둔갑하며 그간 허우대 멀쩡한 나그네로 살아온 지난 시절의 나는 어디론가 아주 사라져버렸다. 그리고 누군가 발로 차버려 반쪽 난 연탄같이 생겨 먹은 내가 태어나서부터 늙어서는 쇼윈도 속에서 빠져나와 헤타우다에서 묵을 호텔을 찾아 나섰다.
이날 밤 호텔 욕실에서 나는 내 모습을 자세히 살펴보았다. 한쪽이 깨져버린 거울에 깨진 연탄이 다시 비쳤다.

육 년 고행에 지친 부처는 자신의 몸을 두고 이렇게 표현했다.
"뱃가죽을 만지려니까 등뼈가 만져졌고 등을 만지려니까 뱃가죽이 만져졌다."
그 정도는 아니었다. 하지만 뱃가죽은 등허리에 붙어 있었다. 양쪽 갈비뼈는 앙상한 가지를 드러냈고 아래위로 긴 홈이 패인 등허리에는 등뼈 마디가 일정 간격으로 불거져 있었다. 지난 한 달 사이에 귀신 붙은 의사가 불가사의한 시술로 군살을 말끔히 거둬내 성형시킨 것만 같았다. 못 돼도 십여 킬로그램의 살이 빠져버린 듯했다.
거울 속의 새로운 나를 보면 볼수록 불과 한 달 전인 지난 시절의 내 모습이 그리워졌다. 아무리 봐도 그쪽이 보기에 좋았고, 깨진 연탄 같은 이 몰골로는 살아갈 자신마저 서지 않았다. 이 모습이 진정으로 나라면 지금까지 나는 내 모습조차 착각하고 있었다는 생각마저 들었다. 내 참모습을 나조차 모르고 있었다니…….
누구나 그렇듯 나는 내 자신을 볼 수 없었다. 내가 나라고 본 것은 거울이나 사진이나 다른 사람의 눈에 비쳐진 이미지였을 뿐이다. 그간 아무런 의심 없이 그 이미지들의 짜깁기를 내 모습이라 여기며 살아왔던 것이다.
새카맣게 타버린 몸에서 빠져나간 십여 킬로그램의 내 살이 바로 그 헛된 내 이미지의 육신이었을까? 그 십여 킬로그램이 내 껍데기와 가면의 무게였을까?
그게 껍데기라 부르고 싶지는 않지만, 나는 거울 속의 이 애처로운 몰골이 내 진정한 모습의 알맹이로 남았기를 빌고 또 빌었다.

헤타우다에서 인도 락솔에 이르는 육십오 킬로미터 구간도 찻길을 피할 수 없었다. 그 길은 인도 비하르의 주도인 파트나를 네팔 수도 카트만두와 연결시키는 고속도로다.

그 길을 질주하는 차량들은 부처 시대의 맹수보다 더 난폭하다. 현대의 맹수들은 귀청 찢는 클랙슨 소리로 잡아먹을 듯 으르렁거렸다.

돌개바람을 일으키며 받아버릴 듯 스쳐나가는 트럭들은 저마다 짐칸 뒷문짝에다 큼직한 경구를 영어로 써 붙여놓고 있었다. 그 가운데 자주 보이는 경구는 'Horn please', 'Good luck', 'See you', 'Road Star', 'Road king' 따위였다.

트럭 한 대가 폭발음에 가까운 압축 공기를 쏘며 아슬아슬하게 내 팔꿈치를 스쳐 질주했다. 그 트럭의 경구는 부처의 탄생 게송만큼이나 '천상천하 유아독존'의 경지에 닿아 있었다.

"Life is danger!"

인생은 위험한 것이란다.

그랬다. 인도 비하르 주로 걸어가는 길 위의 내 인생은 확실히 위험했다.

그래도 헤타우다부터는 '부처의 길'을 제대로 들어섰다는 느낌을 받았다. 교통순경이 서 있는 초소 뒤에 불상을 세워둔 곳도 눈에 띄었다. 시내 몇 식당에서는 불교와 관련된 이름을 내걸고 부처의 모습을 간판에 그려놓기도 했다. 헤타우다 시 당국에서도 부처가 여기까지 동진한 뒤 인도로 내려갔다는 사실을 몹시 자랑삼는 눈치였다.

그곳서 팔십 리쯤 인도로 더 내려간 탈라라이야 일대는 불교도 타망족이 집단으로 거주하고 있었다. 요즘 인도와 네팔에서 불자들은 대문에 불교 깃발을 매달아놓고 있다.

그 마을에서 어떤 타망족 청년을 만났다.

"이 길가에 불자들 집이 유난히 많은 건 부처가 이 길을 걸어간 것과 무슨 연관이 있나요?"

이 질문에 사람 좋아 보이는 그는 황소처럼 한동안 눈만 껌벅거리다가 천천히 입을 열었다.

"내가 부처 지나가는 걸 못 봐서 모르겠소. 내가 잠이 워낙 많아서……. 웬만해서는 사람 지나가는 걸 보질 못하거든요."

파르와니푸르라는 마을에 닿았다. 인도와의 국경 도시인 비르간지에 가까워서인지 농촌과는 분위기가 아주 다르다. 공장 지대가 이어진다. 네팔에서 가장 큰 공단이 여기 있다. 주민들은 그 공단의 근로자들이다. 백 명도 넘게 칸타카 꼬리에 들러붙는다. 어린 애들은 끼일 자리가 없다. 모두들 불량기 가득한 사내들이다. 어딘가 지쳐 보이고 뭔가를 불만스러워하는 사람들 같았다.

어디서 왔느냐! 어딜 가느냐? 왜 걸어가느냐? 차비가 없느냐? 이 마을에 왜 왔느냐? 호텔이 없는데 어디서 자려고 하느냐? 민가에서 외국인을 재울 수 없다는 걸 알고 있느냐?

정말 성가시게 물었다. 그러면서 어느 누구도 자기 집에 우리를 묵게 해주질 않았다. 결국은 마을을 조금 벗어난 들판에 텐트를 쳤다. 큰 쿠숨나무가 당산나무로 서 있는 자리였다.

이날 저녁에 정말 반가운 손님들이 떼거리로 몰려왔다.

모기들이었다.

처음엔 하루살이인 줄 알았다. 그것들은 분봉하는 벌떼나 여름날 가로등 불빛으로 모여든 하루살이처럼 시야를 가릴 만큼 떼지어 덤벼들었다. 어림잡아 연대나 사단 규모의 수가 될 듯했다. 모기가 그렇게 대규모로 집단 행동한다는 것을 상상조차 해본 일이 없었기에 처음에는 하루 동안만의 목숨이 주어지는 그 애처로운 날것들이라 여겼던 것이다.

며칠살이인지 모를 이놈들은 저마다 주둥이에 침을 앞세우고 달려들었다. 그게 모두 모기라는 것을 알게 되자마자 이미 그들에게 피를 모조리 빨려버린 듯 하얗게 질려버렸다.

모기와의 전쟁이 시작된 것이다.

고속도로에서 맹수처럼 덤벼드는 트럭들과 밤마다 하늘을 새카맣게 가리며 공습해오는 모기들을 피해 사흘 만인 2월 10일에 네팔 비르간지 시와 코를 맞대고 있는 인도 비하르 주 락솔로 들어갔다.

이것이 인도다

　락솔의 이민국 사무실은 구멍가게나 다름없었다. 주변 상가보다 더 초라해서 눈에 띄질 않았다. 끝내 못 찾고 지나치는데 추레한 행색의 어떤 노인네가 불렀다. 이민국의 책임자였다. 그의 구멍가게에 들러 코흘리개가 사탕 사먹는 듯한 입국 절차를 마쳤다. 그리고 곧바로 남으로 내려가는 거대한 사람 물결 속에 휩쓸렸다.
　가까운 어디선가 전쟁이 일어난 것만 같았다. 피난 행렬을 방불케 했다. 아비규환이라는 말이 도무지 따라갈 수 없는 혼란의 극치였다. 얼이 쏙 빠진 듯했다.
　어디서 이 많은 사람들이 나타난 걸까? 십억 인구의 인도 사람들이 이 시각에 락솔의 거리로 죄 몰려나온 것 같았다. 외국인은 한 사람도 볼 수 없었다.
　인도인들에게는 학교 가고 장 보고 또 밥 먹으러 가거나 예배 보러 가거나 친구 만나러 가는 일, 그러니까 지극히 일상적인 삶이

담긴 평범한 광경에 지나지 않을 것이다. 하지만 외국인인 내가 보기에 그것은 느닷없는 폭우에 홍수가 나서 사막 위를 내달리는 탁류만 같았다.

그 탁류 속에는 인간과 자동차나 자전거 또는 확성기 등의 기계가 내지를 수 있는 모든 종류의 소음과 코를 찌르는 각종 향신료와 길가에 아무렇게나 버려진 오물과 파리, 모기가 뒤엉킨 하수구에서 풍겨나는 온갖 냄새들과 사람과 노새와 말의 발길과 자동차와 자전거와 수레의 바퀴가 일으킨 모든 종류의 먼지가 뒤엉켜 있었다.

그것은 제대로 볼 수도 없고 제대로 들을 수도 없을 뿐더러 제대로 냄새 맡을 수도 없었지만 분명히 그곳에 존재하며 꿈틀거리는 불가사의한 유동체였다. 그 유동체는 인간이 감지할 수 있는 시각과 청각과 후각을 초월해서 아무런 맛도 아무런 소리도 또 아무런 냄새도 없이, 다시 말해 아무런 의미도 없이 다만 꾸역꾸역 흘러갈 뿐이었다.

그 유동체는 오직 생존본능으로만 알아들을 수 있는 말 한마디를 내게 던졌다.

"이것이 인도다!"

부처의 길을 나서면서 현지인들과 줄곧 영어로 애길 나누었다. 그래서인지 그 말은 머릿속에서 'Life is danger!'라던 트럭의 경구와 뒤섞여 이렇게 영역되었다.

"India is danger!"

인도는 위험하다!

순간 이번 여행길이 무모하다며 만류했던 사람들의 그리운 얼굴이 헤타우다 쇼윈도에서 처음 본 그 검은 고독 덩어리의 몰골에 겹치면서 바짓가랑이를 잡고 늘어지던 모든 걱정거리들을 한꺼번에 머릿속으로 쏟아지게 만들었다. 그러자 머리가 깨질 듯이 아파 왔다.

본능이 감지한 인도 도보여행의 위험을 극복할 자신이 없어진 나머지 나는 여기서 여행을 그만둘 핑계를 찾고 있었는지도 모르겠다.

"인도는 거대한 모순 덩어리다."

국부 마하트마 간디가 내린 인도의 정의다. 간디가 말하는 그 '모순'은 카스트 제도에서 싹튼다.

맨 위의 승려 계급 브라만과 귀족무사 계급 크샤트리아, 상인 계급 바이샤 그리고 맨 아래 노예 계급 수드라로 나눠진 그 제도에도 들지 못하는 인간 계급이 따로 있다. 바로 불가촉천민이다. 가까이 다가가서도 안 된다는 이 불가촉천민이 인도 인구의 반의 반을 차지한다. 그렇게 버려진 사람들은 버려진 땅 비하르로 몰려들었다. 절반 가까운 비하르의 주민이 불가촉천민 출신이다.

못산다는 인도에서도 비하르 주는 유별나게 못산다. 소득이 인도 평균 소득의 삼분의 일도 못 미친다. 문맹률은 으뜸이다. 우리나라 넓이의 땅 전체가 달동네다.

최근 들어 정치적으로 각성한 불가촉천민이 늘어났다. 중앙 정부의 국회로 진출시키는 성과도 냈다. 하지만 활동이 신통치는 않다. 그 대신 비하르를 거점 삼은 계급해방운동이 여전히 세력을 키우고 있다고 한다. 타 계급과 지주들을 노리는 테러도 일으킨다.

두 시간당 한 건의 살인 사건이 일어나는가 하면 하루에도 몇 번씩 대낮에도 은행 약탈 사건이 터진다는 비하르 주다.

그런 무장투쟁 세력들은 대도시나 차량 통행이 잦은 간선도로를 벗어난 숲을 거점 삼아 활동하고 있다. 다른 카스트 간의 결혼을 법적으로 허용하는 등 정부의 개혁 정책이 어느 정도 성과를 거두자 투쟁 명분이 약해진 이들은 떼강도로 전락하고 있다.

이보다 더 기가 막히는 일이 어디 있을까. 그런 무장투쟁 세력이 거점 삼은 숲과 숲으로 이어지는 농로로 '부처의 길'이 이어지는 것이다.

헤타우다에서 남하하여 첫 스승을 만나 머리를 깎게 된 케사리아와 부처가 가장 사랑한 도시이며 최초의 비구니 탄생지인 바이샬리와 불교 경전의 3차 결집지인 파트나와 세계 최대 불교대학이 있던 날란다와 부처가 죽림정사를 세웠고 그 산정의 영산회상에서 금강경을 비롯한 여러 경을 설한 영취산이 있는 라즈기르와 출가 육 년 만에 보리수나무 밑에서 깨달음을 얻은 보드가야에 이르기까지 부처의 길은 모두가 비하르 주 안으로 나 있다.

첫 설법을 한 사르나트와 열반지 쿠시나가르는 비하르 주와 허리를 맞댄 우타 프라데시 주에 속한다. 하지만 이 두 곳도 우타 프라데시의 중앙이 아니라 비하르 주 바로 곁에 있어 생활권은 우타 프라데시보다 비하르 주에 더 가깝다.

비하르 주와 불가촉천민과 불교는 떼려야 뗄 수 없는 삼위일체다. 비하르 주가 곧 불가촉천민이고 또 불교라는 등식이 성립되는 것이다.

쿠오바디스?

"주여 어디로 가시나이까" 하고 묻던 베드로가 되어 비하르 주로 막 들어서며 나를 그곳까지 인도한 부처에게 물었다.

왜 하필 비하르 주로 가셨나이까?

인도를 잘 아는 사람들이 만류할 때 꺼낸 카드에 무장 강도라는 목록은 없었다. 불결한 먹을거리와 악취나는 물, 코브라를 비롯한 야릇한 독사들, 여러 방 쏘이면 황천행이기 십상인 벌떼들, 빈대며 벼룩, 모기 따위의 온갖 물것들…….

그런 위험들은 눈에 들어오지도 않았다. 얼마든지 예상했던 어려움이었고 나름대로 맞설 자신이 있었다. 하지만 이 무장 강도라는 카드 앞에서는 어찌할 바를 모르게 되었다.

그 무장 강도를 피할 수 있는 방도가 있긴 했다. 그들이 거점 삼고 있다는 들판의 숲을 피해 고속도로나 차도로 걸어가면 된다. 그 길에서 현대의 맹수인 트럭에 부딪히는 불상사만 일어나지 않는다면 문제는 간단하다.

하지만 그게 무슨 의미가 있을까?

나는 불교 사대성지라는 산의 산정 사냥에 나선 등산가가 아니지 않는가. 걸어간다 해도 찻길로 곧장 가버리는 건는 기계가 되어서야 차를 타고 가는 것과 뭐가 다르겠는가. 그건 '부처의 길'을 가는 게 아니라 단순한 불교 사대성지 순례에 지나지 않게 될 것이다.

나에게 중요한 것은 그곳에 이른 '길' 그 자체다. 그 길이 부처 시대와 다름없는 농촌을 잇는 농로여야만 길에서 길(道)을 닦게 될 것이다. 그 길에서만 진정한 나를 찾는 숨바꼭질에서 술래 노릇을 끝낼 수 있을 것이다.

무궁화꽃이 피었습니다, 무궁화꽃이 피었습니다……며 숫자 세기를 마치고 나뭇등걸에서 뒤돌아섰을 때 문득 눈앞에 나타날 진정한 나! '그'는 무엇이며 누구일까? 트럭이 질주하는 고속도로에서 그런 숨바꼭질 놀이를 할 만큼 나는 어리석지는 않다. 하지만 농로로 가자니 숨바꼭질 이전에 목숨 잇기가 어려울 것 같았다.

이럴 수도 저럴 수도 없었다. 농로도 아니고 찻길도 아니었다. 버리기에는 아깝고 먹을 것도 없는 닭갈비, 곧 계륵이었다.

이 여행을 구상할 때 카필라바스투에서 출발하여 룸비니와 헤타우다와 보드가야와 사르나트 그리고 쿠시나가르까지 이어지는 여정을 따라 지도에 줄을 그어봤다. 북두칠성을 엎어놓은 것 같던 그 도형은 어느 날부터 국자나 주걱으로 보이기 시작했다.

네팔 치트완 국립공원이 있는 아말타리에서 검은 코끼리 두 마리를 만나기 전까지는 그 주걱 그림이 눈에 들어오지 않았다. 그 코끼리가 야생이 아니라 사육 코끼리라는 것을 알게 된 순간 내 안에 원효와 의상이라는 이름으로 깨달음을 갈구하는 원초적 본능이 자리 잡고 있었고 그 국자는 원효나 의상이 부처라는 지혜의 샘에서 물을 길어 마신 바가지라는 사실을 깨닫게 되었다.

부처의 길에서 비하르는 아말타리의 코끼리인 동시에 원효와 의상이 동굴에서 샘물을 떠 마신 바가지였다. 그 바가지가 실은 해골이었듯, 이 비하르도 사람 목숨을 파리 목숨으로 아는 짐승들을 숨기고 있었던 것이다.

어쩔 수 없이 내 안의 나는 원효와 의상으로 나뉘졌다. 원효인지 의상인지는 나도 모를 이쪽에서 소리쳤다.

"농로로 가게. 찻길로 갈 바에야 차라리 그만두고 집으로 돌아가게나."

저쪽에서 맞받아쳤다.

"무슨 소리야. 찻길로 가야지. 뜻을 이루는 게 첫째지. 세상을 다 얻거나 도를 이룬다 해도 목숨을 잃게 되면 그게 뭔 소용이야."

내 몰골부터 그렇지만 우리의 체력은 형편없이 떨어져 있었다. 수십 번도 더 물집 잡혔다 말라붙은 내 발가락과 발뒤꿈치는 누더기로 기워놓은 것 같았다. 길동무 권경업 씨와 심병우 씨도 몰라보게 여위었다. 두 사람은 락솔에 닿으면서 화장실을 수시로 들락거렸다.

네팔 고용인들도 마찬가지였다. 칸타카를 끄는 릭샤꾼 빔과 요리사 빌은 허리둘레가 육칠 인치씩 줄어들었다. 뒤에서 보면 웬 이십대 청년인가 싶을 정도로 빔은 날씬한 몸매로 바뀌었다. 하지만 겉보기만 그럴싸할 뿐 여기저기가 아프다고 아우성이었다.

빔은 심한 배탈이 났고, 빌의 발바닥은 거북 등짝처럼 갈라져 줄곧 피가 배어났다. 두 사람 다 병원 치료를 받아야 했다. 카트만두에서 처음 고용했던 셰르파족 짐꾼들이 인도로 넘어오지 않고 손들어버린 까닭이 비로소 이해되었다.

"인도로 넘어가서는 네팔 사람으로 오인받지 않도록 조심하십시오. 그들은 네팔 사람들을 가축보다 못한 천민으로 여기거든요. 네팔리! 네팔리! 하며 놀려대는 개구쟁이 녀석들이 쏘아대는 새총은 정말 위험합니다. 네팔 사람은 까무잡잡한데다 대개 말랐어요. 인도에서 까맣게 타고 말랐다는 건 천민에게 찍히는 낙인과도 같아요. 네팔 사람 취급받지 않으려면 무엇보다 햇볕에 타지 않도록 선크림을 부지런히 바르고 또 잘 드셔서 마르지 않도록 주의해야 합니다."

룸비니에서 만난 어느 한국인이 내게 그런 주의를 줬었다. 그는 비하르 주 보드가야에서 봉사 활동을 하는 불자여서 비하르에 관한 한 가장 믿을 만한 정보통이었다.

하지만 이 일을 어쩌랴!

이미 바짝 타버리고 마른 나는 영락없는 네팔 사람이 되고 말았지 않은가!

나는 치사했다.

다시 약해졌다.

차도가 아니라 아예 포기하고 집으로 돌아가고도 싶어졌다.

네팔 친구들을 병원으로 데리고 다니며 치료하는 틈틈이 락솔의 호텔에서 씻고 또 씻고 배탈 나겠다 싶을 정도로 먹기도 했지만 그새 예전의 피부와 살집이 돌아올 리 없었다.

박구라와 오무자

 길동무 권 시인은 오래전부터 나를 '박구라'로 부르는데, 무슨 인연인지 부처에게도 박구라라는 이름의 제자가 있었다. 백육십 살까지 살아 장수 제일 제자라 불리는 박구라에게 어느 날 옛 벗이 물었다.
 "어진 이 박구라여! 그대는 수행에 나선 지 팔십 년이나 되었다는데 그사이 여자를 품고 싶다는 생각이 든 적이 없는가?"
 "미안하네. 친구여! 뽐낼 생각은 전혀 없지만 아직 한 번도 그런 욕망에 빠진 적이 없네. 그사이 남의 몸은커녕 남의 옷을 받아본 적도 없으며 한 번도 베를 끊어 옷을 지은 적이 없고 또 바늘로 옷을 꿰지 않았으며, 맛있는 음식을 탐하지 않았고 내 몸을 위해 약 한 첩 지어 먹은 기억조차 없네."
 부처와 박구라 사이의 인연을 이야기하며 권 시인은 이 박구라야말로 세상 사람들이 부처의 길을 따라 걷게 만들 옛 박구라의 환생이라며 껄껄 웃어 젖혔다.

하지만 부처의 제자 박구라와 이 박구라는 이름만 같을 뿐 인연이 닿지 않는 사이다. 흔한 말로 동명이인이다. 그 옛 박구라와는 달리 이 박구라는 음욕에서 자유로웠다고 느낀 적이 별로 없었다.

내게 '부처의 길'과 이어진 한 가닥 끈이 있다면 그건 박구라라는 별명이 아니라 오무자(五無子)라는 또 다른 별명에서 찾아봐야 할 것 같다.

남들은 다 가지고 있는데 내게는 없는 것이 다섯 가지가 있다.

먼저 핸드폰이 없다. 전화할 일이 있으면 공중전화를 쓴다. 보고픈 사람에게는 엽서도 보내고 편지도 쓴다. 아직 전보도 친다. 아무튼 정보통신 사회의 불법체류자 신분이다.

내 호주머니는 늘 불룩하다. 공중전화에 먹이로 넣어줄 동전을 챙겨야 하기 때문이다. 봉투값을 받는 상점에서 거슬러 받는 십 원짜리 동전을 다른 이들은 성가셔할지 몰라도 나는 아주 반긴다. 그 누런 놈 일곱 개면 몇 해나 못 본 친구에게 공중전화로 안부를 물어볼 수 있지 않은가.

다음으로 차가 없다. 아예 운전면허조차 따지 않았다. 이 좁은 땅에 내 차 한 대 들여놓지 않아 우리 땅을 다른 사람들이 단 한 평이라도 더 넓게 살 수 있게 했다는 자긍심으로 산다. 당연히 발 고생 심하다. 머리가 나쁘면 손발이 고생이니까. 요즘 세상에 차 없이 산다는 것은 머리가 나쁜 것과 똑같다.

그 다음으로는 글품 팔아 밥벌이하는 주제에 컴퓨터가 없다. 컴퓨터를 한 번도 켜본 적 없는 완벽한 컴맹이다. 프랑스에 살며 국내 어느 일간지에 소설을 날마다 연재할 때조차 일주일 치나 열흘 치 원고를 우편으로 송고해서 편집자에게 갖은 애를 먹였었다. 아무튼 빨리빨리 돌아가는 세상이 싫다. 어쩔 수 없다.

또 신용카드가 없다. 예금통장과 도장은 있어서 은행 창구에 줄을 서 볼일을 본다. 나 같은 사람을 위해 은행에서는 창구마다 젊고 예쁜데다 친절한 아가씨들을 앉혀두었다. 그 아가씨들과 '지난 주말 잘 보냈나요?'라는 정도의 인사말 나누는 재미를 사람들은 왜 포기하는지 이해할 수 없다. 대기표를 뽑아 기다리는 시간이 길어져도 상관없다. 다른 데서는 볼 수 없는 여성지들을 뒤적거리는 재미가 여간 쏠쏠치 않다.

그리고 텔레비전이 없다.

광적으로 영화를 좋아하는 편이지만 텔레비전은 싫다. 그 앞에 앉으면 머리가 지끈지끈 쑤셔온다. 원시인 수준으로 전자파에 약한 것이다. 산을 주제로 이십사부작 미니 시리즈의 원작과 대본을 쓴 적이 있다. 하지만 그 드라마가 텔레비전에 방영될 때 정작 나는 보지 않았다. 아마도 내 나이 또래 한국인 중에서 가장 짧은 텔레비전 시청 기록을 갖고 있지 않을까 싶다. 남들이 텔레비전 들여다보는 시간에 나는 책을 읽고 신문을 읽는다. 세상을 보는 게 아니라 읽으며 살아왔고 또 그렇게 살아가고 있는 것이다.

그러다 보니 남들은 별로 갖고 있지 않지만 내게 유독 많은 다섯가지가 생겨났다. 책과 시간과 역마살과 쓸쓸함, 그러나 자유를 가진 오유자(五有子)가 되었다. 내게 부처의 길을 밟아볼 영성이 조금이라도 남아 있다면 그것은 어디까지나 이 오무자와 오유자로 일관한 외곬의 삶 덕일 것이다.

그런데 오무자와 오유자를 합쳐놓은 배짱을 내밀어봐도 이 순간만큼은 자신감을 가질 수 없었다. 휘청댔다. 이러지도 저러지도 못한 채 락솔의 호텔 방에서 여러 날을 미적거렸다. 나는 더욱 치사해졌다.

날은 하루가 다르게 더워지고 있었다. 그저께부터 한낮 기온이 섭씨 사십 도에 육박했다. 비르간지 이후로는 안개 낀 날도 없었다.

모기에 이어 더위와의 전쟁이 시작된 것이다.

모기와 설사와의 싸움은 국지전에 지나지 않는다. 문제는 더위다. 그 모든 싸움의 배후 세력인 더위와는 전면전을 각오해야 했다. 유독 더위를 못 참는 나로서는 도무지 그 전쟁에서 살아남을 자신이 서질 않았다. 그래서 또 하루를 호텔 방에서 흘려보냈다.

엿새째 해질녘이었다.

느닷없이 천둥 번개가 치고 소나기가 쏟아졌다. 젊은 호텔 종업원은 '건조기인 이월에 소나기가 내릴 리가 없는데'라며 고개를 거푸 갸우뚱거렸다. 소나기가 휘몰아쳐 지나가자 온 하늘에 노을이 깔렸다. 하늘이 불붙은 듯 이글거렸다.

그때 내 입에서 숨바꼭질 주문이 저절로 흘러나왔.

무궁화꽃이 피었습니다 무궁화꽃이 피었습니다 꼭꼭 숨어라 머리카락 보일라……. 그러자 누군가의 머리카락을 그 노을 끝에서 얼핏 본 것만 같은 환상에 사로잡혔다. 장독 뒤에서 동무의 머리카락을 본 술래처럼 나는 옥상 위로 후다닥 뛰어 올라갔다.

과연!

그동안 그토록 보고 싶었던 히말라야가 거기에 서 있었다.

그 순간 시간의 층이 지진 난 것처럼 뚝 어그러졌다. 그 타임 슬립의 사면으로 지나온 산행의 발걸음이 주르륵 미끄러져 내렸다.

수십 년에 걸친 나의 산행은 등산이 아니라 입산이었다. 등산은 그 입산을 위한 산행의 형식에 지나지 않았다. 내 산행의 본질은 산을 오른 것이 아니라 산속으로 들어간 것이었다. 그리고 제자리로 돌아온 지금은 하산했다고 봐야 옳았다. 그 제자리는 부처의 길을 걷는 출발점이 되어 있었다. 피 끓던 젊은 날의 산행은 '부처의 산'으로 들어가기 위해 거쳐야만 했던 통과의례였던 것이다.

부처 또한 깨달음의 길로 가며 몸을 낮추기 전에 산맥을 넘은 산사람이었다. 하지만 부처는 개인의 몸이 아니라 민족의 이름으로 히말라야를 넘은 산악 민족의 후예였다.

그 선조의 산행에서 그는 전생을 꿰뚫을 수 있는 혜안으로 태어나 고해의 바다에서 허우적거리며 살아가는 중생들의 운명을 직시했을 것이다. 제아무리 높이 올라가도 정상에서 도로 내려와 제자리로 돌아오는 산행은 윤회의 사슬을 벗어나지 못하는 인생의 또 다른 알레고리였다.

카필라국은 몽골계 석가족이 히말라야 남쪽 기슭에 세운 나라였다.

이 석가족의 본향은 히말라야 산맥 북쪽의 건조 지대다. 그곳에서 오랫동안 살다가 여러 대에 걸친 민족 이동으로 히말라야 산맥을 넘어 산맥 남쪽 산기슭, 지금의 네팔령 테라이 평원에 나라의

터를 잡았다. 부처의 석가족 칠대조부터 테라이 평원에서 살아왔다고 한다.

그 선조에게는 두 왕비가 있었다.

두 번째 왕비는 아들을 낳으며 왕의 사랑을 독차지했다. 그 바람에 첫 왕비에게서 난 네 왕자와 네 공주는 성을 떠났다. 왕위 계승 문제로 왕자의 난이 일어날까 봐 먼저 마음을 비운 것이다.

성을 나온 왕자와 공주는 테라이 평원의 서쪽으로 멀리 나아갔다. 그들은 카필라바스투라는 곳에 닿아 뒤따라온 백성들과 나라를 세웠다. 뒷날 이 나라를 찾은 부왕은 '너희들은 참 어질고도 유능하구나'라며 칭찬을 아끼지 않았다. 어질고 유능하다는 뜻의 '석가'라는 나라 이름도 여기서 나왔다.

만년설 덮인 히말라야를 넘어오면서 석가족의 선조들은 산을 신앙하지 않을 수 없었다. 그들의 지난한 삶을 굽어살피는 히말라야 설산에 머리 조아리며 신의 은총을 빌어마지 않았다.

히말라야의 높이는 다른 게 아니다. 인간의 의식을 하늘로 끌어올리는 제단이다. 그 히말라야를 넘어 네팔 테라이 평원으로 옮겨 살게 되면서 그들은 하늘을 대신한 땅의 인력을 감지하게 되었다.

테라이 평원의 석가족은 땅에 배를 대고 땅을 파먹고 살아가면서도 북쪽에서 하얀 이마를 세우고 있는 '히말라야의 영기'를 경외했다. 출가한 수도승들은 히말라야 산기슭으로 들어가서 수행했다. 갈수기에는 히말라야 만년설이 녹은 물로 논밭을 적시며 그 물을 '신의 눈물'로 떠받들었다. 자식 낳기를 바라는 부모들은 아침저녁으로 붉게 물드는 흰 산에 소원을 빌었다.

부처의 부모는 마흔이 넘도록 후손을 얻지 못했다. 몸이 단 왕비는 히말라야를 바라보며 '히말라야의 영기'를 품은 아들을 낳기 위해 간절히 기도했다. 그녀의 신심은 히말라야 다울라기리 봉을 향했다. 지금도 봄, 가을은 물론, 우기에도 한차례 소나기가 지나가면 카필라바스투 북쪽 하늘에는 다울라기리의 하얀 얼굴이 드러난다.

그 간절한 소원을 히말라야가 들어준 것일까. 결국 그녀는 아들을 보게 되었다. 고타마 싯다르타 태자가 태어난 것이다.

태자의 지위를 버리고 깨달음의 길로 나선 싯다르타는 히말라야로 입산하지 않았다. 대신 히말라야 산맥과 테라이 평원이 접점을 이룬 히말라야 기슭을 삼백 킬로미터쯤 가로지른 뒤 지금의 헤타우다를 거쳐 인도 평원으로 내려갔다.

그사이 그가 바라보고 갔을 히말라야는 다울라기리와 안나푸르나 그리고 마나슬루다. 그 산기슭을 에돌아 인도 평원으로 내려갔던 '산의 아들'이 이천오백 년이라는 세월의 강을 건너뛰어 내게 이 길을 따라오라고 손짓했던 것이다. 하지만 그를 따라나선 '부처의 길'에서 어쩐 일인지 단 한 번도 히말라야를 볼 수 없었다.

모든 게 안개 때문이었다. 헤타우다를 떠나 인도로 들어서면서는 히말라야를 완전히 잊어버리고 있었다. 이곳까지 네팔 테라이 평원을 가로질러 오는 동안 나는 안개 속에 갇힌 술래였다. 부처의 길을 찾는 숨바꼭질이었다. '그'는 새벽마다 몰려오는 안개 속에서 숨었다. 안개는 '그'의 입김이었다. 입김으로 안개를 지어 '그'는 머리카락 한 올 보여주지 않고 꼭꼭 숨었다. 그러다가 안개가 걷히면 숨바꼭질이 끝났다는 듯 다시 안개가 몰려올 때까지 어디론가 감쪽같이 사라졌다. 그사이 '그'를 찾기는커녕 그림자조차 밟아보지 못했기에 나는 평원 끝의 안개 너머에 있을 히말라야 설산을 한 번도 바라보지 못했다.

그 산이 이제야 나타난 것이다.

히말라야 고봉이 만년설 덮인 하얀 이마를 들어 락솔 시가지를 굽어보고 있었다. 왼쪽 끄트머리에 삼각으로 솟은 봉우리가 마나슬루라는 것도 알아볼 수 있었다. 이 거봉의 남쪽 산록에 부처의 외가인 데비다하가 있다.

뒤따라 올라온 호텔 종업원들도 그 장관을 입까지 벌리고 지켜보았다.

"락솔에서 이십 년째 살고 있지만 이런 건 처음 봐요. 여기서 히말라야가 보인다고 말해준 어른도 없었는데……. 신기하네요."

그들도 믿어지지 않는가 보다. 락솔에서 직선거리로도 백 킬로미터 이상 떨어진 히말라야 산맥이다. 그 먼 거리를 단숨에 훌쩍 뛰어넘어 산의 자식들만이 알아들을 수 있는 목소리가 울려왔다.

"그래 잘 만났어. 하지만 나는 네가 찾은 '그'는 아니야. '그'의 부탁으로 내가 나타나준 것뿐일세. 그러니 넌 아직 술래야. 숨바꼭질은 끝나지 않았다고. 이제 시작이지 '그'는 다시 숨었어. 잘 찾아봐. 힌트를 하나만 줄까. '그'는 네가 걸으려던 그 길 위 어디엔가 숨어 있을 거야."

그 순간 가슴 저 밑바닥에서 어떤 불덩어리가 솟구쳤다. 온몸이 뜨거워졌다. 그러자 가슴이 활짝 열렸다. 아무것도 두렵지 않았다.

나는 가야 했다.

  부처는 깨달음에 아무런 확신이 없었음에도 태자의 지위를 버렸다. 그리고 육 년 고행의 끝 무렵에는 목숨까지 걸었다.

  태자도 아닌 이 무지렁이에게 버리지 못할 게 뭐가 있었겠는가? 몇 벌 되지도 않는 옷가지나 신발이나 하다못해 여벌의 숟가락을 버리라는 뜻은 아닐 게다. 그래서 부처는 우선 내 몸의 헛된 살들을 말끔히 발라내고 산이 좋아 방랑자가 된 나를 딱 맞춤한 네팔 사람으로 바꿔놓았나 보다.

  '그'를 찾는 술래의 복장이 이러한가! 마른 몸은 내가 입어야 할 수행복일지도 모른다. 목숨까지도 원하는 사람이 있으면 기꺼이 내주라는 뜻으로 '부처의 길'을 그 살벌한 무리들로 채워놓았는지도 모른다.

  부처는 이제 안개를 걷어갔다. 안개 대신, 더위와 인도의 갈등과 모순에서 터져 나온 분노 속으로 몸을 감췄다.

  안개 속보다는 인도라는 모순의 땅에서 '그'를 찾아내기가 오히려 쉬울 거라며 술래를 인도로 끌어들였다.

  삶은 죽음의 뒷면에 바로 붙어 있는 것이다.

무슨 문제라도?

2월 17일, 다시 길을 나섰다.

락솔에서 인도의 첫 기점인 케사리아까지는 직선거리로 칠십여 킬로미터에 지나지 않는다. 모티하리나 무자파푸르 같은 대도시를 거치는 고속도로를 피하기 위해 아다푸르와 나르카티아의 농촌 마을로 우회했다. 때문에 케사리아에 닿기까지는 나흘이나 발품을 팔아야 했다.

불교 사대성지는커녕 팔대성지에도 들지 못하는 케사리아다. 하지만 '부처의 길'에서 이 마을이 차지하는 비중은 결코 가볍지 않다. 부처는 여기서 비로소 첫 스승을 만나 머리를 깎은 수도승이 되었다. 그뿐만 아니라 바이샬리에서 하안거를 끝내고 열반지인 쿠시나가르로 가는 길에 마지막으로 들렀던 곳 또한 케사리아다.

그 여정을 기념하기 위해서였을까. 아쇼카 왕은 여기에다 어떤 불교 성지에서도 찾아보기 힘든 거대한 스투파를 세웠다.

그 스투파는 먼발치에서도 듬직한 둔덕으로 솟아오른 게 눈에 들어왔다.

이집트의 피라미드를 연상케 하는 스투파다. 삼십 미터가 넘는 높이다. 1947년의 대지진으로 윗부분이 주저앉았지만 원형이 보존된 채 살아남았다. 원추형 기단의 지름도 칠십 미터쯤 될 듯했다. 북쪽 기단의 중간쯤부터 난간을 쌓아 빙 돌아가며 감실을 만들었다. 북쪽 절반만 발굴했고 남쪽 절반은 흙으로 되돌아간 벽돌 흙무더기에 그대로 덮여 있다. 그 흙무더기는 네팔 람그람에 있는 부처의 진신사리 탑 전체가 완전히 둔덕으로 바뀐 까닭을 밝혀주고 있었다.

부처가 네팔 테라이 평원을 에둘러 여기까지 온 길은 '가출의 길'이었다. 여기서 머리를 깎고 수행자 옷을 걸치며 비로소 '출가의 길'로 들어선다.

부처는 케사리아에서 알라라칼라마를 첫 스승으로 만났다. 선정을 통해 아무것도 없는 경지로 이끄는 무소유처정(無所有處定)을 배웠다. 하지만 부처는 단 며칠 만에 스승을 넘어선다. 무소유처정이 해탈로 이끄는 진정한 진리가 아님을 꿰뚫어본 그는 케사리아를 떠나 바이샬리로 향하게 된다.

인도로 넘어서며 나는 바짝 긴장했다.

첫날 숙소로 잡은 수가울리 역 앞의 호텔은 감옥 같았다. 욕실의 수도꼭지에서는 녹물만 흘러 나왔고 형광등은 숨넘어갈 듯 깜박거리기만 할 뿐 끝내 눈을 뜨지 못했다.

사방의 창은 흉악범을 가둔 감옥처럼 굵은 쇠창살로 막아놓았다. 무슨 영문인지 밤 열시경에는 출입문조차 철문으로 닫아버렸다.

모기가 공습경보를 울리는 그 숙소에서 우리는 쉽게 잠을 이루지 못했다. 앞으로도 계속 이러면 어쩌나 하고 밤새 몸을 뒤척였다.

하지만 케사리아에 닿을 때까지 거친 인도의 농촌은 락솔과 수가울리에서 주입된 '위험한 비하르 주'가 혹시 기우가 아니었을까 하고 고개를 갸우뚱거리게 했다. 첫날의 숙소를 빼고는 위험을 느끼게 한 곳은 없었다.

사람들이 네팔보다는 덜 순박한 듯했다. 하지만 이들이 네팔 사람보다는 더 순수했다. 순박한 것과 순수한 것은 상당히 다르지 않겠는가. 네팔 사람들은 외국인에게는 무조건하고 손을 내민다. 그게 네팔의 순박함이다. 하지만 인도 사람들은 네팔 사람보다 더 가난한 사람까지도 외국인에게 무조건 뭐든 베풀려고 한다. 이게 인도의 순수함이다.

이들은 자존심이 세다. 처음 보는 사람이면 외국인이라 해도 자기 쪽으로 와보라고 손짓을 한다. 서로의 나이를 무시하고 그렇게 막 불러댄다. 불심검문하는 경찰 같다. 손님은 기분이 언짢아진다. 하지만 막상 만나보면 그게 아니다. 손님에게 도와줄 걸 찾느라 부른 것이다.

그들은 설문조사 나온 대학생들처럼 목록을 따라 질문 공세를 편다.

먼저 어느 나라 사람이냐고 묻는다. 그 답을 듣고 자기는 인도 사람이라고 새삼 밝힌다.

다음에는 이름을 묻는다. 아버지 이름까지 묻는 사람이 많다. 락솔 여관에서는 숙박부에도 아버지 이름을 적는 난이 있었다. 그 답을 듣고 자기 이름을 밝힌다. 아버지 이름을 물은 친구는 당연히 자기 아버지 이름도 밝힌다. 아버지가 나처럼 돌아가신 경우에도 그냥 선친의 이름을 알려주는 게 좋다. '아버지는 돌아가시고 안 계신다'는 답을 내놓다가는 언제 세 번째 질문으로 넘어갈지 모를 질문 공세의 빌미를 주게 될지도 모른다.

세 번째는 어디서 왔으며 어디로 가고 있느냐 하는 존재론적 질문으로 이어진다. 여기서도 조심해야 한다. 묻는 그대로 존재론적인 대답을 내놓다가는 철학적 토론으로 나이를 먹는 인도 사람들에게 며칠 동안 시달리게 될지도 모른다. 이럴 때는 '개똥이네 집에서 왔고 말똥이네 집으로 가는 길이다'라는 식으로 구체적으로 답해주면 된다. 아니면 방향만 잡아 동에서 와서 서로 간다라든가 그도 아니면 아주 알쏭달쏭하게 바람 부는 곳에서 와서 나무 흔들리는 곳으로 간다라고 답하든가.

그 다음에는 왜 걸어가느냐고 물을 것이다. 여기에 함정이 있다. 세 번째 질문은 어물쩍 잘 넘겼다 하더라도 여기서 바짝 정신을 차려야 한다. 그가 정말 알고자 한 건 바로 이 점이기 때문이다. 여유 있는 외국인이 가난한 인도에 와서 발품을 팔고 있다니……. 정신 나간 사람이 아닌 이상 이 자에게는 정말 기구한 사연이 있을 터! 그걸 꼭 캐내고야 말리라……. 그런 속셈을 감추고 지나가는 듯 슬쩍 던지는 질문이다. 여기까지는 상대가 바보나 또라이가 아닌지 알아보는 예비고사에 불과하다. 본고사에 낙방해서야 예비고

사에서 최고점을 받은들 뭣하랴! 이 질문에 제대로 답하자면 세 번째 질문, 즉 어디서 왔으며 어디로 가고 있는 존재인가에 대해 본질적으로 대답하지 않을 수 없게 된다. 바로 그가 노리는 바다.

이때야말로 아주 세속적인 답을 내놓아 그를 실망시켜야 한다. 그래야 빨리 풀려날 수 있다. 추천 답안 하나!

"차비가 없어서."

운이 좋으면 그대는 십 루피나 이십 루피 정도의 차비를 얻을 수도 있다. 몰골이 말이 아니어서인지 나는 우리 돈으로 천오백 원쯤 되는 오십 루피까지 받아본 적이 있다.

다섯 번째로는 '인도를 어떻게 느꼈는가' 하는 질문이 나온다. 말본새에 따라 '인도를 어떻게 생각하는가'라고도 묻는다. 그게 어떤 차이가 있느냐고? 골치 아프게 따질 것 없다. 똑같은 질문이다. 질문에도 사투리가 있다고 생각하면 된다.

'참 좋았어예'라든가 아니면 '참말로 좋았시유'라고 답하면 그만이다. 그러지 않고 쥐뿔도 모르면서 불알 잡고 탱자탱자하는 소릴 하다가는 또 날 샌다. 물론 '별로였어예'라든가 '시시했시유'라고 답할 바보나 막가파는 없을 것이다.

여섯 번째로는 '결혼은 했는가'라는 다소 맥 빠지는 질문으로 이어진다. '그렇다'고 답하면 곧바로 '아이는?'이라고 되묻는다. 그래서 별 생각 없이 아이 얘기를 꺼내게 되면 가진 게 시간뿐인 그들에게 가장 고소한 심심풀이 땅콩이 되고 만다. 여기서도 조심할 일이다. 기혼자라면 마땅히 결혼했다고 대답해야 할 것이다. 그다음으로 이어질 질문을 귀찮게 여겨 '아니'라고 답한 파렴치한은 사

그 다음에는 왜 걸어가느냐고 물을 것이다.

여기에 함정이 있다.

세 번째 질문은 어물쩍 잘 넘겼다 하더라도 여기서 바짝 정신을 차려야 한다.

그가 정말 알고자 한 건 바로 이 점이기 때문이다.

모님께 큰 화를 당할지도 모른다. 낮말은 인도 새가 듣고 밤말은 인도 쥐가 듣는 인도 땅인 까닭이다.

그런 기혼자에게 권하는 답 하나!

결혼했느냐는 물음에는 '그렇다'고 답하고 뒤따르는 질문에는 아이가 있어도 '없다'라고 대답하는 게 좋다. 그러면 깨끗이 단념하고 마지막 질문으로 넘어간다. 우리들처럼 '아니 왜 아직도. 저런, 네가 고자냐, 아니면 안쪽이 돌이냐. 그도 저도 아니면 안 가지기로 한 거냐'는 식으로 물고 늘어지지 않는다.

마지막은 역시 마지막답다. '무슨 어려움이나 문제가 있느냐'고 묻는다. 무슨 문제나 어려움이 있느냐고? 당연히 있다. 길가는 사람을 붙잡아놓고서 이런 질문 공세를 퍼붓고 있는 당신에게서 해방되고 싶은 게 지금 발등에 떨어진 너무나도 큰 문제다. 그래도 없다고 해야 한다. '없다'라고 답하면 그는 이런 대사를 읊는다.

"무슨 일이나 문제가 생기면 연락하시오. 내가 다 해결해줄 테니."

연락처를 주지도 않았으면서 어떻게 연락하란 말인가! 이때 마지막으로 '연락처는요?'라고 뒤돌아선 그를 부르지 않도록 조심할 일이다.

이미 문제는 해결되고 있지 않은가!

인도 땅을 걷다 보면 어디서건 만나게 되는 호인들을 따돌리기가 이토록 어렵다. 이제까지 알려준 그 모든 수칙을 한꺼번에 해결할 수 있는 묘수는 따로 있다.

부르는 사람에게는 무조건하고 안 가면 된다!

술나무

    케사리아에 닿기까지 수십 번에 걸쳐 불심검문이라는 신고식을 치르고 나자 어느 정도 인도에 자신감이 붙기 시작했다.
    인간이라는 색안경을 벗고 나면 자연이 눈에 들어온다. 옥수수 밭이 넓게 펼쳐졌다. 바람이 세다. 옥수수 잎이 햇살에 반짝이며 말한다. 오늘은 바람이 참 시원하다고. 또 옥수수 잎은 햇살에게 고맙다고 인사를 꾸벅 올린다. 그 인사가 내 눈에서 반짝인다.
    락솔에서 일주일가량 쉬는 사이 녹이 슬었던 다리와 발에 바람이 기름을 쳐준다. 꼬였던 걸음이 풀린다. 걸음에 도취된다. 흙을 밟는 발바닥 세포 하나하나가 느껴진다. 그 세포까지 걸음에 취하는 것 같다. 그 취기가 길에서 내 발을 슬쩍 띄워준다. 몸이 날아갈 듯 가뿐하다.
    샤하브간즈와 즈헴카라나와 자파푸르는 케사리아와 바이샬리 사이에 있는 소읍이다. 그 읍과 읍 사이에 이름을 다 불러보지 못한 작은 마을이 농로로 이어져 있다.

　이곳 마을 사람들은 길을 받들어 모신다. 길이 안마당으로 나 있는 집도 많다. 그 길을 꾸미려고 길을 에워싸고 집들을 세운 것만 같다. 사람들은 온갖 작물들을 그 길 위에 늘어놓고 말리고 있다. 차 한 대 정도는 지나다닐 폭을 가진 길 위로 종일 자동차 한 대 지나가지 않았다.

　마을 사람들은 그 길을 안마당 삼아 그 길과 함께 살았다.

　그 길 위에서 한 아이가 울고 있었다. 어머니도 아버지도, 형제자매도 없이 그 아이는 내내 혼자 울고 있었다. 그는 누구와 숨바꼭질하고 있는 것일까. 그는 누구의 술래일까.

　자파푸르를 떠나 들판 길을 걷고 있는데 예닐곱 사내가 멀찌감치 앞쪽에서 길을 막고 서 있다. 몇 사내는 여기서 보기 드문 선글라스를 끼고 있다. 체격이 우람한 어떤 친구는 곧 링에 뛰어들 레슬링 선수처럼 팔짱을 꼈다. 모두들 우리를 주시하고 있다. 아까부터 우리가 다가오기를 기다리는 눈치였다. 눈치라면 내가 삼단이다.

　바로 그들인가?

　비하르를 거점 삼은 무장투쟁 세력 말이다. 그렇다면 불가촉천민이기 쉽다. 차림새는 그렇지 않다. 위장일 수도 있다. 무기를 들고 있는 것도 아니었다.

　주위를 살펴보았다. 길에는 대추야자나무가 가로수로 늘어서 있고 그 곁에 초가가 한 채 있을 뿐이다. 민가들은 모두 멀찍이 떨어져 있다. 게다가 들판에는 일하러 나온 농부 하나 보이지 않는다. 막 점심때가 지난 시각이어서 다들 따가운 햇살을 피해 집에서 낮잠을 자고 있나 보다.

돌아갈 수도 없다. 수를 세어보았다. 하나 둘 셋 넷…… 여덟 명이었다. 우리는 다섯. 저들이 다른 무기만 들지 않았다면 붙어볼 만하다. 옛날이야기지만 몸싸움에서는 누구에게도 지지 않았다.

칸타카를 잠시 세웠다. 손에 들 만한 것을 찾아냈다. 트래킹용 삼단 스틱 네 개를 꺼냈다. 칸타카를 몰고 갈 빔만 빼고 하나씩 나눠 가졌다. 스틱을 후려치고 찌르기에 적당한 길이로 조절했다.

그 스틱을 짚으며 내가 앞장섰다. 방랑길에 나서면 더러 이런 경우가 있기 마련이다. 저편에서도 뭔가 낌새를 챘는지 네 명은 초가 안으로 뛰어든다. 무기를 챙기려나 보다. 선글라스를 쓴 친구가 우두머리 같다. 그가 색안경을 벗더니 혼자서 앞으로 걸어 나온다. 따가운 햇살이 그의 얼굴로 마구 쏟아져서인지 잔뜩 인상을 찌푸렸다. 고약한 인상이다. 옛날 속초 부근에서 만났던 대북 특수부대원 같다. 그에게서처럼 살기가 느껴졌다. 만만찮은 상대다.

그와의 거리가 아주 좁혀졌다. 스틱을 휘두르거나 뒷다리를 감아 돌려 차면 놈의 쇄골 하나쯤은 두 동강 낼 수 있을 위치다. 나는 일단 멈춰 섰다. 오른발 뒤꿈치로 그의 목을 찍어 넘기려면 얼마간의 틈이 있어야 한다. 먼저 내 몸의 무게중심을 잡았다. 그래야 선공을 지를 수 있다. 멈춰 선 다음 그가 눈치 채지 못하게 왼발로 무게중심을 옮겼다. 오른발이 살짝 바닥에서 떠서 내 몸과는 별개가 되어 휘두를 수 있는 무기가 되었다. 이제 놈의 왼쪽 목을 겨냥해서 뒤돌아 휘감기만 하면 내 오른발 뒤꿈치는 족히 백삼사십 근은 나갈 저 살코기가 찍히는 발맛을 오랜만에 맛보게 될 것이다.

내가 발을 날리려던 순간, 그가 먼저 입으로 선공을 내질렀다.

"이야, 어서 오시오. 한국 분들! 얼마나 오래 기다렸는지 모르오. 날 기억하지 못하겠소?"

다행이었다. 아말타리의 코끼리 같은 일이 또 일어났다.

자칫 내게 발길질당할 뻔한 그 사내는 우리가 케사리아에서 묵었던 학교의 교사였다. 워낙 큰 학교였고 여러 교사들이 맞아줘 그를 알아보지 못했다. 그들에게 바이샬리까지 가는 소로나 농로를 물어보았던 것이다. 그들 가운데 어느 선생이 약도까지 그려가며 길을 가르쳐주었다. 여기까지 딴 길로 빠지지 않고 곧장 온 것은 그 선생이 그려준 약도 덕이었다. 내 앞으로 나선 사내는 그 선생의 동생이었다.

교사 형제였다. 그들의 고향이 바로 서쪽 밀밭 건너편에 있는 아말파리 촉이다. 어제 오늘 학교가 쉬는 날이었다. 형이 알려준 우리 여정에 맞춰 오늘 아침부터 동네 친구들과 길목으로 나와 우리가 나타나기를 기다렸다는 것이다.

길가의 초가는 찻집이었다. 우리가 나타나자 그는 몇 친구를 찻집으로 들여보내 차를 끓이고 준비해둔 음식을 데우도록 한 것이다.

그의 이름은 뮤나 쿠마르였다. 뮤나는 그 덩치에 어울리지 않게 컴퓨터를 전공한 과학 선생이다.

뮤나 덕에 따리주를 실컷 마시게 되었고 뮤나 덕에 배가 오랜만에 호강을 했고 또 뮤나 덕에 이날은 삼십 리도 안 걷고 그 초가집에서 쉴 수 있었다.

따리는 대추야자나무 수액이다. 지리산 고로쇠 물을 생각하면 된다. 하지만 고로쇠 물과는 달리 따리에는 자연 효소가 들어 있다. 채취하여 하루 이틀 놔두면 저절로 발효되어 술이 되는 것이다. 그래서 이 따리는 음료수로 마실 수도 있고 술로도 마실 수 있다. 대개 어린아이나 아낙네들은 따서 바로 마시고, 사내들은 아무리 목이 말라도 술로 익을 때까지 기다린다. 그네들은 따리가 아니고서는 달랠 수 없는 갈증을 가지고 있는 것이다.

인도에서는 술 마시기가 쉽지 않다. 나라에서 술 판매를 엄격히 제한한다. 지방 도시나 시골 읍의 몇몇 허가받은 곳에서만 소매로 유통케 한다. 일반 음식점에서는 술을 팔지 않는다. 유명 관광지나 부유층이 많은 대도시는 다르다. 그런 곳에서는 어렵잖게 술을 구할 수 있다. 외국인이라고는 눈 씻고도 찾아볼 수 없는 시골 농촌에서는 그 외국인만큼이나 술도 찾을 길 없게 된다.

하지만 사람 사는 곳이면 어딘들 술이 익지 않으랴! 술 익는 곳이면 어딘들 사랑이 꽃 피지 않고 또 어딘들 춤과 노래가 곁들여지지 않으랴!

우리 시골에서 막걸리가 익어가는 동안 이 '맨발의 땅'에서는 따리가 익어간다. 우리 농부들이 막걸리 힘으로 농사짓고 막걸리 마시는 즐거움으로 삶의 보릿고개를 넘어왔듯, 이들도 따리를 길동무 삼아 삶이라는 고행의 바다를 건너왔다.

따리가 있어 이들은 다른 술을 담그지 않아도 좋았다. 내가 술나무라고 부르는 대추야자나무가 우리나라의 소나무처럼 맨발의 땅 어디에서건 자라나고 있다. 춘양목처럼 귀하고 올곧게 자란 나무들이 궁궐 같은 고대광실의 대들보나 기둥감으로 베어지고 잘려

나가듯, 술나무가 된 까닭에 대추야자나무도 고생이 심하긴 하다.

　밑동에서 수액을 받아내는 고로쇠와는 달리 이 술나무는 정수리에서 수액을 뽑아내려면 먼저 장승 입 모양으로 나무 기둥을 쳐낸다. 그 턱진 곳에 질그릇 항아리를 매달아놓고 수액이 고이도록 기다린다.

　마을 부근이나 길가에 자라나서 일치감치 사람 눈에 띈 대추야자나무는 미성년 시절부터 술도가 노릇을 해야 한다. 그런 나무는 어른 대여섯 명을 목마 태울 키 높이로 자랄 때까지 때가 되면 매번 술을 바쳐야 했기에 온몸에 상흔이 나 있다. 사람 손 타지 않은 다른 대추야자나무와는 달리 이런 나무는 생김새부터 남다르게 바뀐다. 대추야자는 외가닥으로 곧게 자라난다. 하지만 어릴 때부터 술나무로 찍힌 나무는 지그재그로 꼬물거린다. 억센 손이 잡아당기는 바람에 형편없이 늘어나버린 스프링 같다.

　그렇게 나이를 먹은 대추야자나무를 보고 나서야 봄의 영어가 왜 스프링인가를 알게 되었다.

　늘어난 스프링은 술 눈물 훔치며 노래 불렀다.

　봄날은 간다고. 이제는 이름만 스프링일 뿐이다. 당겼다 놓아도 원래의 탱탱한 모습으로 돌아가 시간의 꼬리를 이 앙다물고 잡아물지 못한다. 당겨주는 사람조차 없다.

　봄날은 오래전에 가버리고 다시 오지 않는다. 봄을 잃은 온몸에는 계급장 같은 상처만 여기저기 패어 있다. 그 상처에 이 대추야자나무의 술 나이가 새겨져 있다. 그 상처는 술나무의 나이테다.

　그 술나무와 함께 나이를 먹은 사람들이 길거리에 주막을 차려놓은 걸 가끔 볼 수 있다. 물론 그들은 주막이라 말하지 않는다. 인도에서 주막 허가가 날 리 없다. 그들은 다만 대추야자 수액을 잔이나 병으로 팔고 있을 뿐이다. 그걸 음료로 마시든 술로 마시든 아무도 간섭하지 않는다. 마시는 사람의 마음가짐에 따라 따리는 음료도 되고 술도 된다.

뮤나는 우리를 술나무 숲 속의 초가로 안내했다. 들어가보니 찻집이 아니라 주막이다. 지금 막 그 집을 들어선 우리가 술꾼인 까닭이다.

그 주막의 따리 독을 우리는 그날 밤 말끔히 비웠다. 서말들이 독이었다. 청주처럼 맑은 이 술은 취하는 줄 모르게 취해왔다. 안개비에 옷이 젖는 것 같았다. 취했나 하고 돌아보니 이미 온몸이 취해 있었다.

안개 같은 그 취기는 나를 다시 숨바꼭질 놀이로 데려갔다. 안개 속에 눈을 감고 '무궁화꽃이 피었습니다……'라며 수를 셌다. 안개비에 젖은 목덜미 솜털에 물방울이 맺혔다. 그 물방울은 곧 등허리의 골을 타고 흘러내렸다. 그 물방울들이 더듬어가는 속살에서 부드러우면서 따뜻한 손길이 느껴졌다. 아무래도 어떤 여인 같았다. 나를 숨바꼭질시키는 부처는 어떤 여인을 먼저 찾아보라는 것일까?

유마힐이 될까나, 딸꾹!

쿠마르 판카즈가 아니었다면 바이샬리를 지나쳐버릴 뻔했다.

바이샬리를 십 리쯤 앞둔 망고 숲길에서 그를 만났다. 다우나가르 읍 공무원인 그는 일을 마치고 바이샬리의 집으로 돌아가는 길에 우리를 보고서 자전거를 세운 것이었다.

그를 뒤따라 지름길로 들어섰다. 그 망고 숲의 오솔길은 17세기 영국 정부에서 개설한 운하를 따라 나 있었다. 부근 노천 광산에서 채굴되던 니켈을 영국으로 실어 나르던 운하는 바닥까지 마른 채 방치되어 있었다.

숲길을 빠져나오자 시야가 툭 트였다. 밀밭과 유채밭과 감자밭이 널찍이 자리 잡았다. 그 벌판 너머로 일본의 후지그룹에서 세웠다는 흰 투구 모양의 거대한 바이샬리 '평화의 탑'이 하오의 햇살에 반짝였다. 그 탑만 아니라면 바이샬리는 지금까지 지나쳐온 여느 농촌 마을과 달라 보일 게 하나도 없었다. 불교 팔대성지의 한 곳인 만큼 룸비니처럼 국제 사찰 단지니 순례자를 상대하는 숙박업소와 음식점들이 들어차 있지 않을까 했지만 어림없었다.

"부처 시대만 해도 이곳이 북인도의 중심 도시였지요. 하지만 여기서 멀지 않은 파트나에 도읍했던 마우리아 왕조와 굽타 왕조가 멸망하고 난 뒤부터 이곳도 쇠락하기 시작했죠. 영국 식민 시대부터 불가촉천민이 대거 이주하면서 인도에서도 보기 드문 빈촌으로 전락하게 되었습니다."

판카즈의 설명대로였다.

부처 시대의 바이샬리는 대도시로 번성했다. 교통 요지에다 물산이 풍부해 당시 북인도의 중심 도시로 자리 잡기에 모자람이 없었다.

여기에 도읍한 밧지 공화국을 인도인들은 인류 최초의 공화국이라고 내세운다. 지금도 인도 중앙 정부의 국회가 개원하게 되면 바이샬리의 카라우나 포칼 연못의 물을 떠서 의장 단상에 뿌리는 의식을 치를 정도다.

부유한 상인들이 득세한 이 도시의 진보적이고 자유로운 분위기는 새로운 사상가들을 불러 모았다. 자이나교의 교조인 마하비라와 부처의 제자인 유마힐도 이곳에서 태어났다.

케사리아를 떠난 싯다르타는 여기서 두 번째 스승을 만난다. 웃타카 라마푸타라는 그 스승은 생각이 있는 것도 아니고 없는 것도 아닌 비상비비상처(非想非非相處)의 경지에 가 있었다. 생각도 아니고 생각 아닌 것도 아닌 경지에는 '나'라는 존재가 있는 것도 아니고 없는 것도 아니어서 아직은 분별심이 있다는 말이고 분별심이 있다는 것은 여태 번뇌에 물들었고 매달림이 있다는 말이니 이 경지로는 해탈에 이를 수 없다며 부처는 스승의 논지를 반박한다.

스승은 더 가르칠 것이 없었다. 하산을 이른다. 그렇게 해서 싯다르타는 바이샬리를 떠나 당시 마가다국의 수도가 있던 라즈기르로 간다.

부처가 바이샬리와 맺은 첫 인연은 이토록 짧다. 하지만 깨달음을 얻은 뒤 부처는 이 바이샬리를 다섯 차례나 더 찾게 된다. 말년에 부처는 제자들에게 당신이 가장 사랑한 도시는 바이샬리라고 고백했다. 부처는 깨닫기 전보다는 깨달은 뒤에 바이샬리와 더 깊은 인연을 맺게 된 것이다.

부처가 바이샬리를 사랑했던 것만큼 바이샬리 사람들도 부처를 사랑하고 따랐다. 부처가 깨달은 지 오 년째 되는 해다. 바이샬리에 혹심한 가뭄이 들었다. 기근이 들고 전염병이 창궐했다. 백성들은 병들어서 죽고 굶어서도 죽어갔다.

나라에서 온갖 수단을 다 써봤다. 바라문교 의식을 따라 기우제도 지냈다. 자이나교의 교조 마하비라의 신통력에도 기대보았다. 하지만 아무 소용이 없었다.

끝내 바이샬리 지도자는 사신을 보내 부처를 모셔오게 했다. 마침 라즈기르에 머물던 부처는 제자들을 데리고 바이샬리로 향했다. 파트나로 올라와 그 북쪽으로 흐르는 갠지스 강을 건너자마자 하늘이 열리며 큰비가 쏟아졌다.

그 비는 바이샬리 사람들의 가슴과 땅을 불심으로 촉촉이 적셔주었다.

"내가 이 아름다운 바이샬리를 보는 것도 이것이 마지막이로구나. 석 달 뒤에 열반의 길로 들어가리라."

그렇게 열반을 선언한 곳이 바이샬리 근교에 있는 차팔라 언덕이다. 부처의 바이샬리 사랑은 여기서 그치지 않는다. 그 애정은 이곳 원숭이까지 감화시켰다 한다.

바이샬리는 일찍이 깨인 도시였다. 광에서 인심난다 했던가. 살림이 넉넉했기에 수행자에게 공양하는 손길에도 인심이 넘쳐났다. 이곳만큼은 스님이 탁발하러 집집마다 돌아다니지 않아도 되었다. 숲이나 동구에 발우를 한 줄로 죽 놓아두면 신도들이 찾아와서 공양거리를 담아줬다.

어느 날 부처는 제자들과 바이샬리 망고 숲으로 탁발하러 나갔다. 부처는 발우를 제자들 것 속에 섞어놓았다. 공양주들이 오기 전에 망고 숲 속에서 원숭이들이 나타났다. 원숭이들은 신통하게도 그 많은 발우들 중에서 부처의 발우를 찾아내서는 그 안에 꿀을 가득 채워놓았다.

그 뒤 원숭이들은 더 큰일을 해냈다. 부처가 목욕하길 좋아하는 줄 어떻게 알았는지 수천 마리 원숭이들이 며칠씩 땀 흘려 망고 숲에 목욕할 수 있는 연못을 팠다고 한다.

그런 인연으로 이곳에서 불멸 백 년 후 부처의 가르침을 경전으로 편집한 제2결집이 이뤄졌다. 이 결집으로 불교는 대중부와 상좌부로 나눠진다. 동북아시아로 전파된 대중부를 대승불교라 하고, 동남아시아로 퍼진 상좌부는 소승불교라 불린다. 상좌부 불자들은 대승불교 쪽에서 낮춰 부르는 느낌을 주는 소승불교라는 이름표 자체를 달가워하지 않는다.

　불교라는 나무가 두 갈래 가지로 벌어지게 된 단초도 바이샬리의 자유분방하면서도 부유한 살림살이에서 비롯되었다. 바이샬리 사람들은 스님 대접에 아낌이 없었다. 그 넉넉한 공양의 소금과 돈이 문제를 일으켰다.

　먹고 남은 소금과 쓰고 남은 돈을 어떻게 할 것인가를 놓고 당시 불가는 뜨거운 논쟁에 휩싸였다. 바이샬리 결집은 사실상 그 논쟁이 소집한 것으로 볼 수 있다. 칠백 명의 장로들이 바이샬리에 모였다. 그들은 석 달 가까이 격론을 벌인 끝에 남은 소금과 돈을 취하지 말아야 한다는 결론을 내렸다. 당시 불가의 여론과는 아주 동떨어진 결론이었다. 곧 반발이 일어났다. 일만 명의 승려가 바이샬리에 다시 모였다. 그들은 일만송(一萬頌)이라 부른 새 결집 끝에 두 번째 결집이 내린 결론을 거부하기에 이른다.

　이때부터 일만송에 참여한 승려들은 대중부라 부르고, 제2결집에 참여했던 장로들을 상좌부로 일컫게 된다.

　상좌부는 수행자의 깨달음을 첫째로 꼽는다. 이에 비해 대중부는 중생 구제에 힘을 쏟는다. 상좌부는 성불에서 수행의 궁극적인 뜻을 찾고 대중부 불교는 성불을 늦추더라도 대중을 구제하는 보살행을 멈추지 말아야 한다고 가르친다.

　판카즈가 소개한 호텔은 카라우나 포칼 호수 서쪽에 있었다. 그 호수는 부처의 진신사리 탑과 고고학 박물관, 그리고 일본 사찰을 비롯한 미얀마, 캄보디아, 베트남 등에서 세운 사찰들로 둘러싸여 있었다.

마을은 그 넓은 벌판에 드문드문 떨어져 있어 딱히 중심지라 부를 만한 데가 없었다. 굳이 어디가 바이샬리의 중심지냐고 묻는다면 그 호수 주변이라고 대답할 수밖에 없을 듯했다.

이튿날인 2월 23일, 바이샬리의 여러 유적지를 둘러보았다.
사리를 발견한 유적 위에 삿갓 모양의 둥근 지붕을 덮은 진신사리 탑을 보았다. 아쇼카 석주는 그곳에서 북서쪽으로 나 있는 작은 마을길로 한 시간쯤 걸어간 들판에 서 있었다.
아쇼카 왕이 세운 이곳 석주는 이천 년이 넘는 세월을 뛰어넘어 완벽한 형태를 유지하고 있었다. 백 살 먹은 청년을 보는 듯 꼿꼿했다.
석주 뒤쪽이 원숭이가 부처에게 꿀을 공양한 자리다. 여기에도 아쇼카 왕은 큰 탑을 세웠다. 그 서쪽으로 조금 떨어진 곳에 부처가 목욕할 수 있도록 원숭이들이 팠다는 연못이 있었다.
그 연못을 나와 유마힐의 생가를 찾아 나섰다.

부처가 바이샬리에 머물 때다.
재가(在家) 제자인 유마힐이 병으로 드러누웠다. 그는 수행이 깊어 해탈하고도 남을 법력을 가진 고승이었다. 그럼에도 해탈을 마다하고 저잣거리에서 중생들과 살을 맞대고 번다하게 살아가고 있었다. 그는 술집만이 아니라 놀음판과 기생집도 들락거렸다. 그런 데서 술 마시고 노름도 즐기며 여자도 품었다. 그런데도 묘했다. 그가 마시는 술은 여느 술과는 달랐다. 그가 던지는 투전판의 노름패는 여느 패와는 달랐다. 그가 품게 되면 여자마저 여느 여자와 달라졌다. 그는 인간의 본능적 욕망에 가장 가까이 다가서서 그 욕망과 진검 승부를 겨뤘다. 그렇게 해서 욕망의 덧없음과 허물을 세상에 낱낱이 드러냈다.

부처는 제자 문수사리를 보내 문병케 했다.

"문수사리여. 잘 오셨소. 오는 상이 아니면서 오셨으니 보는 상이 아니면서 보십시오."

"그대는 어찌 아픈가."

"나는 원래 병이 없으나 중생들이 병들었기 때문에 나도 병들었소."

알쏭달쏭한 말이어서 문수사리가 다시 묻는다.

"그대는 어찌하여 해탈하지 않는가?"

"중생들이 저렇게 생의 구덩이에 빠져 허우적거리는데 나만 해탈해서야 뭔 재미가 있겠소. 저들이 다 업의 굴레를 벗을 때까지 나도 저들과 어울려 이렇게도 살고 저렇게도 살겠소."

누구보다도 유마힐은 잘 알고 있었을 것이다. 결코 깨달음에 관심을 갖지 않을 중생들이라는 것을! 그는 자신의 신념을 고수하는 한 죽을 때까지 해탈의 길로 들어설 수 없다는 사실을 잘 알면서도 그것을 제 운명으로 받아들인 것이다.

문수사리는 다시 묻는다.

"어떻게 하면 해탈할 수 있겠소?"

"만약 그대가 길이 아닌 길을 갈 수 있다면 바로 득도할 수 있을 것이오."

그 유마힐의 바이샬리 집터는 아무래도 찾아낼 수가 없었다. 그 집터를 찾아 어정거리는 사이에 서울에 두고온 술친구들이 한없이 그리워졌다.

"이 해로운 소주, 남들 못 마시게 내가 다 마셔버리지 뭐."

그렇게 술 마시며 나이 먹어가던 술친구야말로 우리 시대의 진정한 유마힐 아닌가 말이다. 술이 해롭다면 그 해로운 걸 남들이 먹지 못하게 제가 다 먹어치우겠다는 마음이야말로 유마힐 정신이다.

나도 유마힐이 되어볼까나. 딸꾹!

노름이 해롭다면 그 해로운 판에 남들이 끼이지 못하게 내가 다 따버리자는 마음이야말로 유마힐 정신이 아니겠는가.

나도 유마힐이 되어 노름이나 하러 갈까나. 딸꾹!

오입이 나쁜 짓이라면 그 나쁜 오입질을 다른 사람들이 못하도록 세상 여자를 내가 다 품어버리고야 말지. 그 유마힐 정신 정말 마음에 드네. 딸꾹!

유마힐의 집터 찾기를 포기하고 근처 주막에 들어갔다. 그 집에서 따리 낮술에 거나하게 취해버린 나는 이미 바이샬리의 유마힐이 되어 있었다.

그 망고나무는 아름다웠다

다음 날 차팔라 언덕을 찾았다. 아쇼카 석주가 서 있는 원숭이 연못에서 북쪽으로 시오리쯤 더 걸어가면 된다.

그 언덕은 낙타 혹처럼 쌍으로 솟아 있었다. 언덕이라 부르기에 좀 민망한 높이였다. 넓게 펼쳐진 황금빛 밀밭 위로 그 언덕은 삼사층 건물 높이 정도로 마주보고 서 있었다.

부처 시대에는 좀 더 높았겠다. 하지만 지금은 지난 세월에 허물어져 언덕이라는 이름만 간신히 유지하고 있었다.

듬성듬성한 어린 가시나무가 옷소매와 바짓가랑이를 자꾸 낚아챈다. 오른쪽 언덕을 거쳐 왼쪽 언덕으로 올라갔다. 조금 더 높아 보이는 그 언덕에는 꽤 굵은 보리수 한 그루가 외로이 서 있었다.

그 나무 그늘에 앉았다.

남쪽 들녘 너머로 바이샬리가 바라보였다. 희미했다. 밀밭 위로 숲이 무인도처럼 떠 있다. 다만 그뿐이다. 그 풍경은 아무리 뜯어봐도 특별하지가 않다. 여느 인도 농촌과 조금도 다르지 않다. 부처 시대에 번화한 대도시였을 바이샬리라 하더라도 내 상상력이 부족한 탓인지, 부처의 '저 아름다운 바이샬리를 바라보는 것도……'라는 열반 선언이 나올 만한 풍경일까 싶었다. 어디건 넓은 벌판 풍경에는 개성이 없다. 하늘과 땅이 세상을 이등분한 단순 구도에서 벗어날 수 없다. 그 들판은 그 속으로 들어갈 때 비로소 그 속살을 보여주게 된다.

어제 오늘 둘러본 바이샬리에는 특별히 아름답다고 말할 건덕지가 없었다. 이 언덕의 조망은 그렇잖아도 신통찮았던 바이샬리의 점수를 더 깎아내렸다.

그렇다면?

부처가 아름답다고 한 것은 풍광이 아닐 거라는 짐작이 들었다. 바이샬리는 부처를 매료시킨 다른 무엇인가를 그 평범한 풍광 속에 감추고 있을 것이다.

나는 부처의 길을 따라 카필라바스투와 헤타우다와 케사리아를 거쳐 여기 바이샬리까지 왔다. 그런데 알고 보니 그 순례길을 이천 오백 년 전에 먼저 지나간 사람들이 있었다.

그들은 오백 명이나 되었는데, 놀랍게도 모두 여자였다! 그녀들은 모두 머리를 깎은 데다 부처처럼 맨발이었다. 부처가 바이샬리에 머물고 있다는 소식을 듣고 카필라 성을 떠나온 궁녀들이었다. 출가하기 위해 그 먼 길을 맨발로 불원천리 걸어온 그 무리를 프라자파티 왕비와 부처의 아내 야소다라 비가 이끌고 있었다.

그녀들이 부처에게 출가를 청한 것은 이때가 처음이 아니었다.

보드가야에서 깨달은 지 육 년쯤 지나서 부처는 두 번째로 고향 땅을 밟았다.

부처가 다시 카필라 성으로 돌아오자 여러 고향 사람들은 부처의 제자가 되려고 출가했다. 그 오 년 전 처음으로 고향으로 돌아왔던 부처에게 쿠단까지 나아가 금란가사를 바쳤던 양모 프라자파티 왕비는 출가를 원하는 오백 명의 궁녀와 더불어 부처에게 출가를 청했다. 그전까지 한 번도 거절한 일이 없었던 부처는 그 청을 받아들이지 않았다. 여자가 출가를 청하기는 처음 있는 일이었다.

그녀들은 다시 한 번 출가를 청했다. 그마저 거절한 부처는 곧 카필라 성을 떠나 바이샬리로 몸을 피한 것이다. 카필라 성에서 바이샬리까지가 어딘가! 그 길을 맨발로 걸어온 그녀들을 부처의 시자 아난다는 두 눈 뜨고 제대로 쳐다볼 수 없었다. 옷가지는 모두 해지고 맨발들은 갈라 터져 마치 몇 입 깨물다 버린 석류 같았다.

아난다는 스승이 여자의 출가를 허락하지 않았던 카필라 성의 일을 기억하고 있었다. 하지만 그녀들의 처참한 모습은 그의 가슴을 저몄다. 아난다는 용기를 내 스승을 찾아가 여쭈었다.

"여자는 출가해서 성불할 수 없습니까?"

부처는 뜻밖의 대답을 내놓았다.

"아니다. 여자도 수행하면 성불할 수 있다."

그렇게 해서 바이샬리는 여성 수행자로서 비구니가 최초로 태어난 곳이 된다. 여기서 부처의 양모와 아내까지 비구니로 다시 태어난 것이다. 당시 인도에서 여성의 지위는 노예나 천민에 다름없었다. 그리고 수행자가 된다는 것은 제일 높은 승려 계급인 브라만으로 신분이 상승된다는 의미였다. 부처는 여성 수행자를 받아들임으로써 바이샬리에서 여성해방이라는 혁명을 이뤄낸 것이다.

그런데 어째서 부처는 바이샬리에서 마음을 돌리게 되었을까? 얼마 전 카필라 성에서는 그토록 완강한 태도를 보였지 않은가.

싯다르타는 헌헌장부(軒軒丈夫)로 자라났다. 열아홉 살 때 이백 명의 젊은 전사들이 겨룬 무술 시합에서 우승을 차지했다. 어머니가 소원한 히말라야의 영기를 품은 아들은 외모에서도 남달랐다. 남녀노소 누구건 그 앞에 서면 히말라야 설산을 마주 대한 듯 눈부셔 했다.

그런 싯다르타가 케사리아를 거쳐 바이샬리로 들어서는 장면을 상상해보자.

이 비범한 사내의 출현에 바이샬리 사람들뿐 아니라 바이샬리의 산천초목까지 그의 손짓 발짓 하나 놓치지 않고 살펴보게 되었을 것이다. 눈 있고 귀 가진 바이샬리 사람 치고 싯다르타가 성 안으로 들어서는 것을 못 보았거나, 소문으로나마 들어보지 못한 사람은 없었을 것이다. 그러니 그녀는 어떠했겠는가!

그녀의 이름은 암라팔리다.

망고나무 아래에서 주운 아이라는 뜻이다. 팔리어로 암라는 망고를 뜻한다.

핏덩이 암라팔리를 누군가 바이샬리의 망고나무 아래 버렸다. 그 아이를 주워와 키운 의붓아비가 이름 붙여준 암라팔리는 경국지색으로 자라났다. 그녀의 미모는 나라까지 기울게 한다는 상투적인 수사에 그치지 않았다. 실제로 그런 일이 일어난 것이다. 그녀를 서로 차지하기 위해 주변 여러 나라에 전운이 감돌 지경이었다. 그녀의 미모 때문에 한 나라도 아니고 여러 나라의 국운이 기울게 된 것이다.

개방적인 데다 장삿속 밝은 바이샬리 사람들은 그녀를 나라의 기생이자 고급 창부로 만들어버렸다. 당시 인도에는 그런 풍습이 있었다. 그 뒤로 바이샬리는 이웃 강국의 침략 걱정을 덜었다. 그뿐만 아니라 그녀를 다른 나라 왕에게 수청 들게 해 나라 살림에 보탰다. 바이샬리 사람들은 암라팔리로 누이 좋고 매부 좋고, 꿩 잡고 알 먹는 재미를 보았다. 한 여인의 아름다움을 팔아 나라 살림에 보태도 나무라는 이가 없을 만큼 당시 바이샬리는 성적으로도 자유분방한 곳이었다.

그녀는 당시 북인도 최강국인 마가다국의 빔비사라 왕의 눈에도 들었다. 얼마 뒤 그의 아들까지 낳았다. 그 아들이 위말라 콘단냐이다. 그러니 빔비사라 왕은 그녀와 그녀의 나라 바이샬리에 얼마나 후한 인심을 썼겠는가. 그즈음부터 바이샬리 살림은 더욱 윤택해졌고 이 희대의 팜므 파탈은 한낱 기생이나 창녀가 아니라 국모 수준의 존경을 받게 되었다. 당시 암라팔리는 하룻밤 화대로 젖소 이백오십 마리 값인 오십 카하파나를 불렀다. 그래도 그녀의 몸을 한 번 안아보려면 기약 없이 기다려야 했다.

바이샬리라는 도시국가보다 더 유명해진 그녀가 이루 헤아릴 수 없는 재산을 모았을 무렵, 북쪽 카필라국의 태자였던 대장부가 수행자 차림으로 바이샬리에 나타난 것이다. 그즈음 부처의 용모는 남성적 아름다움 그 자체로 눈부셨다. 그런 남자가 경국지색의 영지에 나타났으니 호사가들은 말할 것도 없고 온 바이샬리 사람들을 흥분의 도가니로 몰아넣게 되었다.

그들이 알고자 하는 건 간단했다.

색과 계 중 어느 것이 더 강한가?

그들은 그간 여러 차례 봐왔다. 이 세상에서 가장 세다고 믿었던 왕권과 금권이 암라팔리라는 색 앞에 번번이 무릎 꿇지 않았던가. 경국지색 앞에서 태자의 지위까지 버린 수행자의 계도 그들처럼 무너질까? 아니면 계가 색을 누르고 권력이나 돈보다 더 강하다는 걸 보여줄 것인가?

자웅을 겨룬다는 게 바로 이런 거였다. 용호상박이라는 말도 떠올랐을 것이다. 사자와 호랑이를 맞대결시켜 백수의 제왕을 뽑는 싸움판에 다름없는 대결전이 곧 벌어질 거라며 그들은 두 사람의 행동거지를 주시했다.

소문으로 그들은 잘 알고 있었다.

싯다르타는 태자 시절 부왕 숫도다나 왕의 지시로 《리그베다》, 《삼마베다》, 《야주르베다》 등의 경전은 물론이고 이를 더 잘 이해하기 위한 음운학, 제례학, 문법학, 어원학, 발성학, 천문학, 수학, 신화, 서사시, 경제학, 정치학, 수사학, 논리학, 동물학, 조류학까지 배웠으며 요가와 마술, 관상, 도박, 해학, 가무, 주술에다 심지어 방중술까지 익히게 되었다. 수학과 언변과 무예에 출중한 재주를 보였던 만큼 방중술도 만만찮았다는 얘기도 돌았다.

부왕은 태자가 미인들과의 사랑에 빠져 출가는 꿈도 못 꾸게 하려고 애썼다. 부왕은 누구보다 남자를 잘 알고 있었다. 태자를 절세미인 야소다라와 결혼시킨 뒤에도 마노다라와 구다미라는 아리따운 여인들을 후실로 맞게 했다. 게다가 여러 젊고 어여쁜 여인을 궁녀로 뽑아 태자와 함께 살게 했다.

그 시절을 부처는 제자들에게 이렇게 회상했다.

"부왕은 내게 봄과 여름과 겨울에 머물 집을 따로 지어주었다. 궁전에서 가까운 곳에 연못을 파고 푸른 연꽃과 붉은 연꽃과 하얀 연꽃을 심었다. 여인들이 나를 목욕시키고는 붉은 전단향을 발라주고 카시 지방에서 나는 비단옷을 입혀주었다. 여름 넉 달은 정전(正殿)에 올랐다. 거기에는 남자들은 없고 오직 기녀들만 있어 그들과 춤추고 놀았다……."

불과 몇 달 전까지 쾌락의 늪에 빠져 있던 젊은이가 제아무리 금욕의 출가길에 나섰다 해도 암라팔리라는 경국지색을 만나게 되었으니 사람들은 바이샬리라는 나라의 뼈와 살이 다 녹아내릴 만큼 화끈한 일이 벌어지길 기대하고 또 기대했을 법하다.

하지만…… 아무 일도 일어나지 않았다.

이때 부처가 바이샬리에 얼마나 머물렀는지 알려주는 기록은 없다. 《방광대장엄경》은 라즈기르로 떠나는 제자의 손을 잡은 웃타카 라마푸타의 부탁 말을 전한다.

"부디 해탈하면 이 사람부터 제도해주시오."

그때 암라팔리는 두 사람 사이에 자식까지 본 빔비사라 왕의 라즈기르 왕사성 처소에 가 있었을까? 그것마저 알 수는 없는 일이지만, 부처의 남성적 아름다움과 그녀의 여성적 아름다움은 결국 그녀의 정부 가운데 한 사람인 이 빔비사라 왕과의 인연으로 마주치게 된다.

빔비사라 왕은 모든 영웅의 본보기로 호색한이었다. 절세미인의 왕비를 여럿 뒀다.

첫째 왕비는 경쟁국인 코살라국의 공주 코살라 위데히였다. 코살라국 왕은 딸을 시집보내며 최고급 비단산지인 카시 지방을 통째 지참금으로 내놓았다. 지금의 바라니시가 당시 코살라국의 영지였던 카시다. 위데히가 낳은 아들이 아자타사투이다.

둘째 왕비는 바이샬리 리차비 왕녀인 첼라나이고 펀자브 지방 맛다국의 케마 공주를 셋째 왕비로 맞았다. 아완티국의 절세미인 파누마와티를 넷째 왕비로 앉혔는데 그녀는 웃제니의 유명한 창부였다. 그녀는 아바야 왕자를 낳았으며, 아바야마타로 불렸다. '아바야의 어머니'라는 뜻이다. 그 아바야마타 왕비 외에도 여러 후궁을 거느렸고 또 암라팔리와 같은 정부도 숱하게 두었다. 암라팔리가 낳은 아들 외에도 실라와트와 자야세나라는 아들과 춘다라는 딸이 있었는데 누구의 소생인지도 알려지지 않았다.

빔비사라 왕이 마가다국을 다스릴 무렵 라즈기르에는 해마다 기닷가사마차라는 큰 축제가 열렸다. 이 축제에서는 전국에서 뽑혀온 무희들과 기녀들이 연극을 공연하거나 춤추고 노래하며 흥을 돋워야 했다.

그 축제를 더 빛내겠다며 빔비사라 왕은 라즈기르에 공창을 만들었다. 이 공창을 만들 때 그는 정부 암라팔리에게 조언을 구했다. 이 공창은 암라팔리의 명성에 버금가는 전설적인 창부를 여럿

배출한다. 그런 절세미인의 창부를 나가라소비라 불렀다. '도시를 빛내주는 미인'이라는 뜻이다.

살라와티와 술라사와 시리마가 오늘날까지 전해지는 라즈기르 나가라소비 삼대 전설이다. 그 가운데 살라와티의 미모는 암라팔리를 무색케 했는데 암라팔리보다 두 배나 더 많은 화대를 챙겼다 한다.

그녀의 사생아가 부처의 주치의가 되는 지바카다. 그리고 라즈기르 나가라소비의 삼대 전설의 한 명인 시리마는 그녀의 누이다.

부처는 라즈기르에서 어느 바라문에게 이렇게 말한 적이 있다.

"마누라는 가까이 하지 않고 창부의 집에도 가지 않으면서 남의 아내를 욕보이거나 간통하는 것은 산 짐승을 도륙하는 짓에 다름 없다."

부처가 자연스레 입에 올릴 만큼 이 시절의 창부들은 유곽이라는 그늘에 가린 어둠의 자식들이 아니었다. 오히려 도시를 빛내주는 인물로 존경을 받기도 했다.

공창이라는 이름으로 라즈기르에 '빛 공장'을 세운 사람답게 빔비사라 왕은 부처가 바이샬리를 떠나 라즈기르로 오자 광원을 알 수 없는 그 '빛의 덩어리'를 가장 먼저 알아보게 된다. 그때 싯다르타는 스물아홉 살이었고, 왕은 그보다 다섯 살 아래인 스물넷이었다.

"이토록 눈부시게 아름다운 이는 처음이오. 당신에게 이 나라의 절반을 바칠테니 함께 천하통일을 이루지 않겠소."

"나는 이미 왕의 자리를 박차고 나온 사람이오. 내 길을 막지 마시오."

왕은 상대에게서 도저히 거역할 수 없는 어떤 기운을 느꼈다. 그가 깨달음을 얻게 되리라는 확신을 갖게 된다.

"정 그렇다면 막지 않겠소. 다만 이것 하나만 약속해주오. 깨달음을 얻거든 이 라즈기르로 돌아와서 맨 먼저 나를 만나주오."

그로부터 육 년 뒤 가야에서 깨달아 부처가 된 싯다르타는 빔비사라 왕과의 약속을 지킨다. 그렇게 해서 부처는 암라팔리와 다시 만날 수밖에 없도록 짜인 각본 속으로 발걸음을 뗀다.

그녀의 고향 바이샬리에 극심한 가뭄이 든 때가 바로 그 즈음이다. 나라에서 보낸 사신을 맞아 부처는 지체 없이 길을 나섰다. 그가 파트나 위쪽의 갠지스 강을 건너자마자 하늘에서 답이 왔다.

천둥 번개가 치며 하늘이 갈라지고 폭우가 쏟아져 내린 것이다.

이런 기적을 두고 사람들은 부처의 신통력을 들먹인다.

글쎄? 신통한 일에는 틀림없으니 그럴 수도 있겠다. 하지만 부처도 사람인 이상 신통력을 지니고 있을 리가 없다. 그럼에도 세상에는 신통한 일이 가끔 일어나기 마련인데, 정말 신통하게도 그런 자리에는 꼭 그 갠지스 강을 건너는 부처와 같은 이인이 개입된다. 그래서 기적같이 일어난 그 신통한 일이 그의 신통력으로 빚어진 걸로 믿게 된다.

하지만 나까지 그 신통력을 믿을 일은 없다. 나는 그때 바이샬리 땅을 촉촉이 적셔준 그 비야말로 이 세상에서 다시없는 남성적 아름다움을 지닌 부처를 바이샬리로 끌어들일 수 있었던 암라팔리의 여성적 아름다움이 만들어낸 작품이라고 믿을 따름이다. 그 비는 이 세상에서 가장 아름다운 남녀가 바람과 구름이 되어 하늘에서 만나 사랑을 나누며 쏟아낸 '운우의 정'이다. 바람은 구름을 벼락 치듯 애무하고 구름은 천둥소리로 신음했다. 하늘이 쪼개지고 땅이 흔들리도록 구름과 바람의 속 깊은 정은 서로 맞부딪히고 살을 비벼 섞은 끝에 대지를 적시는 단비로 쏟아져 내린 것이다.

바이샬리에서 실제로 만나게 되었을 때 두 사람은 육욕과는 차원이 다른 사랑을 나누게 된다. 몸을 가진 인간의 본능적 사랑을 비구름이 되어 하늘에서 땅으로 말끔히 쏟아버린 암라팔리의 내공 또한 불보살의 경지에 닿아 있었다 하겠다.

부처는 바이샬리 사람들의 기대대로 암라팔리와 사랑을 나누었다. 하지만 바이샬리 사람들에게는 실망스럽게도 그들이 볼 수 없는 하늘에서 두 사람의 사랑이 이뤄진 것이다.

"부처님이 우리 망고 동산에 거처를 정하고 그곳에 머무르고 계신답니다."

하인이 전한 그 얘기에 암라팔리는 넋이 나갔다. 그녀는 서둘렀다. 화려하게 장식한 쇠수레를 몇 대 거느리고 제 망고 동산으로 달려갔다.

망고 동산 입구에 이르러 수레에서 내려 부처의 처소까지 걸어갔다. 하늘에서 그 품에 안겨본 부처가 제자들 사이에 앉아 있었다. 인사를 올리고 그 곁에 앉았다. 그녀는 다음 날 부처와 제자들을 집으로 모셔 점심 공양을 바치고 싶다고 했다. 부처는 말없이 그 제의를 받아들였다.

그 무렵 바이샬리를 지배하던 왕족인 리차비족의 대신들도 바이샬리에 온 부처가 암라팔리의 망고 동산에 머물고 있다는 소식을 접했다. 그들도 서둘러 그녀의 망고 동산으로 말을 몰았다. 빨리 공양을 바쳐야만 오랜 가뭄과 전염병의 위기로부터 나라를 구해준 부처에게 인사치례가 될 것이기 때문이었다.

도중 마을에서 리차비족의 대신들은 마을 귀퉁이를 급하게 돌아나오는 쇠수레와 마주쳤다. 암라팔리의 수레였다. 암라팔리가 워낙 서두르는 바람에 리차비족의 수레가 부딪혀 넘어질 뻔했다. 화가 치민 리차비족의 우두머리가 소리를 질렀다.

"아니, 암라팔리여. 그대는 무슨 일로 그렇게 경망스러운가?"

"이런! 어르신, 부디 용서해주십시오. 실은 내일 부처님을 비구들과 점심 공양에 초대하게 된 기쁨에······."

"아니 뭐라고 했소. 부처님을 초대하게 되었다고······. 이럴 수가 있나. 그럼 내 십만금을 줄 테니 공양을 올릴 기회를 내게 양보하지 않겠소?"

"아니 되옵니다. 바이샬리 전부를 준다 해도 그것만은 어쩔 수 없습니다."

그렇게 하여 그녀는 부처에게 점심 공양을 올리게 되었다. 그 자리에서 부처에게 물었다.

"제 망고 동산이 마음에 드시던가요?"

"정말 아름다운 숲이었소."

"그러면 제 동산을 부처님께 바치고 싶습니다. 부디 받아주십시오."

부처는 허락한다. 암라팔리의 망고 동산이 그 이름을 불교사에 올려놓게 되는 순간이었다. 그녀가 몸을 판 꽃값으로 일궈낸 망고 동산이지 않은가. 남자는 그 꽃값으로 일군 동산을 승원으로 쓰고, 여자는 진정 사랑하는 사람에게 자신의 몸을 팔아 마련한 집과 자산을 지참금으로 내어놓았다.

암라팔리는 사랑하는 사람과 불심이라는 크나큰 사랑을 영원히 나눌 보금자리를 꾸밀 수 있었다. 그녀 또한 그 얼마 뒤 불법에 귀의하여 비구니가 된다. 바이샬리 사람들의 세속적인 관심과는 달리, 색과 계를 초월한 진정한 사랑에는 승자만 남는가 보다.

바이샬리에서 암라팔리와 만난 후 부처의 여성관이 달라졌다고 해야 옳겠다. 바이샬리에서 부처가 카필라 성에서 온 오백 궁녀의 출가를 허락한 이유가 여기서 뚜렷해지는 것이다.

양모뿐 아니라 아내도 함께 맨발로 걸어오지 않았던가. 그녀는 부처가 열아홉 살에 결혼해서 출가할 때까지 십 년간 피 끓는 젊은 남자로서 사랑했던 여인이다. 그녀가 낳은 아들 라훌라도 이미 계를 받아 사미승이 되어 있었다. 그 아내와 세속적인 연을 끊고, 그녀마저 출가의 길을 걷게 하는 부처의 심정은 어떠했을까?

차팔라 언덕에서 부처가 바라본 것은 그 앞으로 펼쳐진 풍광이 아니었다. 그것은 사십 년이라는 세월 저편으로 흘러간 사랑의 영상이었을 것이다. 그 젊은 날의 사랑이 어찌 아름답지 않았겠는가.

시장이 반찬이지

바챠 바부르 로이를 바이샬리 박물관에서 만났다. 이곳서 출토된 유물들을 살펴보고 있는데 검은 턱수염이 하관을 완전히 덮은 털보가 다가와서 말을 걸었다.

그의 나이를 한참이나 헛짚었다. 늙수그레한 첫인상에 사십대 초반쯤의 중년이려니 했다. 그런데 스물일곱 살의 젊은이였다. 저쪽에서도 그렇지만 이쪽에서도 인도 사람은 나이를 감 잡기 어렵다.

로이는 바이샬리와 파트나 중간쯤에 자리 잡은 시골 마을인 다르하라 읍의 포우라에 살고 있었다. 바이샬리의 삼촌댁에 놀러 왔다가 박물관에서 우연히 나를 만나게 된 것이다.

그는 내일 저녁에 우리를 자기 집으로 초대하고 싶어 했다. 그의 집은 바이샬리에서 삼십 킬로미터쯤 남쪽으로 떨어져 있었다. 파트나로 가려면 지나가야 될 마을이었다. 거절할 까닭이 없었다.

포우라로 가는 길에 부처가 '이 아름다운 바이샬리'라고 노래한 그 아름다운 망고 숲이 펼쳐졌다. 그 망고 숲 속을 천천히 걸어가며 나는 걸음을 즐겼다. 한 걸음 한 걸음을 발로 꼭꼭 씹어 먹었다. 상추쌈을 씹어 먹는 것처럼 걸음이 맛있었다. 발걸음을 뗄 때마다 상추쌈 씹는 소리가 났다. 그리고 밤에는 낮에 삼킨 상추쌈 발걸음을 되새김질했다.

여기 사람들에게는 지도가 가장 신기한가 보다. 지도만 폈다 하면 벌떼처럼 사람들이 모여든다. 지도 본다는 핑계로 우리에게 말을 걸거나 접근할 수 있을 것이기에 더욱 그런지도 모른다.

지도를 마구 뺏어가는 친구도 있다. 보다 말고는 옆으로 넘긴다. 거꾸로 보기도 한다. 그러다 아무데나 짚으며 아는 척을 한다. 그러면서 어디로 가려면 이리 저리 가야 한다고 길을 가리킨다. 다 알고 있다는 눈치다. 그러다가 문득 묻는다.

"그러면 한국은 어디요?"

그게 궁금했는가 보다. 모두 내 손가락을 쳐다본다. '어디를 가리킬까' 하고 숨죽이며 바라본다. 하지만 나는 인도 비하르 주의 영문 지도를 들고 있을 뿐이다

"여기에는 나와 있지 않소."

실망한 그들 가운데 누군가 다시 묻는다.

"그러면 여기서 얼마나 멀리 떨어져 있소? 한국은 유럽에 있는 거요? 아니면 아시아요?"

"아시아다."

"우리도 아시안데……. 그러면 우리랑 이웃이네 그려. 반갑소이

다. 내 이름으로 말할 것 같으면······."

 뭐 그렇게 동네 지도 펴놓고서 서로 지구촌 여기저기를 왔다 갔다 하는 얘길 나눈다. 지구가 찌그러졌다 구부러졌다가 퍼지는가 하면 접혔다가 팽팽히 펴지기를 거듭한다. 그러다 북 찢어지기도 한다. 그래서 지구촌 여기저기서 기상 이변이 일어나는가 하면 땅이 찢어지는 지진까지 일어나나 보다.

 만수푸르와 바구만푸르와 다우나가르를 지난다.

 아이를 길가 의자에 앉혀 놓고 가위로 정성껏 머리를 깎아주는 중년 사내를 보았다. 파란 옷을 껴입은 하얀 염소가 지나갔다. 이가 하나도 없는 한 노인네가 이 없는 너털웃음을 터트리며 다가와 먼저 악수를 청한다. 그는 악수하는 데 이가 필요 없다는 걸 알려줬다. 낡은 집들과 버려진 집들이 잇달아 나타났다. 낡은 집에서 길거리로 나온 사람들은 모두 대나무로 이를 닦고 있다. 그 대나무 끝이 파뿌리처럼 해져 있다. 대나무 칫솔이다. 처음에는 피 좀 났겠다. 영국 운하가 다시 나타나서 조금 따라오더니 재미없다는 듯 저쪽으로 빠져버린다.

 마을마다 마을 연못이 따로 있다. 매년 십일월과 십이월 사이 온 마을 사람들이 그 연못에서 몸을 씻고 태양신에게 예배를 올린다. 비하르의 오랜 풍습이다.

 수업 전에 학생들은 운동장에 모여 예배를 드린다. 길가 여기저기 심발푸르라는 꽃나무가 서 있다. 활짝 핀 채로 꽃 모가지가 뚝 떨어지며 꽃이 지는 게 꼭 우리 동백꽃 같다. 붉은 꽃잎과 노란 수술도 영락없다. 이 꽃에서 면을 추출한다고 한다. 인도 목화인 셈이다.

어둠 속에서 논길을 걸었다. 아침에 바이샬리를 떠나며 늑장부리는 바람에 2월 24일 저녁 여덟시가 다 되어서 로이의 집에 닿았을 때는 모두들 파김치가 되었다.

그 집에서 로이의 형제들을 만났다. 아버지는 사 년 전에 돌아가셨고 형들이 홀어머니를 모시고 살았다. 로이는 다섯 형제 중 막내였다. 대학에서는 영어를 전공했다. 마땅한 일자리를 구할 때까지 동네 아이들에게 영어를 가르치는 아르바이트를 하고 있다.

로이 집에 동네잔치가 벌어졌다. 온 동네 사람들이 다 모여들었다. 수백 명은 될 듯했다. 멀리서 왔는지 자전거를 몰고온 사람도 여럿이었다.

로이 형제와 몇몇 젊은이들이 동네를 돌아다니며 의자를 모아왔다. 그 의자들을 널찍한 로이 집 마당에 열을 지어 늘어놓았다. 그리고 그 맞은편에 의자 다섯 개를 놓았다. 손님 자리였다.

곤란했다. 저녁도 주지 않고 이게 대체 뭔 경우란 말인가! 로이는 거기 모인 어른 한 사람 한 사람을 모셔 우리에게 인사 시켰다. 나는 손이 아플 지경으로 여러 사람과 악수를 나눠야 했다. 이가 성해도 악수를 많이 하면 배가 고파진다는 걸 로이는 가르쳐주었다. 벌써 아홉시다.

배가 밥 달라고 자꾸 아우성쳤다. 꼬르륵 꼬르륵.

인사를 끝내고 로이는 우리를 의자에 도로 앉혔다. 그리고 그의 기나긴 원맨쇼가 시작되었다.

먼저 그는 수첩을 꺼냈다. 여기까지 오는 길에 가끔 뭔가를 메모하던 수첩이었다. 그때는 이 친구가 뭣 때문에 메모를 하는지 의아했었다. 이제 그 용도가 밝혀졌다. 그건 자신뿐 아니라 온 동네 사람이 처음 보았을 외국인에 대한 관찰 보고서였다. 그는 한국인이 어떤 사람인가를 마을 사람들에게 알려줄 임무라도 받았다는 듯 열심이었다.

나는 그 메모의 사실성에 입을 딱 벌리고 말았다. 거기에는 바이샬리를 떠나 이 마을까지 오는 동안 우리가 어디서 쉬고 또 어디까지 몇 걸음쯤 걸어가서는 누가 먼저 화장실을 다녀왔고, 찻집에서 차를 마실 때 누구는 설탕을 한 스푼 넣는데 다른 이는 두 스푼 반이나 넣었고, 또 점심을 먹을 때 누구는 로티를 뜯어서 카레에 찍어 먹는데 다른 이는 카레를 로티에 싸 먹더라는 식의 시시콜콜한 얘기가 낱낱이 적혀 있었다.

로이는 자기 전공인 영어 실력까지 발휘할 수 있는 좋은 기회를 잡았다는 듯 마을 사람들에게 먼저 인도말로 그간의 정황을 중계방송하고서는 곧 내 쪽으로 고개를 돌려 영어로 조금 전의 얘기를 통역해서 들려주었다.

참으로 알 수 없는 일이었다. 인도말로 얘기할 때는 아무런 반응도 없던 사람들이 로이가 영어로 우리들 중 누군가를 가리키며 '저 사람은 차이를 아주 천천히 마셨다'는 정도의 얘기만 해도 우레 같은 박수를 치며 열광하는 게 아닌가.

정말 미칠 노릇이었다.

로이의 이야기 속에서 우리는 이제 겨우 오늘 걸어온 길의 절반을 지나고 있었다. 다우나가르 마을을 지나며 권 시인과 내가 차례

차례 땀을 훔쳤는데 권 시인은 흰 손수건으로 땀을 훔쳤고 손수건이 없는 나는 휴지로 땀을 닦더라…… 운운……. 그때가 열한시였다.

손님자리 양쪽 끝에 앉은 빔과 빌은 이미 곯아떨어졌다. 권 시인과 심병우 씨도 이야기 속 자신들이 뭘 하고 있건 꾸벅꾸벅 존다.

하지만 나까지 그럴 수가 없다. 영어 대화가 나하고만 가능해서 로이가 줄곧 나를 쳐다보고 얘기하는 까닭에 모든 청중들의 시선이 내게로 쏠렸다. 나까지 졸거나 자버리면 '이 사기꾼들아, 돈 물어내'라며 폭동이라도 일으킬 것만 같았다. 그만큼 청중들은 진지했다.

"이것도 인도다. 참아라."

나는 여기서 인도의 '인' 자가 참을 '인' 자라는 걸 알게 되었다. 나와 나의 불쌍한 길동무들은 그렇게 주린 배를 부여잡고 로이가 주최한 이상야릇한 회견을 참고 견뎌야 했다.

지친 몸을 끌고 논길을 걸어 로이의 집 마당으로 발을 들여놓았을 때는 이튿날 새벽 두시 반이었다. 박수가 다시 터졌다. 아이들은 새로 짓고 있는 로이네 함석지붕이 들썩할 만큼 환호성을 내질렀다. 그 바람에 얼마 전부터 아예 고개를 꺾고 자고 있던 두 한국 길동무도 깜짝 놀라 깨어났다. 어른들과 다시 한 사람씩 작별 인사를 나누고 새벽 세시에야 저녁이 나왔다.

음식을 담은 밥상을 마당에 차린 식탁으로 나르며 로이가 어둑 새벽 무렵에야 들게 된 저녁 메뉴를 말해주었다.

"이건 유미죽이랍니다."

그 순간, 로이라는 친구가 왜 내가 걷는 '부처의 길'에 나타나 이 시각까지 배고픔을 참고 견디며 기다리게 했는지를 알게 되었다. 그는 이 유미죽을 먹이기 위해 나타난 것이다.

배고파서 쓰러질 지경이 되어서야 먹게 된 유미죽에는 시장이 유일한 반찬이었다. 부처가 그랬다. 육 년 고행 끝에 지쳐 쓰러진 싯다르타에게 수자타가 내놓은 음식이 바로 이 유미죽 아니던가!

쌀을 물에 불렸다가 우유로 끓여서 쑤는 이 죽은 부처 시대에도 있었던 인도의 전통 보양식이다. 이 죽을 먹고 원기를 회복한 싯다르타는 보리수 밑에서 용맹정진 끝에 깨달음을 얻었다. 불가에서도 그때 싯다르타에게 그늘 드리워준 보리수와 더불어 수자타의 유미죽 공양이 부처가 깨닫는 데 큰 보시가 되었다고 본다.

그 유미죽이라는 말의 어감 때문일까? 이 세상에서 내가 맛볼 수 있는 음식 같지가 않았다. 그것은 극락정토에서 보리수 그늘 아래 구름 돗자리를 펴놓고 그 위에서 신선놀음하는 선인(仙人)들의 음식만 같았다. 그래서 이번 여행길에 유미죽을 먹어볼 수 있을 거라는 기대는 아예 하지 않았다. 그럼에도 막상 로이가 유미죽을 들고 나오자, 나는 마치 유미죽을 먹으러 인도로 온 듯 허겁지겁 숟가락을 놀렸다.

첫술은 달았다.

두 번째 숟갈은 더 달았다.

세 번째 숟갈은 더욱 더 달았다.

단맛이 내 혀와 입천장과 식도 속으로 빨려 들어가듯 사라지고 나서야 그 맛이 내 온몸으로 고루 퍼져나가기 시작했다.

그 맛이라니?

그것은 내 기억에도 없는 어머니의 젖 맛이었다.

그대는 어머니의 젖 맛을 기억하는지?

이때 나는 처음으로 '그'의 얼굴을 얼핏 본 것 같다. 이어 '그'의 모습은 어머니 젖을 빨고 있는 젖먹이 부처의 얼굴과 겹쳐졌다. 열흘만에 어머니를 잃은 부처는 과연 그 열흘 사이에 어머니 젖을 빨아보긴 했을까? 그럴 수 있었다면 수자타가 가져다준 유미죽에서 그도 어머니 젖 맛을 떠올릴 수 있었을 것이다. 그 어머니 젖을 물던 기억이 되살아나 그는 부처로 다시 태어날 수 있었을까?

로이의 유미죽은 내게 중요한 숙제를 던졌다. 인도에서는 신생아가 열흘 안에 어머니의 젖을 빨아먹는가 아닌가를 알아보라는 숙제였다. 누가 이 숙제를 풀어줄 수 있을까? 이 숙제를 낸 사람은 부처다. 그는 이미 답을 준비해두고 있을 것이다. 기다리자. 기다리며 그냥 걷자. 때가 되면 그 길에서 만난 인연따라 그 답은 제발로 걸어서 찾아와주리라.

겨우 두 시간 정도 눈을 붙였을까? 마당 한켠 아쇼카나무에 앉은 되새들이 잠을 깨웠다.

동네 사람들은 아예 눈을 붙이지도 않은 듯했다. 들판에는 볼일 보러가는 사람들이 저마다 물통을 하나씩 들고서 오간다. 휴지가 물이다. 그 물을 받아 왼손으로 밑을 씻고, 오른손은 밥 먹을 때 숟가락으로 쓴다. 맛은 원래 손끝에서 나온다지 않은가. 만들 때만 그런 게 아니다. 먹을 때도 손으로 먹어야 제맛이 난다는 것까지

단맛이 내 혀와 입천장과 식도 속으로 빨려 들어가듯 사라지고
나서야 그 맛이 내 온몸으로 고루 퍼져나가기 시작했다.
그 맛이라니?
그것은 내 기억에도 없는 어머니의 젖 맛이었다.
그대는 어머니의 젖 맛을 기억하는지?

이들은 잘 안다.

로이의 형제와 그 친구들 열댓 명이 물통 하나씩 들고 마당에 서 있다. 그 물통은 그들이 아니라 우리들 밑씻개였다.

내가 나서자 우르르 달려든다. 모두 물통을 내민다. 제 물통을 받아주길 바라는 눈빛이 간절하다. 곤란하다. 한 사람에게 기쁨을 주자니 열서너 명의 가슴을 아프게 해야 한다. 좋은 꾀가 났다.

"들판 말고 집 안에 있는 화장실은 없소?"

한 친구가 손을 번쩍 들었다. 그 친구를 따라나섰다. 로이는 닭 쫓던 개가 되어 멍하니 쳐다봤다. 그의 집은 로이 집에서 꽤 멀었다. 그 바람에 또 동네 사람들이 꼬리에 꼬리를 물었다. 제법 번듯한 그의 집에 닿았을 때 나는 수십 명의 아이와 어른 꼬리를 달고 있었다. 그들은 나를 핑계로 그 집 화장실을 한번 구경하려는 듯했다. 우리가 나타나지 않았다면 대체 이 사람들은 심심해서 어떻게 견뎠을까?

그 집의 식구들도 엊저녁 로이의 강연에 참가했을 텐데 대문께 길고 긴 소개 인사를 나눠야 했다. 식구가 많은 집이었다. 점점 뒤가 마려워왔다.

바닥을 파고 냉장고 박스만한 크기로 사방을 막은 화장실이었다. 그 화장실 생기고는 처음으로 찾아와준 외국 손님을 안으로 들여보내놓고서 나의 꼬리들은 화장실을 에워쌌다.

이집 주인 아들은 엊저녁 로이 같아졌다. 주변 사람들에게 첫 외국 손님을 제 화장실로 유치한 성공담을 늘어놓고 있었다. 나는 뒤에 힘을 주고 있었고 꼬리들은 가끔 와 하고 웃음을 터뜨렸다.

꾀를 내다 죽을 꾀를 낸다고, 지금 내가 그 꼴이다. 아무리 힘을 줘도 밑에서는 소식이 없다. 하지만 그냥 나갈 수는 없다. 그랬다가는 큰 결례를 저지르게 되어 저 사람들에게 또 무슨 창피를 당할지 모른다.

정신일도 하사불성!

그 일념으로 밀어낸 슬픔의 덩어리가 쑤욱 빠졌다. 다행히 방귀 소리도 나지 않았다. 한데 웬걸, 우물처럼 깊은 아래에서 풍당 하는 소리가 났다. 그 바람에 잠시 잠잠했던 꼬리들이 폭소를 터뜨렸다.

아, 정말이지 인도에서는 먹고 싸는 일조차 이토록 만만찮다. 그래서 일찍이 부처는 우수마발에 진리가 있다고 했고 조주선사 또한 똥 작대기가 스승이라고 했던가. 그 진리는 냄새나는 곳에서 쭈그리고 앉은 가련한 나그네를 아침부터 진땀나게 했다.

일을 마치고 나오니 꼬리늘이 예의 그 물통을 들고서 달려들었다. 남은 휴지를 꺼내 보여줘도 막무가내였다. 손 자주 씻어 나쁠 건 없겠다. 내민 손 위로 인도의 선심이 마구 쏟아졌다.

벌써 여러 사람이 소를 몰고 들로 나가고 있었다. 자전거에 우유통을 싣고 어디론가 바삐 달리기도 한다. 어떤 꼬마는 한손에 우유통을 들고 어른 자전거에 옆으로 매달려 페달을 밟아 쏜살같이 달렸다. 곡예였다.

연못가에는 아름드리 반얀나무가 서 있었다. 나뭇가지에서도 수염처럼 뿌리가 자라나는 특이한 나무다. 이 나무는 땅이 아니라 하늘로 뿌리를 내리고 싶은 걸까. 그가 빨아들이려는 것은 물이 아니라 공기다. 허공이다. 그물에 걸려 뭍으로 내던져진 물고기 같다. 곧 숨이 넘어가서 끊어질 것 같다. 그래도 이 나무는 살아 있다. 한여름 고향 연못에서 연잎 위까지 뛰어올라 놀던 그 힘 좋은 가물치처럼.

쇠똥구리

"같은 갠지스 강물에 두 번 몸을 담글 수는 없다."

인도인들에게 갠지스는 흘러가면 다시 돌아오지 않는 시간에 대한 은유다. 2월 25일 로이의 집을 떠난 우리는 비하르의 주도인 파트나를 향해 걷다가 갠지스를 만났다.

인도 최대 바나나 산지인 하지푸르와 파트나 사이로 갠지스 강은 유유히 흐르고 있었다. 그 시간의 강에는 세계에서 가장 길다는 마하트마 간디 다리가 놓여 있다. 육 킬로미터가 조금 넘는 그 다리 이름의 주인이 인도를 '거대한 모순 덩어리'라고 정의했다고 앞서 얘기했다.

모순(矛盾)은 '창과 방패'인 동시에 '다리와 강'이다. 다리가 건너지 못할 강이 없고, 강이 뚫고 지나가지 못할 다리는 없다는 뜻에서 갠지스 강과 간디는 모순으로 얽혀 서로를 가로지르고 있다.

파트나는 기원전 5세기에 파탈리푸트라라는 이름으로 세워진 마가다국의 수도였다. 그전까지 수도를 라즈기르에 두었던 마가다국은 마우리아 왕조에 들어 파트나로 천도하였다. 그 후 굽타 왕조에 이르기까지 인도의 도읍지로 천 년의 번영을 누린 파트나다.

모든 불교 유적지는 아쇼카 왕으로 통한다. 가는 곳마다 그가 세운 석주와 그의 이름을 딴 아쇼카나무가 방랑자를 반겼다.

아쇼카 왕은 파트나로 천도하여 인도 대륙에 처음으로 통일국가를 세운 마우리아 왕조의 삼대 왕이다. 천하를 통일할 때까지 아쇼카 왕은 이루 헤아릴 수 없는 살생을 저질렀다.

찬드라 굽타의 손자인 그는 왕위에 오를 때 이미 궁정을 피로 물들였다. 백여 명의 이복형제와 사백 명에 가까운 반대파 신하를 죽여야만 했다. 그 피바다에서 칼부림하던 그는 즉위 팔 년째 되던 해 마지막 남아 버티던 동쪽 칼링가국 정벌에 나섰다. 그 전쟁에서만 이십만 명의 목숨을 앗은 뒤 인도 천하를 통일하게 된다.

이토록 잔악하고 정복욕에 불타는 아쇼카 왕은 어느 날 길에서 형편없이 허리 꼬부라진 노파를 만난다. 노파는 짚으로 만든 허수아비에 바늘 침을 찔러대며 방자하고 있었다.

"할머니, 그게 누구기에?"

"이놈이 바로 아쇼카란 놈이요. 우리 아들들이 이놈에게 끌려가 모두 목숨을 잃었다오. 내 이놈을 요절내고 말 것이오."

뼈에 사무친 저주 때문이었을까? 아쇼카는 바로 그 자리에서 쓰러져 죽음의 나락으로 빠져들었다. 죽은 사람도 살린다는 명의들의 시술도 효험이 없었다. 그때 어떤 스님이 나타났다.

"대왕이 살 길은 하나뿐이오. 불교 성지를 순례하고 그곳에서 부처의 가르침을 떠올린다면 목숨을 구하게 될 것이오."

힌두교도였지만 아쇼카는 그 말을 따랐다. 불교 성지를 빠짐없이 순례하며 건강을 되찾는 사이 불자가 되었다. 부처의 불살생 계율이 그를 새로이 태어나게 했다.

부처의 가르침을 따르기로 한 마음을 석주에 새겼다.

"참된 정복은 언제 어디서나 기쁨을 낳는 불법에 의한 정복뿐이다."

그리고 모든 불교 유적지를 발굴하여 정비하고 불교를 전 세계에 전파하는 데 힘쓴다.

옛 연인이 낳은 아들인 마헨드라를 스리랑카로 보내 불법을 전하게 했고 중앙아시아와 페르시아, 그리스, 마케도니아에 이어 이집트에까지 포교사를 보냈다.

통치 철학도 바뀌었다. 백성들이 가축뿐 아니라 모든 생명을 존중하여 상처 입히지 않도록 했다. 평등한 인간관계를 강조했다. 가난하거나 천한 사람을 함부로 대하지 못하게 했다.

백성들이 인도 대륙의 그 무더위를 피할 수 있게끔 그늘 좋은 나무를 온 나라에 심게 했다. 그 나무가 바로 아쇼카나무다. 곳곳에 휴게소를 짓고 우물을 팠으며 동물을 보살피는 수의 전문 병원까지 세웠다.

훗날 아널드 토인비가 '인류 역사상 가장 위대한 성왕'이라고 치켜세운 아쇼카 왕의 궁전은 파트나 중심가에서 북쪽으로 칠 킬로미터쯤 떨어진 교외에 있다.

마하트마 간디 다리를 건너 시내로 드는 초입에서 쿰라하르 궁이 문득 모습을 드러냈다. 아쇼카 왕은 이 궁전의 승원에서 이뤄졌던 제3차 결집을 직접 주도했다.

지금은 파트나 시민들이 즐겨 찾는 공원으로 바뀐 그 궁전 터 북쪽 가장자리에는 부처가 설법 뒤에 목욕했다는 연못이 있었다. 3차 결집지에 아쇼카 왕이 세운 석주는 그 연못 옆에 지어진 자그마한 전각 속에 누워 있다.

쿰라하르 궁의 관리인도 반쪽 연탄 신세가 된 나와 두 한국인을 네팔 사람으로 봐주었다. 이 유적지에서도 바이샬리에서처럼 외국인과 네팔 사람을 포함한 자국인의 입장료를 달리 받았다. 외국인에게는 입장료를 백 루피씩 받고 자국민에게는 오 루피만 받는다. 그 덕에 우리는 십오 루피만 냈다. 지금에서야 고백하지만 바이샬리에서도 한 번 네팔리로 오인받아 싼 입장권을 끊을 수 있었다. 이 가난한 나라에 와서 두 번에 걸쳐 거금 오백칠십 루피를 번 셈이다. 그 돈을 마냥 우리 뱃속으로 집어넣을 수는 없는 노릇이다. 어디에 쓰면 좋을까 궁리하며 출입문을 나섰다.

그때 불가촉천민 아이들 한 무리가 손을 내밀며 달려왔다. 하지푸르를 지나치는 길가에 쌓여 있던 바나나 모양의 빈손들이었다. 마침 근처에 솜사탕 장수가 있어서 그를 불렀다. 그는 피다 만 억새같이 빈약하지만 달콤한 그것을 하나에 이 루피씩 받고 있었다. 육십 원짜리 솜사탕이다. 바나나 손마다 그 솜사탕을 하나씩 안겨주었다. 이 골목 저 골목에서 아이들이 뛰쳐나왔다. 잠깐 사이에 아이들은 수십 명에서 수백 명으로 불어났다. 솜사탕 상자는 곧바로 텅 비었다. 다른 솜사탕 장수까지 가세했다. 솜사탕을 향해 수많은 조막손들이 필사적으로 뻗쳤다. 천수관음이 나타난 것만 같았다. 솜사탕 통 네 개를 말끔히 비운 천수관음은 저마다 억새꽃 핀 손을 들고서 집으로 돌아갔다.

2월 26일, 파트나를 떠나면서부터 다시 농로가 이어졌다.
힐사라는 작은 소읍을 거쳐 날란다까지 내려가는 백여 킬로미터 여정에는 밀밭과 숲이 바다로 넘실댔다. 밀의 바다는 하루가 다르게 익어가며 아침부터 저녁까지 들판 끝 지평선에 걸쳐 노을졌다.
아카시아 숲을 지났다. 꿀단지를 감춘 하얀 꿀들이 포도송이처럼 주렁주렁 달렸다. 꿀향기가 달았다. 그 향기에 끌린 벌들이 꿀 따기에 바빠 외국 사람들이 지나가는 줄도 모른다.
숲을 지나자 파밭이 나왔다. 그 여린 파 줄기들은 정수리에 큼직한 꽃봉오리를 이고 있다. 나이 어린 미혼모처럼 파꽃은 애처롭다.
파메리 모드에서 동쪽인 왼쪽으로 급히 꺾어져 힐사로 향한다.
큰 나무 바퀴를 단 수레들이 연거푸 지나간다. 바퀴가 커 마차 탄 사람들이 아주 높아 보인다. 어린아이도 높아 보이고 허리 굽은 할머니와 할아버지도 높아 보인다. 높은 사람들은 신작로에 옅은 먼지를 일으키고는 우리를 앞질러 간다.
마을마다 소녀들이 쇠똥을 굴리고 있다. 네팔에서부터 줄곧 보아온 풍경이다. 쇠똥으로 '고하라'라고 부르는 연료를 만드는 것이다. 네팔이나 여기나 땔감이 귀하다. 마을에서 가까운 나무들은 모두 베어내 때버린 지 오래되었다. 오월부터 두어 달 이어지는 우기에는 나무할 엄두조차 못 낸다. 그 우기 때 고하라가 없으면 밥을 못 짓게 된다. 그래서 인도와 네팔 사람들은 해가 바뀌는 정월 초부터 장마가 시작되는 오월 전까지는 쇠똥 굴리기로 하루를 다 보내게 된다.

까닭은 모르겠으나 그 사람 쇠똥구리는 죄 암컷이었다. 똥을 굴리면 수컷 얼굴에 똥이라도 묻히게 된다는 걸까? 네팔도 그랬는데 인도에서도 아낙네들만 쇠똥을 굴려 고하라를 만들고 있었다.

쇠똥 속에 짚을 넣은 뒤 동그랗게 굴려 반죽한 다음 그걸 벽에 던져서 붙이거나 납작하게 눌러 양지 바른 곳에 늘어놓고서 지글지글 끓는 햇살에 말리면 불땀 센 고하라가 된다.

고하라도 사투리가 심하다. 동네마다 또 지방마다 생김새가 다르다. 네팔에서 인도로 내려갈수록 덩치가 커지는데 역시 대국에 사는 소가 똥도 굵고 길게 누는가 보다. 인도의 햇빛처럼 강렬하게 생겼다. 네팔 고하라는 모두 둥글었다. 보름 달빛처럼 은은한 모습이다. 인도로 내려갈수록 이 쇠똥 보름달은 저물어가더니 힐사에 이르러 아예 반달이 되고 말았다. 힐사의 고하라는 한가위에 빚은 송편 같다.

햇살이 여린 네팔에서는 말리기 좋게 빚고, 모든 걸 태워버릴 듯 햇살이 이글거리는 이곳에서는 말리기보다 쌓기에 좋도록 빚는다. 네팔에서는 낟가리 쌓듯 그냥 포갰고 여기서는 돌탑을 쌓듯 정교하게 쌓아올린다.

이곳 고하라 무더기는 땅의 기운을 하늘로 올리고 하늘 기운을 땅으로 끌어내리는 탑이었다. 그 탑들이 옹기종기 모여 선 인도 농촌 풍경이야말로 더없이 불교적이었다. 최초의 불탑이 세워지기 전에도 고하라 탑이 여기 서 있었을 것이다. 불탑은 이 고하라에 빚진 게 많았으리라.

여기서는 젖 잘 나오고 보습 잘 끄는 소보다도 똥 잘 누는 소가 더 대접받을지도 모른다. 우유나 쟁기질은 다른 걸로 때울 수 있지만 우기만큼은 다른 어떤 것도 이 쇠똥 땔감 노릇을 대신해줄 수 없을 테니 말이다.

이곳 사람들은 지나치다 싶을 정도로 모든 먹을거리를 기름에 지지고 볶고 튀긴다. 편집증이 느껴질 정도다. 쉬 변질되고 썩게 되는 환경이 터득케 한 생활의 지혜다.

우기에는 우유조차 그냥 마시기 어렵다. 차를 곁들여 끓여서 마셔야 한다. 그러니 우기가 오기 전에 고하라 스투파 쌓는 일은 불자가 사찰에 탑을 쌓는 공양에 다름없게 된다.

네팔과 인도의 소녀와 아낙네들이 쇠똥구리가 되어 쇠똥을 맨발 맨손으로 굴리는 걸 볼 때마다 소까지 신으로 떠받드는 이들의 따뜻한 가슴이 느껴졌다. 소는 우유를 주고 보습을 끌어준다. 안심을 주고 등심을 주고 제비추리를 주고 사태를 주고 차돌박이를 주고 꼬리를 주고 곱창, 대창, 막창을 주고 또 우족을 준다. 가죽까지 줘서 북치고 장구 치게 한다. 쓸개를 떼어내 우황청심환을 만들게 한다. 거기다가 똥까지 주는 것이다.

"타고 남은 재가 다시 기름이 됩니다."

한용운의 시구를 따라 쇠똥은 기름처럼 제 몸을 불살라 사람도 똥을 만들 수 있게 해준다. 그렇게 해서 인도 사람들은 소의 똥이 신들의 똥을 만든다는 것을 밥 먹으며 깨치는 쇠똥철학자가 되는 것이다.

라살푸르의 니킬 파르사티의 집 마당에는 진안 마이산의 돌탑 같은 고하라 스투파가 네 기나 서 있었다. 그 아름다운 탑 모양에 이끌려 그 집에 하루를 묵게 되었다. 키가 나보다 한 뼘이나 더 큰 파르사티는 굵직한 뿔테 안경 때문인지 아주 학구적인 느낌을 주는 고등학교 졸업반 남학생이었다.

그날 저녁 파르사티의 어머니가 직접 구워준 짜파티는 유난히 구수했다. 젖 냄새가 밴 고소한 맛이 황소 걸음마냥 묵직했다.

"우유에다 반죽해서 만든 건가요?"

"예민하시네요. 하지만 아닙니다. 물 반죽만 했어요. 이 짜파티의 우유 향은 이걸 구운 불땀에서 배인 겁니다. 고하라로 구웠거든요."

신기한 일이었다. 파르사티 어머니의 설명을 듣고 나니 그 화근내 속의 젖내가 더 짙어졌다. 어떻게 소는 똥에다가도 새끼를 제 몸보다 더 사랑하는 모성을 담아낼 수 있을까! 이보다 더한 보살행이 어디 있을까!

이튿날 아침 천막 앞으로 지난번 로이처럼 파르사티와 그 친구들이 물통을 하나씩 받아 들고 몰려왔다. 한 번 당하지 두 번 당할 내가 아니다. 파르사티의 물통을 받아 들었더니 그는 내가 볼일 볼 장소를 가리켜주었다. 그곳은 꽤 멀리 떨어진 녹두밭이었다. 들판 여기저기 볼일 보러 가거나 볼일 보고 오는 사람들이 들짐승처럼 어슬렁거리고 있었다. 나도 그런 들짐승이 되어야 한다.

"아니, 왜 그렇게 먼 곳까지 가야 해. 요 앞 밀밭도 비어 있구먼."

"저 밀밭은 우리 것이 아니거든요. 조금 멀지만 저쪽 녹두밭까지 가서 뒤를 봐주세요. 어머니께서 부탁하셨거든요."

그런 것이었다.

지금까지 나는 이들의 볼일에 대해 잘못 알고 있었다. 그들은 뽕도 따고 님도 보러 꽉 막힌 화장실이 아니라 들판으로 나가는 것이다. 뒤를 봐서 고하라처럼 마르면 퇴비로 쓴다. 그래서 그 귀한 뒤를 될수록 자기 논밭에다 모셔두게 된다. 인도 땅에 화장실이 드문 진짜 이유가 여기 있었다. 만들 필요가 없었던 것이다. 화장실에 모아두어서는 좋은 퇴비를 만들 수 없다. 잠깐 햇살이 비치는 사이 인분 고하라로 만들어버리는 들판에다 제사상에 제물 올리듯 그 일심의 뒷것을 정성 들여 모셔놓을 만했다. 그들은 아침마다 그런 제의를 올리려고 들판으로 멀리 나가는 것이다. 이 모든 지혜를 소에게서 배웠다 한다. 쇠똥에도 배울 게 많다며 파르사티는 쑥스러운 듯 뒤통수를 긁었다.

신기한 일이었다.

파르사티 어머니의 설명을 듣고 나니

그 화근내 속의 젖내가 더 짙어졌다.

어떻게 소는 똥에다가도

새끼를 제 몸보다 더 사랑하는 모성을 담아낼 수 있을까!

미치도록 사랑하고 싶을 때

오늘은 너무 덥다.

다들 지쳐간다. 발걸음이 자꾸 무거워진다. 빔과 빌도 의욕을 잃어가고 수레 칸타카도 이제 많이 늙었다. 오늘 오전에만 두 번이나 주저앉았다. 시원찮게 만든 바퀴살이 자꾸만 애를 먹인다. 수리하느라 시간만 헛되이 흘려보낸다. 오늘 안으로 날란다에 닿고자 했지만 하루를 더 미뤄야 한다.

라즈와르에서 하루를 묵었다. 짓다 만 학교 교사가 언덕 아래에 폐허처럼 서 있었다. 언덕 위로 보름달이 떴다. 오늘이 정월 대보름인가 보다.

날란다 가는 길에 밀밭과 숲이 다시 바다로 넘실댔다. 지평선으로도 마감되지 않은 그 평원은 거대한 책자를 펼쳐놓은 것 같았다. 그 책자에 농부들은 밀이며 감자며 옥수수 따위의 글씨를 써놓았다. 하루하루 걷는 사이, 들판은 책장을 한 장씩 넘겼다. 어제 읽은

밀밭은 오늘 읽은 유채밭에게 책장을 넘겼다.

파르왈푸르에서 날란다로 들어가는 길목에는 유채꽃이 샛노란 책장을 펼쳐놓았다.

그 노란 길에서 한 소년을 만났다. 유채꽃 꽃가지를 꺾은 꽃다발을 들고 있었다. 그 꽃다발을 건네며 그가 난데없이 물었다.

"날란다가 무슨 뜻인지 아십니까?"

고개를 모로 젓자 그가 말을 이었다.

"꽃을 준다는 뜻입니다. 아름다운 말이죠. 날란다에 오신 걸 환영합니다. 그래서 이 꽃을 드리는 겁니다. 날란다!"

이런저런 얘기 끝에 내가 한국인이라는 걸 알게 된 그는 헤어지며 날란다 사람다운 작별 인사를 건넸다.

"날 잊지 마세요. 나는 평생 당신을 기억할 것입니다. 그리고 한국으로 돌아가거든 꼭 한 번만 이 번호로 전화해주십시오. 목소리만이라도 듣고 싶습니다."

그의 작별 인사는 오직 가슴으로만 해석되는 말 한마디로 요약되었다.

"이것이 사랑이다."

이제는 옛일이 되었겠지만 누구에게든 미치도록 사랑하고 싶을 때가 있기 마련이다. 그 사랑의 순간은 나팔꽃보다 짧게 머물다 갔으리라.

하지만 부처가 보낸 문수동자가 아닐까 싶은 소년이 내던진 그런 꽃말을 듣게 되면 그 봄날은 시간을 역류하여 다시 한 번 찾아온다. 그럴 때 우리는 사랑에 들떠 외치게 된다.

"같은 갠지스 강물에 두 번 몸을 담글 수도 있다."

날란다는 우리나라 시골의 면소재지 같았다. 날란다대학 유허지 일대에만 관광객을 상대하는 기념품 가게들과 음료수 가게, 식당 몇 개가 있을 뿐 숙박업소는 찾을 수 없었다. 그래서 날란다대학 유허지에서 오 리쯤 라즈기르로 빠진 곳에 자리 잡은 중국 사찰에 짐을 풀었다.

이튿날인 이월의 마지막 날 다녀온 날란다대학 터의 위용은 정말 대단했다. 그간 아쇼카 석주 하나와 기단만 남은 스투파들이 초라하게 서 있는 불교 성지를 둘러보는 동안 뭔가 아쉬웠던 순례자라면 여기선 한껏 가슴을 펼 만했다.

날란다대학은 기원 후 2세기에서 3세기 전후 창건돼 5세기경 굽타 왕조에서 지금 규모로 증축되었다가 이슬람의 침공으로 완전한 폐허가 되었다. 20세기 초에 발굴되어 지금 햇빛을 보고 있는 유적지만 해도 가로 십일 킬로미터에 세로 오 킬로미터 규모다. 여태 흙 속에 묻혀 있는 유적은 발굴된 것의 열 배도 넘을 것이라고 한다.

한때 이곳에서 오만 명이 넘는 승도가 재학했다. 기원후 630년경 날란다대학에서 수학한 당나라 현장은 이곳의 학생 수가 만여 명에 이르고, 교수가 이천 명에 달한다고 《대당서역기》에 기록했다.

규모가 그 정도였으니 여기서 불교만 가르쳤을 리 없다. 힌두교와 철학, 수학과 천문학까지 가르친 세계 최대 규모의 종합대학이었다.

9세기경 신라의 혜초가 그 먼 실크로드를 걸어 인도로 온 까닭은 여기서 수학하려는 데 있었다. 혜초 외에도 신라의 고승 혜업과 현각 등이 유학한 곳이기도 하다.

불교의 해외 전도는 날란다에서 비롯되었다는 말이 생겨났을 만큼 세계 최대의 대학이라는 이름에 걸맞은 불교 교육의 대요람이었다. 하지만 12세기 무슬림의 침공으로 철저하게 유린되고 만다.

반 년 가까이 불길이 타올랐고 수천 수만 승도들 중에 몇몇 사람만 살아남았다. 그리고 날란다는 1861년 영국 고고학자 커밍햄의 손에 발굴되기 전까지 역사 속으로 종적을 감춰버렸다.

발굴된 열한 개의 승원 터와 열네 개 사원 터에는 대학 내부 통로와 강의실, 창고, 서고, 주방 등이 격자 꼴의 미로를 이루며 끝없이 펼쳐져 있다.

대학 터 너머로 고개를 드는 근본향전은 그런대로 옛 모습을 지키고 있었다. 부처가 석 달 동안 머물며 법을 설한 자리에 세워진 기념탑이다.

당시 불교 미술이 얼마나 섬세하고 화려했는가를 엿보게 해주는 불상들이 탑신 네 면에 돋을새김되어 있다. 스투파의 오른쪽 모서리로 계단이 나 있는데 위쪽의 건축물이 해체되어 계단은 꼭대기 허공에서 끝난다. 꼭 하늘로 올라가는 계단 같았다. 문득 그 계단을 걸어 올라가고 싶은 충동이 일었다. 계단 끄트머리에 누군가 머리카락 꼭꼭 감추고 숨어 있을 것만 같았다.

막 계단으로 걸음을 옮기는데 뒤에서 부르는 소리가 났다. 경찰 복장의 유적 경비원이다. 카이저수염으로 잔뜩 멋을 부린 배불뚝이 경찰이었다.

"거긴 출입금지예요. 내려와서 이 꽃이나 받으시오. 날란다!"

그는 근본향전을 에워싼 심발푸르 나무가 떨어뜨린 빨간 인도 동백꽃 한 송이를 보리수 잎에 얹어 내게 건넸다.

내가 찾으려 했던 사람의 모가지가 그 보리수 잎 뒤로 떨어져 피를 토하고 있었다.

    떨어져서 오히려 아름다운 꽃이
    동백꽃 말고 어디 있나요
    땅에 사랑을 꽃 피우기 위해
    활짝 핀 채 떨어지는 꽃이
    동백꽃 말고 어디 있나요
    방금 떨어진 꽃이 아니라
    동백나무 잎사귀 귓가마다 그대가 꽂아주려
    먼 남쪽 나라에서 따온 꽃이
    동백꽃 말고 그 어디 있나요
    아직 이빨 깨물고 어깨 움츠린 겨울바다에게
    봄소식 전하려고
    바다 절벽을 내리 뛰어내린 꽃이
    동백꽃 말고 또 어디 있나요
    그대 그리운 사랑 때문에
    오늘 내가 죽는다면
    동백꽃처럼 아름답게 떨어지고 싶은 꽃이
    동백꽃 말고 또 어디 있던가요

수난의 역사를 거쳐왔기 때문일까? 케사리아, 데비다하, 바이샬리, 파트나 그리고 이 근본향전에서 본 그 많은 불상들은 하나같이 모가지를 떨어뜨리고 있었다. 그 불상은 그가 내민 보리수 잎에 싸인 핏빛 머리로 내게 사랑을 노래해줬다. 이제 그 노랫소리를 알아들을 수 있을 만큼 나는 '그'에게 가까이 다가가 있었다.

날란다의 사랑은 그렇게 시작되었다.

여기로 걸어오는 들길에서 소년이 건넨 유채 꽃다발과 날란다 대학의 카이저수염 아저씨가 건네준 인도 동백꽃의 모습으로 인도의 사랑이 그 불타는 가슴을 열어젖힌 것이다.

모든 인도 사람의 가슴에 사랑의 불길을 당기는 홀리 축제가 그날로 시작되었다.

간디가 정의한 대로 인도야말로 거대한 모순 덩어리다. 쌓이면 끝내 터지게 되는 모순이다. 하지만 인도의 모순은 한 번도 터지지 않았다. 그 까닭은 축제에 있다. 아주 오랜 세월 저편부터 인도에서는 축제 없이는 하루도 해가 떠오르지 않았다. 어디서건 매일 축제가 열렸다. 그 축제의 힘이 매번 모순이라는 폭발물의 뇌관을 제거해버렸다.

축제의 나라 인도에서도 홀리 축제는 가장 격렬한 축제로 손꼽힌다. 매년 이월 말에서 삼월 초 사이 사나흘 동안 인도인들은 '색'이라는 뜻의 홀리 축제를 맞아 미칠 듯 사랑했던 젊은 날의 철없는 시절로 되돌아간다.

이 축제는 젊은 시절 목동 처녀들인 고삐들과 집단으로 사랑을 나눈 힌두교 크리슈나 신의 신화가 만들어냈다.

그들의 광적인 에로티시즘은 빨갛고 파랗고 노란 빛깔의 물장난으로 시작된다. 살이 녹고 뼈가 타는 사랑의 밤을 보내고 새날을 맞으면 온갖 빛깔의 물감과 꽃잎, 꽃가루 따위를 서로의 몸에 뿌리고 칠하고 바르는 장난을 쳤다.

바디 페인팅이나 잭슨 폴록이 보여준 액션 페인팅의 원형이 여기 있다. 그 색에는 에로티시즘의 극치가 어우러진다.

내가 쏟아붓고 뿌리고 칠하고 내던지는 색에 그대는 붉고 푸르고 노란 꽃으로 태어난다. 미친 듯이 서로의 몸을 갈구하며 사랑을 나누는 에로티시즘의 절정으로 물장난은 고양된다.

홀리 축제에서는 누구건 만나는 사람에게 물감 든 풍선을 터뜨리고 붉고 푸른 물이 든 물총을 쏘고 뿌린다. 상대가 그렇게 알록달록해지면 그들은 집단적인 오르가즘에 오른다. 이즈음 인도 전역은 미친 듯한 사랑의 열기에 휩싸인다. 거의 폭동 수준의 광기에 온 인도 땅이 몸서리치게 된다. 그 광기가 여기저기서 목숨을 앗아가기도 한다. 그래도 개의치 않는다. 미칠 듯이 사랑하다 보면 그만한 대가를 치를 각오를 해야 되지 않겠느냐는 태도다.

사랑의 꽃을 주고받는 날란다에서 사랑의 축제를 맞았지만 그 미칠 듯한 사랑의 열기와 한몸으로 어울리지 못했다. 우리가 묵었던 중국 사찰의 주지가 절 바깥으로는 한 발짝도 나가서는 안 된다고 단단히 일렀기 때문이다.

"축제가 끝날 때까지 절대 길거리로 나가서는 안 됩니다. 정말 위험합니다. 어린애들이나 아낙네들은 괜찮지만 사내들은 위험천만해집니다. 많은 사내들이 약물과 술에 취하게 되거든요. 눈에 뵈는 게 없게 되는 거죠. 경찰도 손을 못 씁니다. 모든 사람들이 그런 광인이 되어버리니까요. 개중에는 물총이 아니라 사제 총을 들고 나와서 분위기를 띄운답시고 공포탄을 쏘아대는 미치광이도 있습니다. 그런 자들이 약물에라도 취하게 되면 그 총부리를 당신네들 같은 외국인들에게 가장 먼저 들이대겠죠. 이 축제는 내일모레까지 이어집니다. 그때까지 우리 절 안에 피해 있다가 축제가 끝나면 라즈기르로 출발하시기 바랍니다."

그 바람에 우리는 전 인도가 사랑에 들뜨는 바로 그날부터 중국 사찰에 갇혀 지내야 했다.

인도인들의 사랑은 정말 화끈했다. 어린애나 늙은이나 남자 여자 가리지 않고 얼굴과 온몸과 온 옷가지를 다른 사람이 쏘아준 사랑의 물로 알록달록하게 물들이고는 또 다른 사랑을 찾아 온갖 기성을 내지르며 사찰 앞을 지나갔다. 모두가 정신 나간 미치광이들 같았다.

묘한 일이었다!

그 미친 환호성이 내 온몸의 세포를 벌떡벌떡 일으켜 세우는 게 아닌가. 세포들은 낱낱이 숨넘어갈 듯한 사랑의 감창소리를 내질렀다. 나만 그런 게 아니었다. 그 소리를 듣고 있는 날란다라는 마을 자체가 사랑에 들떠 온몸을 마구 뒤척이는 것만 같았다.

그들의 광기는 바로 내게로 전염되었다. 아니다. 그들의 광기는 내 속에 그들 못지않은 광기가 숨어 있었다는 걸 일깨워주었다.

내게도 미치도록 사랑하고 싶었을 때가 있었지. 그 봄날은 산벚꽃처럼 짧게 머물다 동백꽃처럼 제 모가지 뚝 분질러 세월 저편으로 떨어졌다. 그 미친 사랑의 꽃이 이 날란다에서 지금 다시 피어나고 있었다.

나는 사찰의 주지인 바바의 손길을 뿌리쳤다. 그리고 철문을 열고 길거리로 뛰쳐나갔다.

라즈기르로 빠지는 삼거리 광장에 날란다 사람들이 다 모인 것 같았다. 언제부터 그들은 사랑을 나눴을까? 한 사람도 빠짐없이 사랑의 물을 뒤집어쓰고서 알록달록한 꽃으로 피어나 정신이 나간 듯 몸을 흔들며 감창소리를 내뱉고 있었다.

삼사백 미터 떨어진 내 얼굴까지 그 사랑의 열기에 후끈 달아올랐다. 나는 자제력 따위의 모든 분별심을 허공으로 내던지며 삼거리쪽으로 몸을 던졌다.

얼마 달려가지 않아 그쪽에서도 나를 맞으러 여러 명이 달려왔다. 거의 대부분 눈이 밝은 어린애들이었다. 아이들은 나를 에워쌌다. 그리고 남아 있는 사랑의 정을 내게 아낌없이 쏟아부었다. 물감과 꽃잎과 꽃가루 세례를 듬뿍 받은 나는 전율하며 까무러쳤다. 겨우 정신을 가다듬고보니 어느새 나는 한 송이 동백꽃이 되어 그 길바닥에 떨어져 있었다.

솔직해지자!

그 순간 내 죽음도 이러했으면 하는 바람이 들었다. 이렇게 죽어도 좋겠다는 생각이 불쑥 솟아났다.

병석에서 나날이 말라가고 시들어가던 아버님의 마지막 모습은 죽음을 생각하게 만들었다. 병석에서 삶을 마감하고 싶지 않았다. 죽을 날이 가까워졌다고 느껴지면 다시 돌아올 수 없는 히말라야 산속으로 걸어 들어가야겠다고 다짐했었다. 그 만년설 얼음 틈바구니 속에 내 죽음을 냉장시키려 했었다.

그 차가운 죽음에 대한 상상을 나는 인도 홀리 축제의 뜨거운 죽음으로 바꿔치기하고 있었다.

때가 오면 히말라야로 갈 게 아니라 이 축제날 이곳에서 미친 사랑을 다시 한 번 끌어안은 뒤 세상과 작별 인사를 나누리라.

그 뜨거운 죽음을 그리워하며 눈을 감았다. 헤타우다 쇼윈도 속의 내가 날란다로 와 있는 내게 말했다.

"그때까지 기다릴 게 뭐 있어! 지금도 좋잖아. 사랑을 으스러지게 껴안아줄 힘은 아직 남아 있을 테니 말이야. 죽음이란 게 별거야? 너는 지금 숨바꼭질하고 있잖아. 술래가 되어 눈 감고 무궁화꽃이 피었습니다. 무궁화꽃이 피었습니다 하는 게 바로 죽음 아니냐고. 그래서 술래가 숨은 동무를 찾으면 너 죽었다고 말하는 거고."

나는 고개를 끄덕였다.

"그러면 저 광장으로 어서 가. 너는 조무래기 애들과 이제야 전희를 끝낸 거야. 저기 진짜 사랑을 나눌 어른들이 수두룩하잖아. 오백 명도 넘겠다. 저들이 바로 목동 사티들이야. 거기 가면 넌 크리슈나 신이 된다고."

눈을 떴다.

광장 쪽으로 몸을 돌려 뛰어가려고 했을 때였다. 바바가 나타났다. 그는 사미승 네 명을 데리고 왔다. 나를 그 광기 속에서 빼내려고 뒤따라온 모양이었다.

"박 선생! 어찌 그토록 철이 없소. 내 집 손님이 길거리로 나가

봉변당하는 걸 그냥 두고 볼 수는 없소. 어서 여길 피합시다. 저기서 벌써 장정들이 당신을 노리고 달려오고 있지 않소."

정말이었다. 삼사십 명의 사내들이 저마다 사랑의 무기들을 들고서 와 하는 고함을 지르며 우리 쪽으로 달려오고 있었다.

바바가 데리고 온 승려들은 다들 소림사에서 수련한 적이 있는지 수도승이라기보다는 무술의 고수 같았다. 두 사람이 내 양쪽 팔짱을 끼고 날아가듯 절 안으로 데려와버렸다.

폭죽소리와 수백 명이 한꺼번에 내지르는 절규와 비명은 밤새 끊이지 않았다.

꽃물 든 옷은 버렸다. 아무리 빨아도 꽃물은 지워지지 않았다. 질 나쁜 화학염료로 만든 물감인가 보다. 얼굴과 팔을 물들인 물감도 쉬 지워지지 않았다. 비누칠 해가며 씻어봤지만 그 울긋불긋한 얼룩은 가시지 않았다.

그 얼룩처럼 흥분도 좀처럼 가시지 않았다. 새벽녘에야 설핏 눈을 붙일 수 있었다.

어느새 먼동이 텄다. 방 안이 훤하다. 늦잠을 잔 모양이다. 누군가 방문을 두드렸다. 쿠살라는 이름의 사미승이다. 그는 중국인이 아니라 인도 태생의 미얀마 사람이었다. 바바와 각별한 인연을 맺은 친구였다. 아버지가 이 절 창건 때 토목공사를 맡았다 한다. 그 인연으로 이 절에서 불목하니 노릇을 하고 있었다. 그는 영어와 중국어를 곧잘 했는데 놀랍게도 한국말까지 아주 잘했다.

쿠살라는 한국 영화팬이었다. 어떤 영화를 봤냐니까 지난 몇 년 사이에 제작된 영화 수십 편의 제목을 우리말로 줄줄이 꿴다. 남 못지않게 영화 좋아하는 나로서도 제목만 들어본 영화도 있다. 그는 한국 여자를 사귀고 있었던 것이다. 그녀가 영화 CD를 꾸준히 보내준 모양이었다.

그녀는 내 고향인 청도 사람이었다. 내가 그녀와 동향 출신인 걸 알게 되자 별난 걸 물어왔다. 다짜고짜 여동생이 몇이냐 했다. 세 여동생의 큰오빠여서 그대로 얘기해줬다. 그러자 그는 '맞아' 하더니 느닷없이 막내 여동생 이름을 물었다. 그 이름을 듣고서 '아닌데' 하고는 가운데 동생의 이름을 물었다. 다시 '그 이름도 아닌데' 하더니 큰 여동생 이름을 물었을 때야 눈치를 챘다. 그는 혹시 내가 제 여자 친구의 오빠가 아닐까 하고 이것저것 물어본 것이었다.

어이가 없었다.

뭣보다 이 친구는 내 나이를 한참 잘못 짚었다. 반쪽 연탄으로 새카맣게 늙은 사람을 너무 젊게 본 것이다.

"여자 친구 나이가 몇인데 그래? 모르긴 해도 내 여동생들은 그녀보다 한참 윗걸."

흙냄새 풀풀 풍기는 감자처럼 동글동글하고 풋풋한 그가 눈을 동그랗게 뜨고 고개를 내저었다.

"무슨 소리예요. 제 여친도 나이가 많단 말이에요. 저보다 오 년이나 연상인걸요."

"그럼 넌 몇 살이냐?"

"저도 보기보담 나이를 먹었어요. 내년이면 벌써 스무 살이거든요."

웃기는 짜장이었다.

쿠살라는 이제 열아홉 살이었다. 그러니까 다섯 해 연상이라는 여자 친구는 내 막내 여동생보다도 스무 살 넘게 어린 스물네 살이었고.

피식 웃음이 터졌다.

"그런데 어떻게 네 여자 친구가 내 여동생일 거라는 생각이 든 거냐? 청도 여자들이라고 해서 모두 내 여동생일 리 없잖아. 청도읍만 해도 인구가 수만 명이라고."

"그건 나도 알죠. 그것 때문이 아니라 그녀가 형님과 너무도 닮았기 때문이에요. 말투도 그렇고."

그는 나를 아예 처남 대하듯 형님으로 불렀다.

"같은 한국 사람인데 당연히 닮아 보일 수 있지. 동향 사람이니 억양도 같을 테고. 그래 고작 그걸로……"

그가 내 말을 끊었다.

"그뿐만 아닙니다. 실은 누나를 사 년 전에 처음에 만난 데가 여깁니다. 그런데 누나가 여기 나타난 날짜가 형님이 오신 그제와 같은 이월 이십팔일입니다. 그리고 또 그 다음 날 삼월 초하루 아침에 형님처럼 바바의 손길을 뿌리치고 홀리 축제장으로 달려 나갔어요. 모든 게 너무나 닮았잖아요. 그래서 형님이 저와 전생에서부터 각별한 인연을 맺었나 보다 하고 여동생 얘길 꺼낸 거죠. 더구나 그녀는 오빠가 있는데 그 오빠 자랑을 엄청 했거든요. 참! 나중에 누나가 편지로 알려준 게 있습니다. 그때 여기서 지금도 아우성치는 저 열기 속으로 달려가며 삼월 일일에 아우네 장터로 달려가는 유관순이 된 기분이 들었다지 뭡니까."

난데없이 튀어나온 유관순이라는 이름은 그 순간의 나를 한없이 난데없게 만들었다.

내게 어제는 홀리 축제의 피크인 삼월 일일이었을 뿐이다. 하지만 쿠살라의 그 한국인 여자 친구에게는 여기서도 삼일절의 삼월 일일이었다.

내게 저 아우성은 관능의 쾌락에 빠진 자들이 내뱉는 감창소리였다. 하지만 그녀는 저 아우성을 아우네 장터에서 일본의 총칼에 맞서 '대한독립만세'를 외치던 그 배달겨레의 함성으로 들은 것이다.

"그러면 그때도 바바가 쫓아가서 데리고 온 거냐? 나처럼."

"그럼요. 바바와 함께 다들 뛰쳐나갔죠. 저 혼자 그녀를 번쩍 들어 안고서 도망쳐온걸요. 그래서 친해지게 되었죠."

"근데 왜 어제 넌 날 구하러 나오지 않았지?"

"에이 형님도 참! 형님은 남자잖아요."

점점 더 웃기는 짜장이다.

이제 짜장은 나를 들었다 놨다 한다.

"…… 그렇지. 나는 남자지. 하지만 지금 얘길 듣고 보니 그녀보다도 한참이나 모자란 남자로구나. 쿠살라. 오늘 너한테 많이 배운다. 어쩐 일인지 나도 네 여자 친구처럼 저들을 좀 더 높고 큰 감정에서 사랑하고 싶어졌다네. 날 도와줄 수 있을까?"

"무슨 얘긴지는 잘 모르겠습니다. 그런데 바바가 날더러 형님을 깨워 오라면서 그 비슷한 얘길 한 것 같아요. 바바가 마당에서 기다리고 있어요. 어서 가보세요."

바바는 대웅전 앞마당에 큰 비치파라솔을 펴놓고 편안하게 앉아 있었다. 파라솔 테이블 위 큼직한 대바구니에 뻥튀기 과자가 잔뜩 담겨 있었다.

절 대문 쪽으로 앉아 있던 바바는 나를 옆자리에 앉혔다. 그리고 쿠살라를 시켜 네 마리 셰퍼드 경비견을 개장에 몰아넣어 가둬놓았다. 그러고는 대문 곁에 붙은 쪽문을 열게 했다.

그러자 그 쪽문 높이를 제 키에 맞추기라도 한 듯, 허리 굽히지 않고 쪽문으로 드나들기 안성맞춤으로 자란 아이들이 하나둘씩 들어왔다.

얼굴과 옷은 어제처럼 알록달록했지만 어제의 흥분은 말끔히 가셔 있었다. 모두 열 살 아래쪽 어린애들이었다. 녀석들은 가루 물감, 꽃가루, 그리고 꽃잎이 든 비닐 봉투를 하나씩 들고 있었다.

쿠살라는 녀석들을 교통정리했다. 줄을 세운 뒤 차례대로 바바 앞으로 걸어가게 했다. 맨 앞의 녀석부터 바바에게로 가서 무릎을 꿇었다. 그리고 비닐 봉투에 든 붉고 푸른 가루를 한줌 꺼내 바바의 맨발등 위에 올려놓았다. 그리고 그 발등에 손을 한 번 찍고는 조막손을 자기 이마로 가져가며 무슨 소리인지 알아들을 수는 없었지마 신의 은총을 비는 듯한 기도문을 짧게 암송했다. 그리고 일어서면 바바는 뻥튀기 하나씩을 그 고사리 손에 얹어주며 뭔가를 축원해줬다.

녀석들은 곁에 앉은 나에게로 와서 똑같은 짓을 되풀이했다.

나도 맨발이 되었다.

내 맨발의 발등에 꽃가루만 같은 그 보드라운 가루들이 자꾸만 쌓여갔다. 맨 앞선 아이 뒤를 따라 줄지어 선 아이들이 차례차례로 그런 의식을 치른 뒤 바바가 주는 뻥튀기 과자를 들고서 쪽문으로 나갔다. 같은 아이가 뻥튀기 과자를 한 번 더 맛보려고 다시 온게 아닌가 하는 짐작이 들 정도로 꽃가루 든 아이들의 줄은 길게 이어졌다.

카필라바스투를 떠나 칠백 킬로미터 가까이 걸어온 내 발 위에 꽃들이 피어났다. 내 발등 위로 봄이 쏟아진 느낌이었다. 발등이 저 홀로 회춘하고 있었다.

홀리의 '색'은 관능의 색이 동시에 봄의 색이다. 겨울을 보내고 봄을 맞아 다른 사람의 옷과 몸에 울긋불긋한 색물을 뿌려 그에게 봄을 주고, 봄을 느끼게 하고, 또 봄을 나누자는 축제였다.

발등에 핀 붉고 파랗고 노란 꽃에서 싸구려 분 냄새가 풍겨났다. 힌두 사원이나 보리수 밑동에 칠해져 있던 색감의 꽃가루다. 오랫동안 나는 조화와는 아주 담 쌓은 듯한 이 색깔들의 조합에 넌덜머리를 내왔다. 어릴 때 절 처마나 꽃상여의 단청을 처음 봤을 때처럼 으스스했었다. 이상하게도 그 단청처럼 이 힌두 사원의 신상이나 보리수 밑동에 칠해진 그 색은 이승이 아니라 저승의 색으로 보였다.

하지만 이제 달라졌다.

그 색감들이 아름다워지기 시작한 것이다.

그 꽃들은 한없이 부드러운 손길로 내 발등을 감쌌다. 세포 하나하나가 그 꽃가루 한 톨 한 톨을 반겨서 껴안는 듯했다.

어디선가 느껴본 감촉이었다.

언제 어디서 이런 기분을 느껴보았을까?

다시 환청이 들렸다.

맞다!

그 시절이었다.

동무들과 동네 냇가에서 끼니때마저 잊고 물장구치다가 새파래진 입술로 물에서 뛰쳐나왔지. 그리고 모래사장으로 몸을 던졌지. 모래사장에 발목을 쑤셔넣고 정강이와 허벅지 위에 두 손으로 만든 모래시계에서 흘러내리는 모래를 뿌려주었지. 햇살에 달구어진 그 모래가 물기를 빨아먹으며 엄마처럼 온몸을 따스하고 부드러운 손길로 쓰다듬어주었지. 그 시절에 너희들과 그 강변 그 언덕 그 무덤가 그 절 마당에서 숨바꼭질도 했을 거야. 너희가 내 봄을 되찾게 해줘서 그 숨바꼭질을 지금 여기서 다시 하게 된 거겠지. 그때도 그랬지만 나는 걸핏하면 너희들 눈에 띄어 죽고 마는 술래가 되어 있다네. 그래서 내가 지금 축원해줄 수 있는 건 이 말뿐이네. 내 이 가난한 축원을 받아주게나.

무궁화꽃이 피었습니다, 무궁화꽃이 피었습니다…… 머리카락 보일라, 꼭꼭 숨어라.

아버지와 아들

　라즈기르는 날란다에서 남서쪽으로 십삼 킬로미터밖에 떨어져 있지 않다. 마가다국의 수도였던 라즈기르는 우리나라의 경주 같은 곳이다. 많은 순례자와 관광객들로 북적인다. 그런 라즈기르가 지척이니 날란다에는 번듯한 숙박업소 하나 들어서지 못했다. 날란다는 라즈기르로 가는 길에 잠시 스쳐 지나가는 이웃 동네에 지나지 않는 것이다. 이웃 동네인 만큼 날라다에서 라즈기르는 반나절이면 걸어갈 수 있었다.
　3월 4일, 날란다를 벗어나자마자 산이 눈에 띈다. 라즈기르의 구왕사성을 빙 두르고 있는 다섯 산봉우리들, 바로 오대산이다. 월정사가 있는 강원도 오대산의 유래가 된 산이다.
　마지막 가는 길에 부처가 가장 그리워한 곳은 사실 바이샬리가 아니라 이 라즈기르였다. 차팔라 언덕에 올라 열반을 선언하며 부처는 바이샬리에 대한 사랑을 털어놓았다. 하지만 뒤이어 부처는 라즈기르에 대한 그리움을 쏟아낸다.

라즈기르는 아름다웠다.
영취산은 아름다웠다.
고타마의 니그로다 숲은 아름다웠다.
도둑의 절벽은 아름다웠다.
바이바라 산기슭의 칠엽굴은 아름다웠다.
죽림정사의 다람쥐 사육장은 아름다웠다.
지바카의 망고 숲은 아름다웠다······.

이처럼 부처가 다시 보고 싶어 하고 그리워한 곳은 보드가야나 사르나트나 스물다섯 번 가까이 하안거를 보낸 쉬라바스티의 기원정사나 룸비니나 카필라바스투도 아닌 라즈기르였다.

"모든 것은 인연 따라 일어나고 또 인연 따라 소멸한다."

라즈기르 영취산에서 설한 이 연기법을 따라 부처가 라즈기르에서 맨 먼저 만난 사람은 앞서 언급했던 빔비사라 왕이다. 빔비사라 왕은 내가 '부처의 길'에서 만난 사람들 중에 가장 다중적인 인격을 갖고 있었다.

절세미인들을 왕비로 거느렸음에도 공창을 만들고 그 공창의 으뜸가는 창부들과 드러내놓고 성희를 즐기는가 하면 그 사이에 아들까지 두었던 이 호색한의 인생은 역설적이게도 몹시 비극적이다. 소포클레스가 쓴 희곡 《오이디푸스》의 주인공조차 그만큼 피눈물을 쏟았을 것 같지 않다.

오이디푸스와 달리 빔비사라 왕은 우리와 다름없는 피와 살을 가진 실존 인물이었다. 그래서 그의 비극은 내 살이 저며지고 거기서 피가 쏟아지는 아픔을 느끼게 한다.

빔비사라는 기원전 545년 열여섯 살 나이로 부왕 밧디아의 뒤를 이어 왕위에 올랐다.

부처를 만나 나라의 반을 주려 하기 전에 부처의 용모에 반한 나머지 공주를 줄 테니 나라를 함께 다스리자는 제안을 했다는 설은 아무래도 신빙성이 없다. 그때 왕은 나이 스물넷인 청년이었다. 그의 여러 왕자들과 공주들은 기껏해야 서너 살 난 젖먹이들이었다. 그 제안이 사실이라면 그의 호색한 기질로 볼 때 젖먹이 공주를 주겠다고 한 게 아니라 스물아홉 대장부 부처에게 자신이 만든 공창의 여왕벌이나 자신의 정부인 경국지색 암라팔리를 내놓으려 했을 것이다.

어쨌건 당시의 그는 아이를 여럿 둔 아버지였다. 그 아이들 가운데 생각만 해도 그의 가슴을 찢어놓는 아들이 하나 있었다.

첫 왕비 위데히가 낳은 아자타사투 태자다.

왕비는 결혼한 지 몇 년이 지나도록 후사를 보지 못했다. 초조해진 왕은 점쟁이를 찾았다. 야릇한 점괘가 나왔다. 산중에 수행 중인 어떤 도인이 태자의 전생이어서 그가 삼 년 뒤에 죽어야만 후사를 얻을 수 있다는 것이다.

그 삼 년은 왕이 기다리기에 몹시 긴 세월이었다. 일 년을 넘기지 못하고 자객을 보내 그 산중의 도인을 살해하고 만다. 도인은 숨을 거두기 전 자객에게 '왕은 틀림없이 이 과보를 받게 될 것이다. 왕에게 이 말을 꼭 전해 달라'고 말한다.

점술가의 예언대로 왕비는 곧 아이를 가졌다. 그 도인이 죽은 몸으로 왕비의 태에 들어간 것이다. 태자를 얻은 왕은 그 점쟁이를 다시 불러 관상을 보게 했다.

"얼굴에 원한이 서려 있어 부왕을 해칠 상이옵니다."

왕은 혼란스러웠다. 자객이 전한 말도 기억났다. 끝내 기저귀에 쌓인 태자를 높은 누각에서 떨어뜨려버렸다. 비극의 싹을 미리 잘라버리려 한 것이다. 하지만 태자는 손가락 하나만 부러졌을 뿐 말짱하게 살아나 울고 있었다.

그 울음소리가 왕의 가슴을 천 갈래 만 갈래 찢어놓았다. 자신의 잘못을 뼛속 깊이 뉘우쳤다. 그 뒤로 태자에게 극진한 사랑을 쏟게 되었다.

세월이 흘렀다.

첫눈에 반했던 싯다르타는 보드가야에서 깨우쳐 부처가 되어 자신과의 약속을 지켰다. 태자가 성인으로 자라났을 무렵 부처는 다시 라즈기르로 돌아와 그곳에 머물고 있었다.

그즈음에 빔비사라 왕은 부처의 가르침을 받아 불교에 귀의했다. 왕은 부처를 극진히 모셨다. 라즈기르의 그늘 좋은 대숲을 부처에게 기증했다. 그리하여 '죽림정사'라는 최초의 가람이 라즈기르에서 세상 빛을 본다.

부처가 영취산 꼭대기에서 명상에 들기를 즐긴다는 것을 알고 그 바위산을 쉽게 오를 수 있도록 길을 닦기도 했다. 영산회상을 찾는 순례자들이 걷게 되는 '빔비사라 왕의 길'이 바로 그 길이다.

그뿐만 아니라 빼어난 의술을 지녔던 지바카를 시켜 부처의 건강을 돌보게 한다. 부처의 주치의가 된 지바카는 왕이 젊은 시절에 만들었던 라즈기르 공창의 여왕벌인 살라와티가 낳은 사생아다. 도시를 빛내주는 미녀라는 뜻의 나가라소비의 효시인 그녀 또한 빔비사라의 옛 정부였던 까닭에 지바카가 왕의 자식이라는 설도 있다.

왕 못지않게 지바카도 부처를 지극 정성으로 모셨다. 그는 자신의 전 재산을 승단에 바치기도 했다. 영취산 들목에 있는 지바카 망고 동산도 그가 희사하여 생겨난 가람이다.

이즈음부터 왕에게 살해된 도인의 저주가 천천히 검은 손을 뻗친다. 기쁜 일은 홀로 오고 나쁜 일은 쌍으로 손잡고 온다 했던가.

뼈마디 굵어지며 아자타사투 태자는 부왕에게 까닭 모를 증오심을 느끼고는 스스로도 소스라치게 놀랐다.

남모를 고민에 휩싸인 태자에게 그 까닭을 누군가 일러주게 된다. 부처의 사촌동생이자 상수제자인 데바닷타였다. 태자의 출생 비밀을 일러주며 데바닷타는 부처를 없애고 부처의 자리에 자기가 오를 테니 태자에게는 부왕을 제거하고 천하를 발아래 두는 전륜성왕이 되라고 꼬드겼다.

두 사람은 손을 잡고 모반을 꿈꾼다.

데바닷타는 어느 날 부처에게 슬쩍 속내를 털어놓는다.

"이제 연세도 드셨는데 그만 편히 쉬시지요. 교단은 제가 이끌면 되잖겠습니까."

"누구에게 지도되지 않는 게 승가다. 지도자가 필요하다 해도 그렇지. 사리푸트라나 목갈리나가 있는데 왜 하필 너이겠느냐!"

 부처가 교단을 자기에 넘길 뜻이 없다는 것을 알고 데바닷타는 독립을 선언한다. 추종자를 이끌고 라즈기르를 떠나 가야의 가야산으로 들어간다. 가야는 부처가 깨달음을 얻은 땅 아닌가. 부처의 흉내를 낸 것이다.

 아자타사투 태자의 뒷바라지에 힘입어 이때 데바닷타는 부처의 제자를 거의 다 데려갈 수 있었다. 부처가 가장 아꼈던 사리푸트라까지 따라가버렸다. 가야에서 데바닷타는 새 부처로 행세하기 바빴다.

 때를 맞춰 아자타사투는 모반을 감행한다. 심복 친위병들이 왕궁의 부왕 처소를 급습한다. 왕위를 찬탈한 것이다.

 그는 왕사성의 영취산 들목에 일곱 겹의 담을 쌓은 감옥을 지어 그 깊고 어두운 감방에 아버지를 감금한다. 아들은 아버지가 그 속에서 굶어 죽기를 바랐다. 옥졸들에게 음식은 냄새도 못 맡게 하라는 엄명까지 내려뒀다. 하지만 옥졸들도 위데히 왕비가 꿀로 쌀가루를 몸에 묻혀와 빔비사라 왕에게 공양하는 것만은 막아내지 못했다. 아내 덕에 왕은 가까스로 목숨만은 잇게 되었다.

 가야의 데바닷타는 어느 날 아침 주변이 몹시 허전해진 것을 알게 되었다. 측근 다섯 비구만이 얼쩡거릴 뿐이었다.

 가야에 온 지 얼마 지나지 않아 제 정신을 차린 사리푸트라가 오백 명의 도반들을 설득하여 라즈기르의 부처 곁으로 돌아간 것이다.

 이때 가야에 남은 여섯 비구를 불가에서는 육군비구(六群比丘)라

부른다. 반역자라는 뜻이다.

그 육군비구들도 사리푸트라를 뒤쫓아 라즈기르로 돌아왔다. 아자타사투는 이미 모반에 성공했지 않은가! 데바닷타는 정면 돌파를 꾀한다.

자객을 보냈다. 그런데 명상에 잠긴 부처를 보고서 자객은 자신도 모르게 칼을 떨어뜨리고 만다. 그 뒤 약물과 술에 취한 코끼리가 부처에게 달려들게 만들었다. 하지만 그 코끼리마저 그의 기대를 저버린다. 부처 가까이 달려가긴 했어도 그 앞에서는 바로 순하디 순한 제 모습으로 되돌아가버렸다.

끝내 데바닷타는 자기 소매를 걷어붙였다. 스스로 부처를 죽이는 수밖에 없었다. 그는 부처가 늘 지나는 영취산 길목으로 올라갔다. 길에서 바로 솟아오른 절벽 뒤에 숨었다. 마침 부처가 다가오자 그는 곁의 큰 바위를 굴렸다. 하지만 절벽 가운데 한 차례 부딪친 바위의 파편이 부처의 발에 자그마한 상처를 냈을 뿐이다.

한편 아자타사투는 아버지가 목숨을 잇고 있는 게 어머니 때문이라는 걸 알게 된다. 그는 어머니마저 다른 감옥에 가둬버렸다. 그러다 아버지가 날마다 감옥 창으로 바라보이는 영취산으로 절을 올리며 기도하고 있다는 소문을 듣는다. 그 영취산에 공모자 데바닷타가 죽이려던 부처가 머물고 있지 않은가! 아들은 그 길로 감옥으로 달려가 아버지의 발목을 자른다.

이 섬뜩한 광기를 부처의 주치의 지바카는 목숨까지 걸고 읍소하여 끝내는 잠재우게 된다. 아버지가 어린 시절 자신에게 얼마나 지극한 사랑을 쏟았는지 알게 되면서 이 희대의 패륜아는 아들로 돌아온다.

아들은 아버지에게로 달려간다.

감옥의 아버지는 감방으로 가까이 다가서는 발소리가 죽음의 사자들이 내는 소리로 알고 아들이 감옥 문을 열기 전에 스스로 목숨을 끊게 된다.

아버지의 자살은 아자타사투로 하여금 부처를 찾게 만든다. 그 앞에서 아자타사투는 뜨거운 참회의 눈물을 흘린다. 그렇게 불법에 귀의하여 선정을 베풀었지만 그 또한 아들 우다야 바드라 왕자의 손에 시해되고 만다.

라즈기르의 영취산 영산회상에서 연기법을 처음 설하는 부처의 머릿속으로 삼대에 걸친 빔비사라 왕의 비극이 두루마리처럼 펼쳐졌으리라.

연꽃 피어나다

라즈기르는 북인도의 숱한 도시 중에 매우 특별한 곳이다. 도시 전체가 휴양도시 같다. 옛 실크로드에 자리 잡은 오아시스의 대상 숙소같이 규모 있고 우아한 건축물과 유적이 여기저기 남아 있다. 크고 작은 숙박업소도 곳곳에 자리 잡았다. 여러 나라에서 세운 사원들도 유명 불교 유적지들처럼 한곳에 모여 있지 않고 야자 숲이나 망고 숲 속에 고즈넉이 모습을 드러내지 않은 채 숨어 있다.

옛 왕사성을 빙 두른 다섯 산봉우리들이야말로 이 독특한 풍광을 낳은 산모다. 날란다를 벗어나면서부터 바로 보이기 시작하는 이 오대산이 있어 마가다국은 여기에 도읍할 수 있었다.

바이바라와 웨뿔라와 빤다와와 짓지꾸마 그리고 이시길라 산이 어깨를 겯고 그 안에 넓은 분지를 품었다. 큰 화구 같은 그 분지 안에 빔비사라 왕은 왕사성을 세웠다. 왕사성은 둘레가 오십 킬로미터에 이르렀다. 인도를 통일하려는 야망에 걸맞은 넓이다. 그때 쌓은 성곽의 일부가 아직 북문 쪽에 남아 있다. 전 인도를 통틀어 가장 오랜 성곽으로 알려져 있다.

오대산에서 가장 높은 웨뿔라 산의 표고는 오백팔십 미터쯤 된다. 별로 높지 않은 다섯 산봉우리들이다. 안쪽으로는 널찍하고 평평한 분지를 이루고 있지만 왕사성 바깥쪽으로는 깎아지른 절벽을 두르고 있다. 이 산들이 감싸고 있는 그 넓은 분지는 천연의 전략적 요새지였던 것이다.

빔비사라 왕이 죽고 나서 아자타사투 왕은 궁성을 그 분지 바깥으로 옮겼다. 요즘 신왕사성으로 불리는 그곳에 라즈기르의 시가지가 조성되어 있다. 이제 옛 왕사성 분지에는 사람이 살지 않는다. 사람 대신 나무들이 숲의 바다를 이뤘다. 그 숲의 바다에는 빔비사라 왕 감옥 터와 지바카의 망고 동산 터가 작은 조각배가 되어 빔비사라 왕의 길을 따라 부처가 오래 머물렀던 영취산 기슭을 힘겹게 항해하고 있다.

쉬라바스티의 기원정사와 더불어 초기 불교 승단의 양대 가람의 하나로 손꼽히는 죽림정사는 옛 왕사성 북문 조금 못 미친 곳에 자리 잡고 있었다. 부처가 자주 목욕했다는 온천정사 부근이다.

입구에 빽빽한 숲을 이룬 대나무들만 그곳이 죽림정사 터였음을 말해줄 뿐, 대가람의 흔적은 어디서도 찾아볼 수 없었다. 공원으로 바뀐 죽림정사 안의 칼란다키 연못을 둘러싸고 여러 청춘 남녀들이 즐거운 시간을 보내고 있었다.

제1차 결집이 이뤄진 칠엽굴은 바이바라 산의 꼭대기에 있었다. 그 산으로 오르는 입구가 온천정사였다. 피부병과 위장병에 효험이 뛰어나고 부처와 그 제자뿐 아니라 빔비사라 왕까지 이곳에서 목욕하기를 즐긴 까닭인지 라즈기르 순례자들은 빠짐없이 여길 찾는다. 그래서 이 온천정사는 늘 시장통 못지않게 붐빈다.

힌두교도들은 카스트 제도의 신분 높이를 따른 자기들만의 목욕탕을 따로 갖고 있다. 물론 가장 높은 브라만 계급이 가장 높은 층을 쓴다. 가장 낮은 수드라 계급은 맨 아래층을 쓰면서 브라만과 크샤트리아와 바이샤 계급 사람들이 차례로 때를 보탠 땟국물을 끼얹게 되지만 개의치 않는다. 팔자려니 여긴다. 남녀 목욕탕이 따로 있어도 힌두인들은 모두 옷을 걸친 채 목욕하고 있었다.

온천정사 산기슭에 고대에 쌓은 성루 같은 석실이 나타났다. 마하가섭의 거처로 알려진 핍팔라 석실이다. 깨우치고 나서 부처는 이 석실의 주인과 누구보다도 질긴 인연을 맺게 된다.

태자였던 부처에 견주기는 어렵지만 마하가섭 또한 라즈기르의 지체 높은 브라만 계급 집안에서 태어났다.

그의 집은 궁전 못지않게 화려했고 가문에서는 빔비사라 왕이 시기했을 정도로 넓은 영지를 가지고 있었다. 그는 여덟 살의 나이에 바라문 지도자가 익혀야 할 모든 학문에 통달했다. 자라면서 조상 대대로 믿어온 바라문교를 회의하게 되면서 출가를 꿈꾸게 된다. 그것을 눈치챈 가섭의 부모는 그의 결혼을 서두른다.

가섭은 묘한 꾀를 낸다. 손재주가 빼어났던 그는 이 세상에서는 도저히 볼 수 없을 것만 같은 아름다운 여인상을 향나무에 조각해서 부모에게 보여준다.

"이 조각상과 똑같이 생긴 여자가 있으면 결혼하겠습니다."

가섭은 아직 세상이 얼마나 넓은 줄을 몰랐던 것이다. 그 끝 모를 세상에는 그 조각과 똑같이 생긴 여성이 살고 있었다. 전 인도를 다 뒤진 끝에 가섭의 부모는 그 조각과 빼닮은 여자를 찾아내고야 말았다. 그녀는 맛다국 사갈라에 사는 어느 바라문의 딸이었다.

더는 핑계거리가 없게 된 가섭은 그녀와 결혼하게 되었다.

첫날밤, 가섭은 용기를 내 결혼하게 된 사연을 털어놓았다. 그랬더니 아내도 출가의 뜻을 품고 이날까지 결혼하지 않고 있었으나 이번에 부모의 강요로 마지못해 시집오게 되었다고 했다. 생의 반려자가 아니라 깨달음의 도반이라는 것을 확인하게 된 이 부부 아닌 부부는 때가 되면 같이 출가하자고 언약한다.

한방을 써도 잠자리에서는 꽃다발을 사이에 두고 떨어져 누웠다. 그 뒤 들판으로 나가 밭일을 볼 때도 부부는 출가의 뜻을 되새겼다. 가섭은 쟁기에 밀려 땅 위로 삐져나온 벌레들을 새들이 쪼아 먹는 것을 볼 때마다 모든 게 자기 죄라며 괴로워했다. 아내도 마찬가지였다. 그녀는 농장의 수탉들이 곤충을 잡아먹는 것조차 가슴 아파했다. 부부는 어서 농사마저 그만두고 함께 출가하는 날이 오기만을 바랐다.

십 년 뒤에야 그날이 왔다. 가섭의 부모가 세상을 떴다. 데리고 있던 노예와 하인을 모두 풀어주고 땅은 가난한 사람들에게 나눠 줬다. 그리고 서로의 머리를 깎아주고 출갓길에 나섰다.

남편이 앞서고 아내가 뒤를 따랐다. 갈림길이 나왔다. 남편은 오른쪽으로 가고 남은 왼쪽 길로 아내가 갔다. 그 갈림길에서 두 사람은 부부로 맺은 인연의 손을 아주 놓았다.

남편이 걸어간 그 오른쪽 길은 부처가 머물고 있는 왕사성 죽림정사로 이어졌다.

"어서 오시오. 내 그대를 기다린 지 오래되었소."

전생에서부터 맺은 인연이 아니고서는 나올 수 없는 부처의 첫 인사말이 가섭의 가슴을 때렸다. 가섭은 부처에게 말없이 세 번 절을 올렸다. 말 한마디에 그는 출가하여 부처의 제자가 된 것이다.

제1차 결집을 주도한 이 마하가섭에 의해 불가의 선종(禪宗)이 열렸다. 가섭을 초대조로 한 선종은 그 뒤 달마에 의해 중국으로 전해져 혜가와 승찬과 도신과 홍인으로 의발이 전수된다. 그러다 제6조 혜능에 이르러 크게 중흥되어 한국과 일본의 불교에까지 선풍(禪風)을 불러일으키게 된다.

핍팔라 석실을 지나 산정으로 걸어 올라갔다. 산정에 있는 힌두교 사원을 끼고 오른쪽 비탈길을 조금 내려가니 칠엽굴이 나왔다.

당대의 고승 오백여 장로가 모여 구전되던 부처의 가르침을 처음으로 경과 율로 결집한 곳이다. 따가운 햇살을 피해 일곱 개 나뭇잎 모양의 석굴에서 불경을 결집했다던 그 오백 장로들이 신선의 모습으로 다가온다. 칠엽굴 일대에 나한들이 줄지어 선 듯한 바위들이 늘어서 있다. 그 바위 나한의 수가 굴 속에서 결집하던 오백 장로들과 맞먹을까? 제주도 한라산 오백나한의 어원도 여기서 유래되었을 것이다.

다음 날인 3월 5일, 영취산을 찾았다.

들목의 빔비사라 왕 감옥 터와 지바카 망고 동산은 하릴없이 나뒹구는 붉은 벽돌 부스러기와 주춧돌로 빔비사라 왕의 비극을 간신히 말해주고 있었다.

영취산과 이웃한 다보산 꼭대기에도 일본 사찰이 세워져 있었다. 그 사찰로 참배객을 실어 나르는 리프트는 스키장 만든답시고 열대 사막에 설치해둔 리프트만큼이나 어이없어 보였다.

그 일대에서부터 영취산 기슭은 검은 바위산으로 불끈불끈 일어선다. 꼭대기까지 이어지는 '빔비사라 왕의 길' 한쪽 켠은 바위 절벽이다. 부처의 목숨을 노리던 데바닷타가 숨었던 곳은 어딜까?

빔비사라 왕의 길에는 순례자들에게 빈손을 내미는 불가촉천민들이 가로등처럼 일정한 간격으로 늘어서 있었다. 앞을 지날 때마다 가로등 불빛처럼 날아와 꽂히는 그네들의 시선과 '루피!'나 '바이샤!'라고 외치는 간절한 목소리의 화살은 나를 선불 맞은 짐승마냥 피 흘리게 했다.

그들은 움직이지 않았다. 다만 그 자리에 서서 손을 내밀고는 섬뜩한 시선을 보낼 뿐이다. 누구도 웃지 않았다. 그들은 내가 걸어가면 가까워지고 지나오면 멀어지는 가로등일 뿐이었다. 가로등은 다 헤아리기 어려울 만큼 빽빽하게 서 있다. 얼추 백 개도 넘을 듯했다.

손 내미는 불가촉천민들에게 나는 아무것도 따지지 않고 그때그때 줄 수 있는 것이 있으면 아낌없이 주었다. 그러지 않고서는 스스로 배겨날 수 없었다. 하지만 이곳처럼 손길을 기다리는 사람이 백여 명이나 늘어서 있으면 아무런 대책이 서지 않는다. 그냥 손 놓고 그들이 쏘는 시선과 목소리의 화살을 맞으며 꼭대기를 향해 걸어가는 수밖에 없다.

영취산은 해발 오백 미터쯤 되는 별로 높지 않은 돌산이다. 분지쪽에서 접근하면 이삼백 미터 높이의 바닥 높이 때문에 더욱 야트막하게 보인다. 실제 걸어 오르는 높이도 백여 미터에 지나지 않는다.

그럼에도 이토록 오르기 힘든 산은 처음이다. 히말라야 설산을 오를 때보다 더 힘들어하며 허덕였다. 이상한 가위에 눌려 제대로 숨조차 쉬지 못했다.

영취산 꼭대기의 바위 독수리는 그토록 높은 하늘을 날고 있었다.

이 산을 오를 때 부처도 히말라야 설산을 넘는 듯한 고통에 시달렸을까. 그때 부처의 등에 꽂히는 시선은 아마도 이 산 들목에 세워진 감옥의 창으로 내다보며 날마다 기도를 올렸을 빔비사라 왕의 것이었으리라.

세속의 일은 세속의 인연에 따라 굴러가는 법. 그러나 출세간의 법으로는 어쩔 수 없는 일이라고 해서 외면하기에 부처는 너무도 인간적인 교감을 빔비사라 왕과 나눠왔다. 왕은 부처를 보려다가 아들에게 발목마저 잘린 사람이었다.

정상 턱밑에 큰 석굴 두 개가 들어앉았다. 부처와 라즈기르 제자 마하가섭과 목갈리나와 사리푸트라가 수행했던 곳이라 한다. 그 동굴 옆으로 꼭대기에 마련된 영산회상으로 올라가는 계단길이 나 있다.

나는 이미 산소가 희박한 팔천 미터 고도를 넘어선 것 같았다. 숨이 거칠어지고 머릿속이 하얘졌다. 난간을 끌어당기며 한 계단 한 계단씩 몸을 옮겼다.

독수리가 내려앉아 그 큰 날개를 접고 있는 것 같은 바위 봉우리를 간신히 돌았다. 시야가 활짝 트였다. 봉우리 너머로 숲의 바다를 이룬 옛 왕사성의 너른 품이 가슴을 열어젖혔다. 그 넓은 평원을 오대산의 다섯 봉우리가 날개를 펼쳐 감싸 안은 위치에 영산회상이 자리 잡고 있었다. 오대산 적멸보궁에 오른 것 같았다.

하늘에서 곧장 내리꽂히는 서기로 충만한 그곳은 이미 세속의 인연을 훌쩍 뛰어넘은 출세간의 세계에서 환히 빛났다. 빔비사라왕의 피눈물도, 저 아래 열을 지어선 인간 가로등들의 광물질적인 분노도 이곳을 빛내는 서기를 가릴 수는 없었다.

그날 이 자리에 좌정한 부처는 오래도록 말이 없었다. 그러다 문득 연꽃 한 송이를 들어 올려 보였다.

제자들은 어리둥절했다. 마하가섭만이 빙긋이 웃었다. 이어 부처도 미소 지었다. 마음에서 마음으로 전해진 이심전심이었다. 그 염화시중의 미소는 그렇게 이 영산회상에서 선종이라는 연꽃이 피어나게 했다.

영산회상 자리는 생각보다 좁았다. 먼저 와서 기도하고 있는 캄보디아 불자들이 내준 말석에 앉았다.

눈을 감았다.

술래가 되었다.

날란다 들목으로 문수동자를 보냈을 부처가 나타났다.
그가 손을 들어 보였다.
그 순간 미치도록 사랑하고자 했던 생의 봄날이 그 손끝에서 연꽃으로 피어났다.

어머니와 아들

라즈기르를 떠났다.

이제 부처가 깨달음을 얻은 보드가야를 끼고 있는 가야로 간다.

'이서국을 아시나요?'

경북 청도군 이서면에서 태어난 어느 시인의 시집 제목이다. 그 시인의 고향에 도읍한 초기 가야 부족국가 이름이 이서국이다.

나는 이서국을 잘 안다.

내 고향 또한 청도군 이서면의 학산이기 때문이다. 일 년의 절반 이상을 해외에서 방랑하고 돌아오거나 방랑길에 나설 때마다 나는 혼자서 옛 이서국을 찾아가는 버릇이 있다. 가서 고향 땅에 절하고 안부를 여쭙는다. 잘 갔다 왔다든가 잘 다녀오겠다는 인사를 이서 하간지 벌판을 아래위로 굽어보는 남산과 북산에 올린다.

그러고 나서 청도역 앞의 추어탕집이나 화양읍 부근의 손짜장면 집에 들러 고향의 맛을 본다.

내려갈 때도 마찬가지지만 올라올 때도 청도읍에 서는 열차 편을 고른다. 요즘 생긴 쌕쌕이같은 날렵한 기차는 그곳에 서지 않는다. 시간은 누구보다 많은 사람이라 그게 섭섭한 건 없다.

될수록 천천히 달리는 기차가 좋다. 소주 두어 병 꿰찬다. 혼자 마시기도 하고 정다운 고향 사투리 쓰는 앞뒷자리 사람들과 나눠 마시기도 한다. 그러면 그 먼 시골도 잠깐이다.

벌써 십오 년이나 지난 일이다. 그해 여름 식구들과 프랑스 파리로 이주하기로 했다. 딸아이 혼자서 반대했다. 자기는 어려서 우리나라조차 모르는 것 천지인데 어떻게 외국으로 나갈 수 있겠느냐는 것이었다. 그때 딸은 초등학교 일학년이었다.

"아빠가 굳이 나를 파리로 데려가겠다면 제가 먼저 꼭 가봐야 할 곳이 세 군데 있어요. 거길 데려가주면 파리로 갈 게요."

"그래! 그게 어딘데?"

"우선 울릉도예요. 집에 자주 놀러오시며 호박엿이랑 쫄깃쫄깃한 오징어를 가져다주시던 울릉도 이덕영 아저씨한테 들어서 알고 있거든요. 그 아저씨가 아빠와 그 오징어를 안주 삼아 술 마시며 여러 번 말했잖아요. 우리나라 자연이 제대로 살아남은 곳은 이제 울릉도뿐이라고 말이에요. 그래서 울릉도를 가봐야겠어요."

딸이 말한 이덕영 형은 우리 토종문화 지킴이다. 딸과 그 얘기를 나눈 지 이 년이 조금 지나서 그는 발해의 고해상로를 찾아가는 발해 1300호라는 뗏목을 띄웠으나 장철수 등 동료 네 명과 겨울 동해 바다에서 산화하고 말았다.

"다음은 안동 하회마을이예요. 책에서 읽었거든요. 거길 가야 우리나라 옛 전통문화를 제대로 보고 느낄 수 있다고요."

거기까진 어느 정도 감을 잡고 있었다. 하지만 마지막으로 가보고 싶다고 꼽은 곳은 정말 뜻밖이었다.

"아빠의 고향 마을을 가보고 싶어요. 아빠가 태어나서 자란 곳 말이에요. 그곳에 가서 아빠가 다녔던 초등학교 가는 길을 아빠와 손잡고 걸어 가보고 싶고 또 아빠가 내 또래의 친구들과 숨바꼭질 하던 곳에 가서 아빠와 숨바꼭질도 해보고 싶어요. 그러면 아빠를 믿고 세상 어디든 따라나설 거예요."

어떤 아빠가 이런 얘길 듣고 가만있을 수 있겠는가! 나는 그 이튿날 당장 보따리를 꾸려 식구들과 한 달 동안 그 세 곳을 다녀왔다.

고향에 가서는 딸아이 손을 잡고 보리미 언덕을 넘어 용강 저수지 둑길을 걸어 지금도 옛 교사 건물이 그대로 서 있는 이서초등학교까지 걸어보았다. 옛날 학교를 파하면 그랬듯 집안 선산 기슭의 용강서원으로 가서 고무신 무덤가의 소나무 등걸에 이마 기댄 술래가 되어 딸아이와 숨바꼭질도 했다.

그날 뒤로 방랑길에 나서면 고향을 더 그리워하게 되었다. 그 그리움은 고향 청도(淸道)의 우리말 이름이 '푸른 길'이 아니라 '맑은 길'이라는 걸 늘 일깨워주었다. 내 고향은 이서국이라는 가야 땅으로 통하는 '맑은 길'로 나 있었다.

그 '맑은 길'을 찾아 그 오랜 세월 방랑한 끝에 지금 나는 '부처의 길'에 접어들었다. 그리고 고향 땅의 옛 숨결을 내뿜고 있는 가야로 걸어가고 있는 것이다.

청도라는 '맑은 길'이 나를 '부처의 길'로 인도하고 있었다. 그 길목에서 십오 년 전의 딸아이가 있지도 않은 강아지 꼬리를 살랑살랑 흔들었다.

라즈기르에서 보드가야까지는 직선거리로 구십 킬로미터쯤 된다. 하지만 내가 걸으려는 농로로 가면 그 길은 백이십 킬로미터 정도로 늘어날 듯했다.

이제 걷는 속도를 올릴 때가 되었다. 아무리 날씨가 무더워도 하루 삼십 킬로미터는 너끈히 걸어낼 수 있게 되었다. 도중에 세 밤을 자고 3월 7일에는 보드가야로 들어가리라 마음먹었다.

옛 왕사성 '숲의 바다' 위로 걸었다. 남쪽으로 끝없이 이어진 그 길은 나르디간즈로 이어졌다. 이날은 히수아에 닿아 하루를 마감했다. 그 다음 날 둥기 마을을 지나 가야의 땅으로 들어갔다.

바르간지에서 하루 더 묵었다. 그 이튿날 가야로 우회하는 길을 버리고 보드가야로 바로 들어갈 수 있을 듯한 지름길 농로로 들어섰다.

가야에 들어선 어제부터 주변 풍광이 사뭇 달라졌다. 한마디로 척박해졌다. 평지에 난데없이 산들이 망치에 얻어맞은 혹처럼 불쑥 솟아났다. 나무 한 포기 없이 헐벗은 산이다. 그런 산인데도 꼭대기에 힌두 사원이 앉아 있기도 했다.

그 산들은 우리에게도 쓸모 있었다. 산은 방향을 가늠케 해줬다.

두 산이 맞물린 골짜기로 마이티야로 가는 길이 나 있었다. 차가 다닐 수 없는 좁은 길인데다 바닥이 울퉁불퉁해서 칸타카가 곧 부서질 듯 삐걱댄다.

말년에 부처는 자신의 몸을 '낡은 수레'에 빗대었다. 지금 우리 몸도 정말 낡은 수레가 되고 말았다.

어제는 한낮 기온이 섭씨 사십팔 도까지 올라갔다. 각오한 더위였지만 이 정도일 줄은 몰랐다. 더위에 지친 땅은 물부터 버렸다. 몇 마을이나 우물이 메말라 있었다. 아침에 끓인 물을 담은 물통은 벌써 비어버렸다.

그렇게 물을 많이 마셨는데도 온몸에서 물기라는 물기는 모두 날아가버린 것만 같았다. 들이쉬고 내쉬는 숨에서조차 물기를 느낄 수가 없었다. 그래도 어디선가 배어나는 땀은 곧바로 소금으로 변하고 말았다. 땀을 흘리는 게 아니라 몸에서 소금이 바로 빠져나오는 듯했다. 얼굴을 문지르면 소금들이 버석거렸고 어쩌다 그 소금 알갱이가 눈으로 들어가면 바늘에 찔린 듯 눈알이 쑤셨다.

바라톨라까지는 아직 십여 킬로미터가 남았다. 거기서 식수를 구하게 되겠지만 그 마을까지 갈 자신이 서지 않았다.

그 더위를 먹고 자라는 황금빛 밀밭 너머로 자그마한 마을이 보였다. 무조건 마을로 걸어갔다.

그렇게 우리는 다람푸르 마을의 우펜드라를 만나게 되었다. 대여섯 가구만 사는 다람푸르 마을의 우물도 모두 말라 있었다. 하지만 우펜드라 집 부엌의 커다란 물통에는 물이 가득 차 있었다.

"물 없이는 살 수가 없죠. 내가 매일 아침저녁으로 여기서 멀지 않은 비순푸르로 가서 물을 져다 나르죠. 그 마을에는 아무리 가물어도 마르지 않는 우물이 있답니다. 우린 그 샘을 '신의 눈물'이라 부르죠. 매년 그 우물곁에 제단을 쌓고 양의 목을 잘라 그 피를 시바와 비쉬누 신에게 바치는 제의도 올립니다."

양은 어디서건 제물이 되려고 태어났나 보다. 네팔이나 인도 같은 힌두교의 땅만이 아니라 유대인이나 이슬람 민족의 땅에서도 신전에는 양의 피가 말라붙어 있었다. 희생양이란 말만 쓰이는 게 개나 소 또는 돼지나 닭에게는 다시없는 행운일 듯하다.

"나는 불자입니다. 그래도 힌두교 신에 올리는 그 우물 제의에는 꼬박꼬박 참가합니다. 그 우물은 신비한 약수예요. 우리 어머니도 그 물을 마시고 지병을 고쳤고 아흔 넷인 지금도 정정하거든요. 그 물을 '신의 눈물'이라고 부르는 까닭이 거기 있는 거죠."

그가 불교도라는 얘길 듯자 누군가 죽비를 휘둘러 머리를 가볍게 친다.

"그럼 혹시 우펜드라 씨는 석가족이 아닌가요?"

"어떻게 알았소. 내 카스트가 샤카방세예요. 부처의 석가족 후예니 당연히 불교도가 된 거구."

우펜드라 붓다가 그의 제대로 된 이름이다. 뒤의 붓다는 샤카방세라는 카스트를 알려주는 성이다. 동그란 얼굴에다 머리에 수건을 두르고 콧수염을 멋스럽게 기른 그는 여섯 남매의 막내로 아흔이 넘은 홀어머니를 모시고 낙향해서 살고 있었다. 오십대 중반의 이 독신남은 상당한 엘리트였다. 델리 대학에서 정치학을 전공했고 관계로 진출해서는 어느 중앙부서의 국장까지 지냈다. 그러다 늙은 어머니를 모시기 위해 사회생활을 정리하고 낙향했다. 매일 신의 눈물을 퍼 나른 지가 벌써 칠 년째라고 한다.

"지난 칠 년이 내 인생의 진정한 황금기였다고 생각됩니다. 어머니를 모신 그사이 인간이 느낄 수 있는 가장 고귀한 감정이 뭔지를 알게 됐지요. 정말 행복했습니다. 이 행복을 십 년만 더 누릴 수 있다면 여한이 없겠습니다만."

"십 년 뒤면…… 어머님 연세가, 가만 있자, 백네 살이 되겠군요?"

"그렇죠. 백세를 넘기게 되죠. 어머넌 그때까지 충분히 사실 거예요. 이는 다 빠졌지만 허리는 여태 꼿꼿해요. 지금도 밭일 보러 나가셨어요. 나이 들면 도로 어린애가 된다고 그러잖아요. 우리 어머니가 그래요. 아직도 이도 돋지 않은 어린애만 같아서 그렇게 귀여울 수 없답니다. 꼭 낳아보지도 못한 딸아이 같아요. 매일 목욕을 시켜드릴 때마다 그렇게 느끼죠."

큰 물독이 늘 찰랑거리는 까닭이 거기 있었다. 식수보다도 목욕 물로 더 긴요한 신의 눈물이었다.

그의 어머니 자랑은 끝이 없었다.

"부처의 길을 걸어간다니 불교에 관심이 많을 거 아녜요. 그러면 부처의 진정한 출가 동기를 생각해본 적이 있나요?"

내가 나섰다.

"그야 카필라 성의 성문을 나섰다가 생로병사에 신음하는 중생들의……"

상식을 늘어놓다 말고 나는 입을 닫아야 했다. 정말 그렇게 생각되어서가 아니다. 그가 듣고 싶어 하는 얘기가 그 상식인 것 같앉기 때문이었다. 나는 대답을 한 게 아니라 그의 사설에 추임새를 넣은 것이다.

"그 얘기 나올 줄 알았소. 하지만 그건 상식에 지나지 않소. 부처가 출가한 건 실은 어머니때문이오. 이 모든 게 내 생각이긴 하지만요."

그의 입을 열려면 다시 추임새를 넣어야 했다.

"아니, 어머니 때문이라니? 부처의 어머니는 부처를 낳고서 열흘 만에 돌아가셨지 않소. 계시지도 않은 어머니 때문에 출가했다는 건 아무래도 납득이 안 되는데……."

"그렇소. 바로 그거요. 어머니가 없기 때문에 출가한 거란 말이오. 어머니가 계셨다면 출가할 수도 없었을 것이고 아예 출가할 마음도 내지 않았을 겁니다. 어머니의 사랑은 태자의 지위라는 그 헛된 욕망과는 달리 결코 버릴 수 없는 근원이니까요. 태자 시절 부처는 세상 모든 것을 다 갖춘 듯이 보였어요. 부왕이 그렇게 배려한 거죠. 그렇지만 부처는 이 세상에서 가장 고귀한 것을 태어난 지 며칠 만에 잃어버린 불쌍한 사람에 지나지 않습니다. 농경제에 참관해서 벌레들이 새들에게 쪼아 먹히는 것을 보고 또 사문유관으로 생로병사 현장을 목격하고 충격을 받아 출가한 건 사실이죠. 어느 누구든 겪게 되는 그 생로병사가 부처에게 출가를 결심하게끔 만든 게 바로 어머니를 여읜 상실감이었던 거죠. 어머니라는 보호막이 있었다면 결코 목숨 가진 것들이면 어쩔 수 없는 그 생로병사를 보고 출가를 마음먹을 만큼 충격을 받을 리가 없었을 겁니다. 물론 어머니를 일찍 잃은 사람이 모두 출가한 건 아닙니다. 어려서 일찍 부모를 잃은 탓에 탈선한 사람이 더 많겠죠. 부처의 위대함은 여기서 더 돋보입니다. 일찍 어머니를 여읜 상실감과 그리움으로 세상을 원망하지 않는 대신 깨달음의 길을 찾아 맨발을 내디뎠다는 데 부처의 진정한 위대함이 있는 겁니다. 그래서 부처는 카필라 성을 나와서 이곳 인도로 곧장 내려오지 않고 어머니가 태어나서 자란 어머니 고향 데비다하를 거쳐 헤타우다까지 간 다음 비르간지와 락솔을 거쳐 인도 대륙으로 들어선 거죠. 그 사이 부처는 끊임없이 북쪽 하늘로 고개를 돌렸을 겁니다."

"북쪽 하늘로는 왜?"

그에게 숨 돌릴 겨를을 주려고 다시 추임새를 넣었다.

"그 하늘 선에 나타난 히말라야의 하얀 산들을 찾아보려 했겠지요. 왜냐하면 그 어머니는 룸비니나 카필라바스투나 데비다하에서 살아가는 동안 북쪽으로 모습을 드러내는 안나푸르나와 다울라기리와 마나슬루 같은 히말라야 설산을 바라보며 그 산의 영기를 품은 아들 낳기를 끊임없이 빌어마지 않았거든요. 그 산의 영기가 어머니 태에 들어 자신이 태어났다고 믿었으니 당연하지 않겠어요. 그렇지 않고서야 깨우친 부처가 하늘나라 도리천까지 올라가 죽은 어머니를 제도하고 상카시아로 다시 내려오는 지극한 효성을 보일 리가 없잖아요. 물론 전설이지만 이 전설이 상징하는 게 바로 부처의 효성 아니겠습니까? 어머니를 향한 그리움 때문에 출가하게 되었고 또 그 깨달음의 경지가 오직 어머니의 사랑으로 자라던 젖먹이 시절의 행복과 맞닿아 있다는 걸 일깨워주는 전설이라는 거죠."

그때 집 안으로 누가 쪼르르 달려 들어왔다. 그의 아흔네 살 먹은 딸이었다. 허리가 꼿꼿했지만 키 나이는 여덟이나 아홉 살쯤 될 것 같았다. 육척 장신인 아빠 허리에 닿을까 말까 했다. 아이의 얼굴은 검고 쪼글쪼글했다. 주름은 이가 다 빠져버렸다는 입가로 미꾸라지처럼 모여들어 바글거렸다. 그녀는 짜나 한 다발을 손에 들고 있었다. 여기서 어린애 어른 없이 주전부리 삼는 생콩이다. 그 나이에도 짜나 콩밭을 매고 돌아오는 길인가 보다.

그가 그녀에게로 가서 덥석 들어 안았다. 그의 품에 안긴 그녀가 그 콩다발을 내게 내밀며 옹알거렸다.

"짜나 미타! 짜나 미타!"

맛있는 콩이야. 맛있는 콩이라니까!

몇 알을 까먹었다. 생콩이 그렇지. 비릿할 뿐 땅콩같이 고소한 맛은 없다. 그래도 맛있다고 얘기해줘야 한다. 그렇지 않으면 그의 늙은 딸이 뿔낼지 모르니까.

"짜나 미토차. 데레데레 미토차."

그 콩이 그냥 맛있는 게 아니라 '아주 아주 맛있다'고 힌디어로 말해주자 그녀는 데레데레 좋아했다. 데레데레 좋아하는 얼굴에 주름꽃이 데레데레 폈다. 데레데레 아름다운 주름꽃이었다.

그의 품에서 놓여난 그녀는 부뚜막으로 '짜파티, 짜파티' 하며 달려갔다. 느닷없이 들이닥친 손님에게 중참을 내놓을 모양이었다.

"사실 어머니 사랑을 잘 모르고 자랐어요. 마흔 살에 절 낳았는데 어린 제겐 어머니가 할머니 같아 보였거든요. 그게 친구들 보기에 부끄러웠던 겁니다. 다른 친구들 엄마들은 꼭 누나처럼 젊고 예뻤거든요. 뿐만 아니라 어머니는 농사일이 바빠 절 돌볼 짬도 제대로 못 냈어요. 네 누나들 품에서 자란 겁니다. 그러다 내가 어머니를 얼마나 사랑하는가를 알게 된 건 아이러니하게도 어머니 곁을 떠나면서부터였어요. 어머니 사랑은 공기나 물 같은 것이었지요. 있을 때는 그 고마움을 모르다 없어져서야 비로소 느낄 수 있었습니다. 고등학교에 들어가며 저는 형이 자리 잡고 살던 파트나로 유학을 떠나게 되었습니다. 어머니 곁을 처음 떠나게 된 거죠. 그러자 세상 모든 게 사라지고 어머니를 향한 그리움만 남는 거예요.

그러던 어느 날이었습니다. 파트나에 콜레라가 돌았습니다. 길거리 여기저기 시신이 나뒹굴었어요. 시신 썩는 악취와 소독약 냄새로 숨조차 제대로 쉬기 어려웠죠. 그 바람에 학교가 나흘간 문을 닫게 되었습니다. 느닷없이 등교하지 않아도 좋은 나흘간의 시간이 주어지자 고향의 어머니가 너무도 보고 싶어졌어요. 당장 보지 않으면 그냥 죽을 것만 같더군요. 길거리 시신들처럼 콜레라균에 감염되어 나가떨어질 것만 같았어요. 파트나에서 여기까지는 이백오십 킬로미터쯤 됩니다. 돈은 한 푼도 없었습니다. 차비 줄 형님도 아니었고요. 나흘 안에 왕복 오백 킬로미터를 달려서 다녀오는 수밖에 없었습니다. 어머니 얼굴을 단 몇 초라도 보려면 말이죠. 그래서 나는 바짓단을 둥둥 걷어붙이고 파트나를 떠나 끝없는 들판을 달리기 시작했습니다."

마라톤은 여러 발생 동기를 가지고 있나 보다. 전쟁설, 그러니까 전쟁이 마라톤을 낳았다는 얘기는 여러 차례 들어보았지만 모애설은 이게 처음이다.

그는 어머니를 반환점으로 한 오백 킬로미터 마라톤을 완주했을까?

"물론이죠. 깜짝 놀라는 어머니를 삼사분가량 꼭 껴안아드리고는 파트나까지 도로 달려왔습니다. 얼마나 빨리 뛰었는지 등교 시간을 십분이나 앞당겨 형님 집에 닿았지 뭡니까. 아까워 죽겠더라고요. 그 십분이! 십분이나 더 어머니를 껴안을 수 있었는데 어린 마음에 서두르다 놓쳐버리고 만 거죠. 지금도 그 십분이 아쉬워 죽겠습니다."

그 십분을 지금이라도 되찾자는 것이었을까. 그는 갑자기 자리에서 일어나더니 부엌으로 뛰어들어 어머니를 한동안 껴안았다.

그 흐뭇한 광경에 겹쳐지는 어린 시절의 내 모습이 있었다.

그때 나는 대구에서 학교를 다니던 초등학교 삼학년생 코흘리개였다. 고향 청도군 이서면의 학산에서 이서국민학교를 다니다가 그해 봄 대구국민학교로 전학온 것이었다. 집을 떠나 혼자 조기 유학을 간 셈이었다.

대봉동의 친척집에 얹혀 지내고 있던 어느 금요일이었다. 하교 때 담임선생님이 내일은 토요일이지만 개교기념일인 까닭에 학교를 나오지 않아도 된다는 것이다. 느닷없이 이틀간의 휴일이 주어진다는 소리를 듣는 순간 나는 이 자리의 우펜드라가 되었다. 고향 어머니가 너무나 보고 싶었다. 정말 당장 보지 않으면 죽을 것만 같았다.

어머니는 조선 여인의 그 지독한 자식 사랑을 몸소 보여주셨다. 더구나 맏아들인 내게 쏟은 사랑은 너무도 가없었다. 고향의 어머니 품에서 지내는 동안은 몰랐던 그 사랑을 외지로 나가서 비로소 뼈저리게 느끼기 시작한 것이다.

나는 책가방을 든 채 대구 남부터미널로 갔다. 그 정류장에서 고향 청도 이서로 가는 시외버스가 다녔다. 하루 한두 편뿐인 막차는 이미 끊어졌다. 늦은 봄이었다. 하오 여섯시쯤 된 것 같은데 서쪽 비슬산 위로 걸린 해가 숨 넘어갈 듯 갸웃거렸다.

거기서 고향 마을 이서 보리미까지는 팔십 리쯤 되었다. 그렇게 먼 거리는 아니다. 하지만 도로 사정이 좋지 않은 데다 아무 데서나 사람들이 타고 내리던 무렵이라 대구서 고향까지는 시외버스로도 세 시간이나 걸렸다. 더구나 비슬산 산줄기 남쪽에 자리 잡은 팔조령이라는 험한 고개를 넘어가야 했다. 그때까지만 해도 대구에서 고향은 지금의 서울과 대구 사이보다도 더 멀게 느껴졌다. 대구에서나 고향쪽에서나 높은 산마루 너머 있는 타지는 완전히 다른 세상이었다.

어머니 없는 낯선 땅을 떠나 어머니가 있는 고향으로 어서 빨리 가야만 했다.

걸어서라도 가기로 했다.

주위가 어둑어둑해질 무렵 수성못을 지났다. 가창 골짜기는 이미 짙은 어둠에 잠겨 있었다. 비포장 찻길을 따라 줄곧 걸었다. 집들은 드문드문 나타났다. 어둠 속 골짜기에서 반짝이는 불빛을 둘러싸고 그 집 어머니가 차려준 저녁을 먹고 있을 사람들이 너무도 부러웠다. 배가 고팠다. 아무 집이나 들어가서 얻어먹었다. 인심 좋은 시절이어서 누구도 문전박대하지 않았다. 여러 아저씨를 만났다. 여러 아줌마도 만났다. 모두들 밤에는 팔조령에서 늑대가 나타날 수 있으니 자기 집에서 자라고 붙잡았다. 차비를 줄 테니 내일 버스 타고 가라고도 했다. 깊은 산에는 늑대가 살던 시절이었다. 고향의 이웃집으로도 늑대가 들이닥쳐 개를 목 따고 닭을 몇 마리나 잡아먹고 간 일이 있었다.

늑대에게 물려가는 한이 있더라도 나는 발길을 멈출 수 없었다. 단 몇 초라도 빨리 어머니를 만나 단 몇 초라도 더 같이 있고 싶어서 몸살 날 지경이었다.

냉천을 지나 삼산리로 들어서자 팔조령 고갯길의 오르막이 일어섰다. 이미 자정을 넘긴 시각인데도 멀리서 가까이서 개 짖는 소리가 요란했다. 개가 아니라 늑대일지도 모른다는 생각도 들었다. 이상하게도 겁은 나지 않았다. 찻길에까지 늑대가 나타나지는 않을 거라고만 믿었다. 큰 노루 여러 마리가 어둠 속에서 뛰쳐나와 찻길을 가로질러 뛰어갔다. 찻길만 놓치지 않으면 길 잃을 염려는 없을 것 같았다.

산마루는 아직 추웠다. 추위에 움츠린 나무들이 마음까지 움츠러들게 했다. 하지만 곧 팔조령 산마루에 올라섰다. 나목들 사이로 고향의 하간지 들판이 달빛을 받아 그 너른 품을 펼쳐놓고 있는 게 보였다.

재를 넘어 양원으로 내려왔을 즈음에 날이 희부윰하게 밝아왔다. 기운을 내서 달렸다.

"어! 아니, 도련님이 이 새벽에 웬일이오! 대구서 언제 왔소? 날 여기서 봤다고 아무한테도 말해서는 안 돼요. 알았죠. 특히 마나님

한테는 절대 말해서는 안 돼요. 그러면 난 절단 나오."

그는 우리 문중 땅을 소작 부치는 마름의 한 사람이었다. 내 또래 아이를 둔 그는 그때까지도 반상의 예의를 갖춰 나와 어머니를 도련님과 마나님으로 불렀다. 그가 온 마을이 여태 잠에서 깨어나지 않은 그 새벽에 동구 어느 집 뒷담을 타고 넘다가 아닌 밤중에 홍두깨처럼 나타난 내게 들킨 것이었다. 뒷담을 타넘고 나왔기에 도둑질을 한 건가 했다.

"뭘 훔친 건가요?"

"아니 도련님도! 내가 도둑질 할 놈이오, 참! 그게 아니라 이 집 유동댁이 어제 돌잔칫집에 갔다가 개 껍데기를 먹은 게 없었다 해서 내가 손가락 따주고 나오는 길이오. 오해 마시오."

"그렇다면 대문으로 나올 일이지 망측하게 뒷담을 넘어요? 그리고 유동 아재는 뭘 하고 있기에 아저씨를 불렀나요?"

"아, 유동 아재가 타관 갔으니까 그렇지. 도련님답지 않게 뭘 그렇게 따지긴 따져요. 거짓말하는 게 아니니까 날 믿어주소. 그러면 내가 이따 지난번보다 더 큰 방패연을 만들어줄 테니까."

다른 손재주도 많았지만 그의 방패연 만드는 솜씨는 최고로 소문이 나 있었다. 어릴 적부터 그가 만들어준 방패연 덕에 나는 동네 연 싸움대회에서 한 번도 져본 적이 없었다. 방패연은 그가 유동댁 뒷담을 넘다가 나를 만난 사실을 까맣게 지워버렸다.

그 길로 어머니 품으로 달려가 안겨 이 세상에서 다시 맞을 수 없을 것 같은 이틀간의 행복을 맛보았다.

어린 시절에 인기를 끌었던 만화 중에 김종래의 《엄마 찾아 삼만 리》가 있다. 그 삼만 리는 공간의 길이가 아니다. 깊고 넓으면서 높은 어머니라는 사랑에 닿을 수 있는 길이일 따름이다. 그런 뜻에서 우펜드라가 달려간 길이나 대구서 청도로 산을 넘어간 길은 엄마 찾아 삼만 리였다.

나의 그 삼만 리를 예전에도 추억한 적이 있다. 파리로 이주하기 전에 딸아이와 고향을 찾았을 때였다. 우리 가족은 옛날처럼 대구 남부터미널에 가서 청도 이서로 가는 시외버스를 탔다. 버스는 내가 걸었던 그 길을 거슬러 팔조령으로 올라갔다. 지금은 터널이 뚫려 그 고갯길을 이용하는 차량은 거의 없다. 하지만 그때까지만 해도 고갯마루의 간이휴게소가 붐볐다. 포장마차 비슷한 그 휴게소에서 내려 도토리묵에 청도 막걸리를 마시며 딸아이와 아들에게 그 '엄마 찾아 삼만 리' 얘기를 해줬던 것이다.

다음 날 딸아이 손을 잡고 이서초등학교로 가는 길에 용강연못을 지나며 어머니가 들려준 내 태몽도 얘기해준 것 같다.

어머니는 엄마 찾아 삼만 리를 간 그날 낮에 나를 용강연못으로 데려갔다. 뱃놀이하러 간 것이다. 분홍 연꽃빛 한복을 곱게 차려입은 어머니에게서 싱싱한 연꽃 향내가 나는 것 같았다. 그때 나는 열 살이었고 어머니는 서른세 살의 새댁이었다.

사공이 삿대를 짚자 뱃전에 부딪힌 연 줄기들이 부러지며 우두둑 하는 낮은 신음소리를 냈다. 가끔 연잎 위에서 몸을 말리던 가물치가 놀라서 물속으로 뛰어드는 소리도 났다.

"네게 처음 얘기하는 것 같구나. 네 태몽자리가 바로 이 용강연못이야. 내가 지금처럼 여기서 뱃놀이를 하는데 저 둑에서 하얀 염소들이 떼지어 나타나 풀을 뜯고 있지 않았겠니. 너무도 보기가 좋아 배를 몰아 가까이 가봤지. 그랬더니 염소들이 뜯고 있는 건 풀이 아니었어. 용강 재실에 있던 선조들의 서책이었지. 그리고 곧 그 염소들은 하얀 두루마기 걸친 선비들로 모습을 바꾸지 않았겠어. 네 태몽이었지. 그래서 네가 그 서책을 사랑하는 선비 같은 시인이나 작가가 되리라 짐작했단다."

우펜드라의 엄마 찾아 삼만 리는 나의 엄마 찾아 삼만 리에 포개지며 눈을 감게 했다.

나는 다시 술래가 되었다.

이 숨바꼭질로 나는 확신을 가질 수 있었다. 드디어 밑그림이 그려진 것이다. 고향 땅으로 나 있었던 '맑은 길'은 엄마 찾아 삼만 리였으며 이제 '부처의 길'로 이어졌다. 그러면 내가 찾아내야 할 '그'는 모성애와 연이 닿은 그 무엇 뒤에 몸을 숨기고 있다는 얘기가 된다.

그때를 맞춰 '그'는 우펜드라를 내세워 부처가 깨달음을 찾아 출가의 길을 나서게 한 단초가 어머니를 향한 그리움 때문이라고 내게 귀띔해준 것만 같다.

그뿐만 아니라 중학교 삼학년 시절 밀항선을 타러 부산으로 갈 때 품었던 유서로서 그 고갱의 화두는 어머니의 가슴으로 던져진 게 분명했다. 그 화두를 유서로 품게 된 것은 어머니의 사랑만이 그 화두에 답을 줄 수 있음을 은연중에 느끼고 있었기 때문이리라.

디데이 전날 저녁 자리에서 유서를 품으며 속으로 한없이 울었던 까닭 또한 이제는 어머니를 다시 볼 수 없다는 슬픔 때문이었다. 그때만 해도 어머니는 이 세상과 동의어였다. 그래서 어머니 곁을 떠난다는 것은 이 세상을 떠나는 일이 되었다. 어머니를 다시 못 보게 되는 것이야말로 죽음이었다. 그래서 그 그림은 유서가 될 수 있었을 것이다.

죽 한 그릇, 나무 그늘 한 자리

이튿날인 3월 8일, 날이 더욱 무더워졌다. 우펜드라가 십 리터 짜리 물통 두 개를 가득 채워 칸타카에 실어줘 물 걱정은 덜고 걸을 수 있었다.

그늘에서 그늘로 기어가다시피 해 겨우 바라톨라에 닿았다. 거기서 서쪽 들판을 이십 킬로미터 정도만 가로지르면 번잡한 가야 시가지를 피해 보드가야로 바로 들어갈 수 있다. 우펜드라가 가르쳐준 지름길이다.

하지만 그 길로는 걸을 수 없었다. 우펜드라가 원망스럽게도 꽤 깊숙이 파인 건천이 앞을 가로막은 것이다. 다리도 없이 칸타카를 끌고는 도저히 건널 수 없었다.

어쩔 수 없이 가야로 돌아가야 했다. 그곳에서 가야까지 마차 한 대가 겨우 다닐 만한 비포장 흙길이 십오 킬로미터 가까이 이어졌다. 길에 쌓인 흙먼지가 발목까지 덮었다. 지난 우기가 끝나고 한 번도 비가 내리지 않았을 테니 먼짓길이 될 수밖에 없었을 것이다. 앞서거니 뒤서거니 하는 길동무들의 발길과 칸타카 수레바퀴에서 먼지가 자욱이 피어올랐다. 얼굴의 모든 구멍으로 먼지가 파고들었다. 긴 수건으로 입을 가리는데도 귓구멍이나 콧구멍으로 파고들었는지 기도는 자꾸만 기침을 일으킨다. 마른 헛기침이다. 녹슨 철판에 긁힌 듯 목이 따갑다. 시야도 흐릿해진다. 눈꺼풀에 성에처럼 먼지들이 엉겨붙는다. 어깨 위로 머리 위로 먼지는 함박눈처럼 쌓여서 털어내도 금방 다시 쌓인다. 그래도 털어내지 않을 수 없듯 그래도 걷지 않을 수 없다.

깨달음의 길로 나선 부처가 그 뜻을 이룬 보드가야가 손에 잡힐 듯 가까워진 까닭이다.

지난 두 달 사이 팔백오십 킬로미터를 걸어서 이곳까지 온 까닭이다.

이곳에 닿으려 지난 사십오 년간 방랑의 길을 쉬지 않고 달려온 까닭이다.

가야에 가까이 다가갈수록 산들이 다시 일어선다. 하천들은 모두 말랐다. 부근에서는 논밭을 찾아보기 어렵다. 땅을 부쳐먹기 어려운 불모지다. 그 버려진 땅의 산들은 하늘이 버렸는지 나무 한 그루 거느리지 못하고 헐벗은 채 작렬하는 햇살 아래 하루가 달리 말라간다. 뼈대를 다 드러낸 그 산들은 이곳에서 고행하다 지친 부처의 몸 같다.

언제 어디서건 척박하고 버려진 땅에서 고매한 사상이 태어나는 법이다. 부처 시대의 구도자들도 이 버려진 땅으로 모여들었다.

그 시절부터 가야 일대가 수도처로 이름을 날리게 된 데는 무엇보다도 이곳의 척박한 풍토에 힘입은 바 크다. 그 시대의 구도는 극단적인 고행을 지향했기에 더욱 그러했다.

라즈기르의 빔비사라 왕 곁을 떠나 가야로 내려올 무렵 부처 곁에는 다섯 도반이 있었다. 콘단냐와 밥파와 밧디야와 마하나마 그리고 앗사지였다. 그 다섯 도반이 누구인가에 대해서는 여러 가지 설이 있다. 그중에서 부왕 숫도다나 왕이 부처의 마음을 돌려보려고 보낸 사신들이라는 설이 가장 설득력이 있다.

태자를 태우고 궁성을 나간 칸타카가 빈 몸으로 돌아오자 숫도다나 왕은 오장육부가 끊어지는 아픔을 느꼈다. 그는 어떻게든 태자를 궁으로 데려와야만 했다. 바라문의 믿음직한 다섯 자제를 뽑아 태자의 뒤를 쫓게 했다. 그들에게 왕은 태자를 데려오지 못하면 오족을 멸할 것이라는 엄명을 내렸다.

그 엄명에도 불구하고 라즈기르에서 부처를 만난 이들은 왕이 기다리고 있는 카필라바스투로 돌아가기는커녕 부처를 따라 고해지 가야로 내려가는 길동무가 된다. 설득하러 왔다가 오히려 설득당해 이들도 출가의 길을 걷게 된 것이다.

가야에 와서 부처가 처음 고른 고행지는 그 북쪽 언저리의 가야산이다. 가야산은 가시나무로 뒤덮여 있다. 고행하기에 그만이었다. 부처는 거기서 고행에 들어갔다. 먼저 가시밭 위에 누워 손을 머리 위로 들어올렸다. 가시나무에 불을 지피고 그 불꽃 속에 앉아 있기도 했다. 며칠 동안 한 발로 서 있다가 잿속에 온몸을 묻어보기도 했다. 뼈 없는 연체동물처럼 몸을 꼬는가 하면 몇 날 며칠을 한마디 말없이 지내기도 했다.

열매 한 알이나 쌀 한 톨로 하루 끼니를 삼았다. 한 잔 물로 하루 갈증을 달랬다. 그래도 고행이 모자랐는지 깨달음의 길은 아득했다.

그 가야산에 오르면 네란자라 강 건너편으로 또 다른 뼈다귀 산이 바라보인다. 가야산보다 훨씬 더 메마른 산이다. 그 산기슭 불모지가 고행림으로 불린다는 것을 알고 부처는 다섯 도반을 데리고 그곳으로 갔다. 고행지를 바꾼 것이다.

그 산으로 입산하며 '죽음의 지대'를 넘나든 고행이 시작된다. 여기서 부처는 자신의 몸을 고행의 극단으로 몰아붙였다. 엉덩이는 낙타 발처럼 말라갔다. 몸뚱이의 모든 살들이 빠져나가 살가죽과 뼈만 남았다. 핏줄이 통째 드러났다.

시체들이 널려 있는 들판에서 뼈다귀를 주워 잠자리를 만들었다. 어린 양치기들이 몰려와 침을 뱉고 오줌을 갈기고 뒷물을 던지는가 하면 나뭇가지로 귀를 쑤시기도 했다.

그래도 그는 육체의 존재 방식을 부정하는 고행을 멈추지 않았다. 끝내는 들숨과 날숨까지 제어했다. 입과 코로 들이쉬고 내쉬는 숨을 막자 귓구멍에서 풀무소리를 내며 바람이 새어 나왔다. 예리한 송곳이 양쪽 귀를 한꺼번에 뚫어 고치로 꿰어버리는 것 같았다.

육 년이 지났다.

그래도 깨달음은 찾아오지 않았다.

그는 고행의 산에서 그만 내려선다. 고행의 극점에 올라선 뒤에야 고행의 덧없음을 깨닫는다. 그게 고행의 진정한 의미인지도 모른다. 모든 산꼭대기는 원래부터 비어 있었다. 하지만 그걸 알자면 꼭대기까지 올라가보는 수밖에 없다. 밑에서는 보이지 않는다.

"이제 나는 고행의 극단을 버리고 하산한다. 중도의 길을 찾았기 때문이다. 중도는 모든 것을 바르게 보고 바르게 느낄 수 있는 직관이자 통찰력이다."

그의 하산으로 고행림이라는 산자락을 드리웠던 그 산은 '깨닫기 전의 산'이라는 뜻인 전정각산이라는 이름을 얻게 된다.

전정각산을 내려온 그는 네란자라 강변의 우루벨라 마을 부근에 있는 샛강으로 갔다. 강물에 온몸의 때를 벗겼다. 고행의 업을 씻는다는 뜻이었다. 목욕을 마치자 냇물에서 빠져나올 힘조차 없었다. 냇물로 드리워진 나뭇가지를 잡고 겨우 올라선 뒤 의식을 놓고 만다.

우루벨라 마을 촌장의 딸인 수자타는 어떤 고행자가 수행에 지친 끝에 동네 냇가로 와서 쓰러져 있다는 얘길 듣는다. 그녀는 그 수행자에게 줄 공양거리를 장만한다.

유미죽이다.

수자타가 들고 온 유미죽을 싯다르타는 기다렸다는 듯 받아든다. 그는 갓난애가 젖을 빨 듯 유미죽을 들이켠다. 곁을 지키던 다섯 도반들은 가슴을 친다.

"싯다르타도 이제 타락하고 말았다. 그렇게 고행하고도 깨달음의 지혜를 얻지 못하더니 이제는 맛있는 음식까지 탐하는구나."

그들은 싯다르타 곁을 떠난다. 당시 카시라 불리던 바라나시에서 가까운 사르나트로 간다.

유미죽은 갓난애의 산모 젖처럼 탈진한 싯다르타에게 생기를 불어넣는다. 기력을 회복하는 그의 눈빛이 새벽 샛별처럼 빛난다. 깨달음이란 '그'를 찾는 육 년간의 숨바꼭질을 이제 끝낼 수 있겠다는 자신감에 찬 눈빛이다. '그'는 유미죽의 젖내 뒤에 숨어 있었던가 보았다. 싯다르타는 가까이 다가온 깨달음의 발걸음 소리를 듣는다.

햇살은 너무도 뜨거웠다.

싯다르타는 깨달음을 만날 최후의 수행터를 찾아야 했다. 수자타의 유미죽 공양은 넉넉했다. 남은 유미죽을 야자나무 씨앗만 한 크기의 경단으로 만들었다. 마흔아홉 개였다. 하루에 한 알씩 그 경단을 먹으며 허기에서 벗어나고 또 햇볕에 타는 고행을 피할 수 있는 중도의 자리로는 어디가 마땅할까?

그는 나무 그늘을 찾아보았다.

나무가 그에게 지혜의 그늘을 드리워준 적이 있었다. 카필라 성에서 농경제에 참가했을 때다. 새들이 벌레를 쪼아 먹는 것을 보았다. 생명들의 그 부조리한 관계에 충격을 받은 그는 근처 잠부나무 그늘에 들어 명상에 잠겼다. 그 잠부나무 아래에서 처음으로 삼매에 빠져들게 되었다. 모든 번뇌로부터 벗어난 듯 마음은 한없이 고요하고 편안해졌다. 모든 인간의 굴레에서 벗어난 자유를 만끽했었다.

그 잠부나무 아래서 잠시 들어섰던 삼매의 경지를 떠올릴 때 핍팔라나무 한 그루 눈에 들어왔다. 그는 주저 없이 그 나무 그늘로 들어갔다. 주변에서 구한 여덟 다발의 쿠사풀을 나무 그늘 밑에 깔아 자리를 만들었다. 거기서 가부좌를 틀며 다짐한다.

"내 숨이 끊어지는 한이 있더라도 깨달음을 얻기 전에는 이 가부좌를 풀지 않으리."

그것은 곧 깨달음을 얻게 되리라는 예언과도 같았다. 유미죽과 나무 그늘이 인도한 길이 중도라는 확신에 찬 목소리였다.

그 나무 아래에서 어느 날 새벽 샛별을 보는 순간 그는 문득 깨달았다. 유미죽 경단이 마침 다 떨어지는 날이었다. 그 경단 알의 개수와 맞먹는 사십구일 만에 찾아온 깨달음이었다.

깨달음의 그늘을 드리웠던 핍팔라나무는 그 뒤로 보리수라 불리게 되고, 그런 자리를 깔아준 쿠사풀은 길상초라는 이름을 얻게 된다.

그 보리수를 품고 있던 그 일대의 땅 이름도 바뀐다. 가야 근교의 그 마을은 보드가야라는 이름으로 다시 태어나게 되었다.

깨달은 부처는 보리수 부근에서 일주일에 한 번씩 나무의 종류를 바꿔 자리를 옮겨가며 일곱 번 그 깨달음의 기쁨을 즐겼다.

보리수와 가리륵나무와 리파나나무와 문린나무와 아유타라니구나무와 반얀나무 그리고 라자야타나나무가 그때의 부처에게 그늘을 드리워준 일곱 종류의 나무다.

부처가 깨달음을 얻은 보리수 아래를 보디만다라 부른다. 깨달은 자리라는 뜻이다. 대승불교 쪽에서는 금강보좌라 일컫는다.

이 금강보좌를 끼고 불멸 이백 년쯤 뒤에 이곳을 찾은 아쇼카 왕은 마하보디 탑을 세웠다. 그리 크지 않은 탑이었다. 그 탑을 5~6세기즈음 굽타 왕조에서 지금 규모로 증축했다. 12세기 말에 들어 이슬람교도에 의해 파괴되었지만 미얀마의 불교도가 다시 일으켰다. 지금의 대탑은 1884년 인도 정부가 복원했다.

그 먼짓길을 어떻게 걸었는지는 기억조차 없었다. 몸이 워낙 마른 탓일까. 어느덧 몸무게마저 느끼지 못하는 유령이 되었나 보다.

가야는 예상보다 훨씬 더 크고 번잡한 대도시였다. 도심으로 들어갈 필요는 없다. 무엇보다도 보드가야로 달려가 그 보리수를 친견하는 일이 급했다.

가야산을 뒤로 하고 외곽에서 바로 남쪽으로 꺾어져 보드가야로 향했다. 거기서는 찻길을 따라 걷는 수밖에 없었다. 그러면 어떠랴! 두어 시간 뒤면 나도 그 부처의 보리수 그늘을 들어가 가부좌를 틀 수 있으리라.

전정각산이 동쪽의 벌건 불모지 위로 이마를 들었다. 허연 바닥을 드러낸 네란자라 강은 강이 아니라 사막 같다. 우펜드라가 가르쳐준 길을 그대로 따랐다면 저 모래벌판으로 걸어왔으리라.

그토록 멀게 느껴졌던 전정각산을 스치듯 지나서 나는 어느새 보드가야의 바자르 골목으로 들어서 그 탁한 인도의 사람 물결에 휩싸였다. 보이지도 않고 들리지도 않을 뿐더러 냄새조차 맡을 수도 없었던 그 불가사의한 유동체를 다시 만난 것이다.

보드가야를 상징하는 대탑은 보드가야 중심부에 우뚝 서 있었다. 그 탑이 있는 마하보디 사원을 중심으로 세계의 여러 불교 국가에서 세운 사원들이 남쪽 들판에 자리 잡았다. 현지인들은 북쪽 시장을 중심으로 졸망졸망 모여 살며 인도 어디서건 볼 수 있는 소읍의 풍경을 연출하고 있었다.

숙소로 정한 한국 사찰 고려사에 칸타카를 내팽개치듯 부려놓고서는 거기서 오 리쯤 떨어진 마하보디 사원으로 달려갔다. 어서 부처가 깨달은 자리에 서 있을 보리수를 만나야 했다. 그 나무를 보기 위해 그 먼 길을 숨넘어갈 듯 걸어왔는지 모른다.

그 나뭇등걸에 누군가 이마를 대고 눈을 감고서는 '무궁화꽃이 피었습니다' 하는 열 글자를 세는 술래가 되어 있을지 모른다. 그는 지금 자신을 찾고 있는 또 다른 자신이 그 나무로 다가오고 있는 황홀한 발걸음 소리를 듣고 있을지도 모른다.

대탑을 동쪽으로 끼고서 그 나무는 수줍게 서 있었다.
우듬지가 그리 굵지 않았다. 부처의 깨달음을 지켜본 나무의 손자뻘 되는 나무다.
성지순례 온 여러 나라 사람들이 그 보리수와 금강보좌를 향해 가부좌를 틀고 명상에 잠겨 있다.
나는 곧바로 그 곁으로 몸을 날려 오체투지했다.
대리석 바닥에 이마를 댔다. 딱딱하고 찬 돌 기운이 이마에 닿았다. 눈을 감았다. '무궁화꽃이 피었습니다'라고 읊조리며 숫자를 셌다.
순간의 나는 생의 제자리로 돌아가 고향 뒷산 소나무 등걸에 이마를 대고 숨바꼭질하고 있었다. 나를 술래로 만든 동무들이 장독대며 뒤란이며 우물 뒤에서 나타나 까치발을 하고서 살금살금 그 나무께로 다가왔다.
내가 태어난 곳이 여기란 말인가?

순간의 나는 생의 제자리로 돌아가

고향 뒷산 소나무 등걸에 이마를 대고 숨바꼭질하고 있었다.

나를 술래도 만든 동무들이 장독대며 뒤란이며

우물 뒤에서 나타나 까치발을 하고서

살금살금 그 나무께로 다가왔다.

내가 태어난 곳이 여기란 말인가?

나라는 존재는 여기서 태어난 '그' 무엇이었을까?

내 고향은 옛 가야 땅인데 여기가 바로 가야이지 않은가.

나라는 존재는 여기서 태어난 '그' 무엇이었을까?

내 고향은 옛 가야 땅인데 여기가 바로 가야이지 않은가.

나는 숨바꼭질하던 동무를 부르듯 '우리 가야' 하고 불렀다. 보드가야라고도 불러보았다. 합천 해인사 가야산의 이름도 불렀다. 가야의 가야산이 메아리쳤다. 강원도 월정사 오대산도 불렀다. 라즈기르 왕사성의 오대산이 대답했다. 밀양 영취산도 불렀다. 영산회상의 영취산이 김칫국에 밥 말아 먹다 말고 뛰쳐나왔다. 한라산 백록담 곁 오백나한을 불렀다. 라즈기르 칠엽굴에서 결집하는 오백나한이 뒤돌아봤다.

입술이 파르르 떨렸다.

가슴속의 가얏고 줄도 파르르 떨었다.

도대체 여기가 어디란 말인가?

온 세상에 팔만 사천 개가 넘는 진신사리 탑을 세우려던 아쇼카 왕의 뜻으로 우리 땅에도 부처의 진신사리를 모신 적멸보궁이 생겨나지 않았던가.

오대산 월정사의 적멸보궁!

영취산 기슭 양산 통도사의 적멸보궁!

가야산 해인사의 적멸보궁!

부처의 진신사리가 묻힌 우리 땅마다 부처의 깨달음을 낳은 이곳의 이름들이 붙여졌다.

우리 땅에 묻혔어도 부처는 자신의 고향에 묻힌 셈이다. 가야산이나 영취산이나 오대산은 우리의 선조들이 부처와 동향인이 되고 싶어 한 염원의 다른 이름이었다.

고구려 시대에 우리 땅으로 처음 전해진 뒤로 조선조 때 배척당하긴 했어도 불교는 천오백 년이 넘도록 우리 땅의 기층 종교로 깊이 뿌리내렸다. 그리하여 우리 땅을 믿게 된 불심들은 알게 모르게 그 불법의 고향을 자신들 고향으로 여겨왔을 터였다.

가야 시대에 청도 이서 땅에 나라를 세웠던 내 선조들도 마찬가지였을 것이다. 내가 그 땅에서 어느 해 어느 날 박 모라는 이름으로 태어난 인연의 끈을 당겨본다면 수백수천 억 가닥으로 갈래를 치고 서로 엮인 끝에 부처가 깨달은 '맨발의 땅' 보드가야에서 첫 실마리가 풀려나오고 있을 것이다. 내가 산에 미치면서부터 부처는 그 인연의 끈을 살짝 잡아당겼던 것 같다.

찾아가는 산마다 부처는 '지혜의 집'으로 사찰을 세워뒀다. 그 인연의 끈을 그 들목의 일주문으로 푼 것이다.

깊은 산마다 절은 깊었다.

북한산을 가자면 도선사 일주문을 지나가야 했고 오대산을 찾자면 월정사 일주문을 통과해야 했다. 가야산 해인사와 두륜산 대흥사와 조계산 송광사와 선암사 그리고 속리산 법주사와 설악산 신흥사와 영취산 통도사와 팔공산 동화사는 말할 것도 없고 이 땅의 모든 명산들은 그 초입에 세워둔 일주문으로 나를 맞곤 했다.

그 일주문을 들락거리는 사이에 나는 이미 가야로 이어진 부처의 길에서 '그'를 찾은 숨바꼭질을 시작했는지도 모른다. 여기에 '그'가 있을 것이라며, 부처는 매번 그 일주문들을 지나가게 한 모양이다.

그때였다.

내 몸속에서 하얀 빛의 덩어리가 빠져나갔다. 그가 그때까지 엎드려 일어날 줄 모르는 내 등에 대고 말했다.

"그만 일어나서 '그'를 찾아봐. '그'는 네 숨바꼭질 동무 다섯을 찾으러 먼저 떠났어. 맑은 길은 여기서 끝난 거야. 그 길 너머에 숨은 다섯 동무를 찾게 되면 그네들과 섞인 '그'를 찾아낼지도 모르지."

수갑 찬 다섯 마리 양

보드가야에 닿은 이튿날인 3월 9일 권경업 시인은 귀국길에 올랐다. 건강이 나빠진 데다 집안에 더는 여행할 수 없는 사정이 생겼던 것이다.

권 시인을 대신해서 혜명이라는 스님이 길동무로 나섰다. 네팔과 인도의 불교 성지순례에 나선 스님이었다. 보드가야의 고려사에 머물다 우리와 인연이 되었다. 그간 차로 이동하던 스님은 보드가야에서 사르나트까지라도 걸어보고 싶어 했다.

혜명 스님이 안내해서 다음 날은 전정각산을 찾았다. 여기도 영취산에서처럼 불가촉천민이 가로등으로 서 있었다. 햇살보다 더 따가운 그 시선에 주눅들어 오른 산에는 부처가 수행했다는 토굴과 티베트 승려들의 기도원이 들어 있을 뿐 별다른 유적은 없었다. 하산해서 둥개수와리 수자타 아카데미에 들렀다.

법륜 스님이 이끄는 정토회에서 세운 한국 포교원이다. 불교 성지마다 세워진 여느 국제 사찰과는 다르다. 사찰뿐 아니라 의료시설과 교육시설까지 갖추고 있어 이 수자타 아카데미는 비하르 주가 중심이 된 인도 불교부흥운동에 크게 이바지하고 있다. 고등학교 과정은 물론 초급대학 수준의 기술 교육도 겸하고 있다. 삼 년 과정의 학생들은 모두가 기숙사 생활을 한다. 의료시설도 규모가 상당하다. 진료 과목에 따른 전문의가 상주한다.

정토회에서는 JTS(Join Together Society)의 회원을 자원봉사자로 보내 수자타 아카데미 운영을 돕게 한다.

이 둥개수와리는 버려진 땅이라는 비하르에서도 보기 드물게 외진 곳이다. 농사지을 땅뙈기 한 뼘 제대로 찾아보기 어렵다. 오죽하면 부처가 여기를 극단의 고행지로 골라냈겠는가. 버려진 이 땅의 주인들 또한 세상이 버린 불가촉천민들이다.

둥개수와리 일대의 열여섯 마을에는 모두 천민이 산다. 수자타 아카데미의 불교 신도와 학생들과 환자들 또한 천민들인 것이다. 그들 천민들을 위한 보살행이 이 척박한 곳에다 수자타 아카데미를 세우게 했다.

가진 자나 외국인에 대한 천민들의 적개심은 여전히 뿌리 깊다. 수자타 아카데미도 그간 세 번씩이나 습격당했다. 그토록 지극한 보살행도 그 적개심을 넘지 못한 걸까?

그들은 사오십 명씩 패거리를 짠다. 사냥용 산탄총이나 사제 총 등으로 무장하고 쳐들어왔다. 그 뒤로 밤마다 가야 경찰서는 스물아홉 명의 무장경관을 내보내 야간경계를 서게 한다.

경찰들까지 그들과 마주치려 하지 않는다. 아카데미 관계자들이 위험지역으로 스무 명의 경찰을 동원해 침입자를 수색하려던 적이 있었다. 하지만 그 마을로 들어가기도 전에 경찰들은 꼬리를 내리고 말았다. 그 바람에 관계자들은 아무런 단서도 찾아내지 못했다.

끝내 한국인 자원봉사자가 이들의 습격에 목숨을 잃는 사고가 터졌다. 2000년의 일이다. 한밤중 출입문 쪽에서 시끄러운 소리가 들려 그 남학생이 이층 난간으로 나가 주변을 살펴보았다고 한다. 그러자 바로 총성이 울렸고 그는 그 자리에서 숨지고 말았다.

수자타 아카데미에 들러 안내자의 얘기를 듣자 한동안 잊고 있었던 트럭 클랙션 소리가 귀청을 찢었다.

"Life is danger!"

농로를 따라 비하르 주 농촌 오지를 간다는 게 실은 얼마나 위험하고 무모한 일이었는지 여실히 드러났다.

하지만 그간 한 번도 그런 위협을 느낀 적이 없지 않은가!

"하늘에 감사해야 할 일입니다. 부처님이 특별히 보살펴주신 모양입니다. 그사이 어떤 무장 세력들과 마주치지 않았다는 건 확률적으로 거의 제로에 가까운 일입니다. 그렇지만 지금부터라도 정말 조심하셔야 합니다. 다른 어디보다도 가야 일대가 특히 위험합니다. 라즈기르에서 보드가야로 내려오실 때는 어느 길로 걸어오셨나요?"

"원래는 이 전정각산을 넘어 이곳으로 지나가려 했습니다. 그런데 이십여 킬로미터 바깥에서 깊은 수로를 만나는 바람에 어쩔 수 없이 가야로 돌아오게 되었습니다."

청년은 그 얘기를 듣자 내 손을 덥석 잡았다. 그의 목소리가 떨렸다.

"아이쿠! 선생님. 선생님들은 그 덕에 무사하신 겁니다. 바로 이 산 너머에서 바라톨라까지는 그 위험하다는 둥개수와리에서도 가장 위험한 떼강도들의 소굴입니다. 부처님이 보살펴주셔서 그 길을 피해오신 겁니다."

그 순간 부처는 우펜드라의 얼굴로 나타나 빙긋 웃었다. 바라톨라라면? 우펜드라가 가르쳐준 길을 따라가다 물 없는 수로를 만난 마을이다. 그 수로를 건널 수 없어 가야로 돌아가는 그 먼짓길 속에서 우펜드라를 얼마나 원망했던가!

"우펜드라, 날 용서해주구려. 그대야말로 부처였구려. 석가족 피가 어딜 가겠소? 늙은 딸에게 안부 전해주쇼. 당신 딸 덕에 나도 내 딸을 데리고 옛 가야의 땅을 찾았고 연못에 배를 띄워 어머니와 뱃놀이를 즐기는 태몽 속으로 들어가는 행복을 즐겼소. 그건 숨바꼭질이었소. 사르나트를 거쳐 쿠시나가르에 가면 그 숨바꼭질이 끝날 테지요? 그때까지 당신이 건져준 목숨을 잘 지키겠소. 다시 만날 때까지 안녕!"

둥개수와리를 다녀와서 보드가야 고려사에서 이틀을 더 쉬어야 했다.

낡은 수레가 된 몸을 추스를 겸해서 다시 먼 길 떠나려면 챙겨야 할 게 한두 가지가 아니었다.

지주가 내려 앉아버린 천막이 자꾸만 애를 먹였다. 바람이 잘 통하지 않았다. 한밤중까지 무더워 잠을 설치기 일쑤였다.

마하보디 사원 앞에 전을 편 시장으로 가서 집을 한 채 장만했다. 팔백 루피 달라는 걸 깎아서 오백 루피, 그러니까 우리 돈 일만 오천 원에 산 그 집은 모기장 텐트였다.

그 모기장은 집 아닌 집이었다. 그 집은 저녁마다 일개 연대 규모 진군해오는 모기들은 들어갈 수 없는 '사람의 집'이었다.

3월 12일, 새벽녘에 보드가야 고려사를 떠났다.

고려사를 나서며 내 속의 나는 다시 원효와 의상으로 나뉘졌다. 수자타 아카데미 청년의 얘기로 우리가 '신의 샘'에서 '신의 눈물'을 퍼마신 바가지가 해골이었다는 걸 알게 되면서다.

원효인지 의상인지 어느 누군가 나서서 바라나시까지라도 고속도로로 걸어가자고 했다. 보드가야에서 83번 국도를 타고 삼십 킬로미터만 내려가면 콜카타에서 델리로 이어지는 2번 고속도로와 만나게 된다. 인도에서 교통량이 가장 많은 고속도로다. 바라나시를 거치는 그 고속도로는 트럭이라는 맹수가 우글거리긴 해도 떼강도를 만날 일은 없다.

그래, 떼강도보다야 트럭이 양반이지. 고속도로로 가자!

그때 의상 아니면 원효인 다른 이가 나타나 손을 내젓는다.

저런 또……. 그 길로 가면 숨바꼭질은 끝난 거야. 그 트럭 뒤에 어느 누가 숨을 수 있겠어? 거긴 아무것도 없어. 네가 버리고 온 그 땅에서 끈적이는 욕망의 찌꺼기뿐이라고. 숨바꼭질은 계속되어야 해!

나는 그의 말을 따른다. 비순간즈 논길을 따라 가야로 다시 올라갔다.

워낙 시가지가 넓어 가야에서 카스타로 빠지는 길 찾기가 여간 만만찮았다.

가야의 외곽에서 서쪽으로 곧게 난 그 길을 처음 봤을 때 묘한 느낌이 들었다. 고행 끝의 부처가 뼈다귀만 남은 몸으로 그 길에 엎어져 있는 것만 같았다.

길에도 생로병사가 있었다.

그 길에는 길의 주검만이 내던져져 있었다. 그 길의 나이는 얼마나 되었을까? 백 살? 아니 이백 살도 더 먹었을지 모른다. 영국 식민지 시대에 깐 듯한 콜타르 덩어리가 길 한가운데서 고행자의 등뼈처럼 툭툭 불거져 포장도로의 흔적을 말해줄 뿐이다. 백 년 전에 태어났으나 지금까지 아무도 돌보지 않아 버려진 길이었다.

어째서 그토록 오랫동안 손실되지 못한 걸까?

이 길을 가는 사람들이 이 길보다 먼저 버려진 불가촉천민들인 까닭이다. 버려진 길은 버려진 사람들의 인생 속으로 들어가 아주 버려져 있었다.

그 더위에도 오싹한 한기가 느껴졌다.

두려워할 것 없어! 넌 아무것도 두려워하지 않아!

마음은 자꾸 그렇게 속삭이며 몸을 다독거린다. 그래도 몸은 그 마음을 알아주지 않는다. 몸은 오한이 난 듯 떨 뿐이다.

버려진 길에 마을이 줄지어 나타났다. 대나무를 얼기설기 걸치고 그 위에 짚만 얹어 흙벽을 댄 집도, 그 안에 사는 사람들도 말이 없긴 마찬가지다. 나마스테 하고 인사말을 건네도 아무런 대꾸가 없다. 벙어리에다 귀머거리들인가 싶다.

다만 분노가 타오르는 눈빛만 이글거린다. 영취산 빔비사라 왕의 길을 걸을 때 온몸에 날아와 꽂히던 그 분노의 눈길이다.

나이 든 사내들의 눈빛은 더욱 노골적이다. 그건 분노라기보다 증오에 가깝다. 아버지 빔비사라 왕에게 증오심을 드러내던 아들 아자타사투의 눈빛이 저러했으리라.

도대체 내가 이들에게 무슨 잘못을 저질렀단 말인가! 이생이 아니라 전생에서라도! 저들은 내가 외국인이라는 이유 하나만으로 어떻게 저토록 노골적인 적개심을 드러낼 수 있을까? 어린애건 어른이건 또 남성이건 여성이건 약속이라도 한 듯 다같이 드러내는 그 분노는 어디로 던진 돌이며 누구를 맞히려던 돌일까? 그 돌들이 손톱만한 빈틈을 보여도 내 뒤통수를 후려칠 것만 같다.

카스타를 지나 카라이야로 걷고 있을 때였다. 그쪽 찻길에서 자동차 엔진 소리가 나며 먼지가 피어올랐다. 가야를 떠난 지 거의 세 시간 만에 그 버려진 길로 처음 지나가는 차였다. 가까이 다가올수록 그 차는 심상찮아 보였다. 장갑차만 같았다. 천천히 우리 곁을 지나간 그 차는 장갑차 비슷하게 생긴 큰 경찰 트럭이었다. 국방색을 보호색으로 도장하고 있어 군용차로 보인 것이다. 차 안에는 특수부대원 차림의 경찰 열댓 명이 중무장한 채 저마다 기관총을 무릎에 세우고 무표정한 얼굴로 앉아 있었다. 얼음 덩어리를 싣고 가는 냉동차 같다. 운전석 옆에 앉은 지휘자가 우리를 쳐다봤다. 냉동고에서 방금 꺼낸 동태 눈초리였다.

차를 세우고 검문할 줄 알았다. 하지만 차는 서지 않았다. 다가오던 속도 그대로 지나쳐버렸다. 자동차 뒤로 먼지가 꼬리를 물고 일어났다가 곧 스러졌다.

그 경찰차는 십 분이 채 지나지 않아 가야 쪽에서 다시 나타났다. 이번에도 그 차는 빨리 달리지 않았다. 기어를 고정시켜 놓았는지 처음처럼 서서히 다가왔다.

지휘자는 이번에도 동태눈으로 흘낏 쳐다보기만 했다. 모든 게 방금 전 상황과 똑같았다. 딱 하나 다른 점이 있긴 했다. 싣고 가는 얼음 덩어리들이 달라졌다. 수갑을 찬 다섯 사내가 그 김이 서린 얼음 덩어리들에 둘러싸여 함께 얼어붙어 있었다. 한눈에 그들이 불가촉천민이라는 것을 알 수 있었다.

하지만 그뿐. 그 경찰차는 다시 먼지 꼬리를 일으키며 파라이야 쪽으로 천천히 굴러가 지평선을 넘어가버렸다.

그러자 희한한 일이 일어났다.

주변 불가촉천민들의 태도가 싹 달라진 게 아닌가. 그 경찰차는 여태 우리를 주눅들게 했던 천민들의 까닭 모를 그 분노와 증오와 적개심을 모조리 쓸어담아 찬바람 나는 냉동고에 싣고 가버린 것만 같았다.

어떻게 이런 일이 있을 수 있을까? 인도에는 쓰레기 수거 차량은 없어도 적개심 수거차라는 게 있는가 싶었다. 간디가 얘기한 인도의 모순이 바로 이런 걸까?

까닭 모를 분노와 증오심에 불타오르던 눈빛은 간데없다. 모두들 따뜻한 눈빛으로 살갑게 다가왔다. 까마귀 날자 배 떨어진 것인지 몰라도 사람들의 태도가 백팔십도 바뀐 것을 나는 경찰차의 출현에서 찾아볼 수밖에 없었다.

그 경찰차에는 다섯 사내들이 수갑을 찬 채 호송되고 있었다. 경찰차는 그들을 체포하러 왔다가 상황이 종료되어 돌아간 것이리라. 이곳 주민들의 어떤 우환거리가 해결된 것일 터이다. 어떤 우환을 일으킨 것인지 모르지만 그들 또한 천민이었음에 틀림없다. 게다가 더욱 갈피잡기 어려운 것은 이 일을 아무런 상관도 없는 낯선 외국인들의 출현과 연관 짓는 주민들의 마음갈피였다. 돌이켜 볼수록 헷갈렸다.

차이를 내오기도 하고 따리 대포를 한 잔 가득 쳐주기도 하며 가까이 다가오는 그들에게 궁금한 걸 물어보려 해도 얘기가 되질 않았다. 거의가 문맹이어서 영어로 얘기를 나눌 만한 사람이 없었다.

자동차가 사라진 빈 지평선 위로 흰 구름이 떼지어 피어올랐다. 양떼구름이다. 양떼들은 자동차를 쫓는지 서쪽 하늘로 내닫고 있다. 바라니시와 사르나트가 있는 방향이다.

부처가 이 길을 갈 때도 저런 양떼구름이 피어올랐을까? 부처는 잃어버린 다섯 마리의 양을 찾으러 이 길을 갔다. 그래서 지금의 나도 이 길을 가고 있는 것이다.

부처는 법열의 기쁨에서 깨어나 뜻밖의 고뇌에 빠져든다. 그 법은 너무나 깊고 오묘했다. 그 누구도 이해 못할 법을 얻었기에 누구에게도 전해질 수 없을 것 같았다.

나는 행복하다.

법을 깨달으니 홀로 있어도 행복하다.

이 세상 모든 생명들에게 자비심을 갖는 것은 행복이다.

욕망의 굴레에서 벗어나

'나'라는 교만을 떨쳐버려 그 무엇보다도 행복하다.

이렇게 행복에 겨운 나머지 부처는 그 법을 혼자만 즐기기로 했다.

"아! 이제 세상이 구원될 길은 없다. 세상은 무너지고 말았다."

부처를 하늘에서 내려다보며 그렇게 범천신이 탄식했다. 그 안타까움이 전해졌는가! 부처는 곧 마음을 바꾼다. 카필라 성을 나서 출가할 때의 초발심이 깨달음의 법으로 뭇 중생을 구제하는 데 있었다는 걸 되새기게 되었다.

그러면 누구에게 이 법을 처음 전할까?

부처는 케사리아와 바이샬리에서 만났던 두 스승을 남 먼저 떠올렸다. 그 알라라칼라마도 웃타카 라마푸타도 깨치거든 자신부터 먼저 구원해달라고 신신당부했다.

부처는 그 두 스승을 수소문했다. 그러나 노쇠했던 그들은 그 얼마 전에 세상을 뜨고 말았다.

빔비사라 왕도 생각해보았다. 그 역시 스승 못지않게 간청했었다. 하지만 아직 그럴 때는 아니었다. 초발심대로 법을 세상에 널리 퍼뜨려 중생들을 구하려면 제자를 먼저 둬야 했다. 그런 뒤에 빔비사라 왕을 귀의시켜도 늦지 않으리라.

그 다음으로 수자타의 유미죽 공양을 받아들이는 것을 보고 타락했다며 사르나트로 떠나버린 다섯 도반을 떠올리게 되었다.

부처는 누구보다 그들을 먼저 제도하기로 마음먹는다.

그는 다시 맨발의 나그네가 되었다.

우리가 양들을 보기는 본 걸까?

그 옛날 부처가 버려진 땅 가야에서 사르나트로 가버린 다섯 도반을 떠올렸듯, 나는 조금 전에 잡혀가던 다섯 불가촉천민들을 가야의 그 버려진 길에서 떠올렸다.

부처의 다섯 도반이 사르나트로 갔듯 그 다섯 천민 사내들도 사르나트가 있는 서쪽 먼짓길로 쇠고랑을 차고 끌려갔다.

왠지 그들이 내 피붙이 살붙이인 듯 느껴졌다. 오무자와 오유자로 살아오며 스스로를 무한경쟁 사회의 낙오자인 천민으로 여겨온 탓일까. 남편과 아버지를 끝없는 방랑에 빼앗겨버린 가족들에게 그런 서러움과 슬픔을 안겨준 까닭일까. 그때 내 입에서는 한 번도 불러본 적이 없는 그 유행가가 흘러나왔다.

미아리 눈물고개 님이 넘던 이별고개 화약 연기 앞을 가려 눈 못 뜨고 헤매일 제 당신은……

철삿줄에 두 손 꽁꽁 묶여 이 먼짓길을 맨발로 끌려간 사내는 누구였을까.

그 옛날 부처를 버리고 사르나트로 가버린 그 다섯 도반일까? 아니면 그들을 찾아 나선 부처였을까? 그도 아니면 조금 전에 수갑 차고 잡혀가던 바로 그 다섯 불가촉천민 사내들이었을까?

아빠를 기다리다 지친 아이들을 잠재우고 동지섣달 긴긴 밤을 눈물로 지새우면서도 그이가 십 년이 지나도 백 년이 지나도 그저 살아서만 돌아와주기를 바라는 아낙네는 과연 누구인가?

누가 부르는 노래일까?

카필라 성에 남아 있던 다섯 도반들의 부모와 처자들이었을까? 아니면 부처의 아내 야소다라 비와 아들 라훌라였을까? 그들도 아니면 방금 끌려간 다섯 사내들의 처자식들이었을까?

나는 고개를 모로 내젓고 있었다. 까닭은 알 수 없었다. 그로부터 보름이 지난 뒤 바라나시에서 어떤 이의 주검을 보기 전까지 나는 그 노랫가락이 어느 여인의 입에서 흘러나온 것인지를 알지 못했다.

이웃집 아저씨처럼 사람 좋게 생긴 혜명 스님도 그 노래를 알고 있어 따라 불렀다. 그가 손수건을 꺼내 건넸을 때야 나는 울고 있다는 걸 알았다.

스님이 뜻밖의 얘길 꺼냈다.

"우리 일행이 지금 다섯 아니우. 우리가 이 길 끝에서 만나야 할 사람도 부처의 다섯 도반이고. 그리고 또 방금 붙잡혀 가던 사내들도 다섯이었단 말이요. 우연치고는 너무도 신기하죠! 왜 이런 우연이 일어날까요?"

"연기법 얘길 꺼내시려는 거예요?"

"하하하. 박 선생이 그렇게 나올 줄 알았소. 하지만 그게 아니요. 모르고 지나쳐서 그렇지 자세히 보면 세상에는 이런 정도의 우연은 늘 일어납니다. 부처님의 경우도 마찬가지예요. 그분에게 큰일이 생겨날 때마다 샛별이 떴어요. 깨달을 때뿐 아니라 태어날 때도 샛별이 뜰 때라 했고 그 샛별처럼 빛나는 어느 수행자의 눈빛을 보고 출가할 때도 샛별이 떴으며 도나 바라문이 부처의 사리분배를 마쳤을 때도 샛별이 떴다고 해요. 그래서 그 샛별을 보게 되어 부처님이 갑자기 도를 깨친 걸로 오해하는 사람이 많습니다. 하지만 진실은 그게 아니겠죠. 깨달음을 얻은 순간이 이 세상이 샛별로 눈뜨는 시각과 겹쳤을 뿐이죠. 지금 상황도 마찬가지입니다. 박 선생, 실례가 안 된다면 하나 물어봐도 될까요?"

속가에서 먼저 만났다면 그는 좋은 술친구가 될 만했다. 육신의 나이도 엇비슷해 보였다.

"그럼요. 뭐든……."

"불교의 사대성지를 잇는 길 중에 어느 길이 가장 중요하다고 생각해요?"

"그야 출가한 카필라바스투에서 깨달음을 얻은 보드가야에 이르는 길 아니겠어요."

"맞습니다. 일반적으로 다들 그렇게 알고 있죠. 하지만 제 생각은 다릅니다."

스님이 말을 이었다.

"나는 바로 이 길이라고 믿습니다."

"어째서죠?"

"이 길이야말로 진정한 버림의 길이기 때문이죠."

"깨달음의 길이 버림의 길 아니었던가요."

"그렇죠. 거기서 부처님은 태자의 지위와 처자식 부모까지 버렸지요. 사실입니다."

"그러면 모든 걸 그 길에 버렸지 않소. 부처에게 버릴 것이 또 뭐가 남았다고……."

"바로 그거요. 모든 걸 그 길에 버린 뒤 가야에서 부처님은 깨달음을 얻었소. 더불어 깨달음의 기쁨을 함께 얻었소. 온 세상을 다 얻은 것보다 더 큰 행복을 준 기쁨이었소. 혼자만이 누릴 수도 있었던 그 기쁨을 부처는 사르나트로 가버린 다섯 도반을 찾으러 가는 길에 버린 것이오. 바로 이 길에서 부처가 그 깨달음의 기쁨까지 버렸기 때문에 부처를 낳은 그 깨달음의 법은 불교로 다시 태어날 수 있었던 겁니다."

"음……. 보드가야에 이르는 길은 깨달음이 태어난 오솔길이라면 이 길은 불교가 태어난 큰길이라는 얘기군요."

"그렇소이다. 그래서 나도 이 길만큼은 차를 타지 않고 꼭 걸어보고자 했던 거요. 그러니까 박 선생! 그 다섯이라는 숫자의 우연에 너무 신경 쓰지 마시오. 그건 부처의 샛별 같은 겁니다. 그 샛별을 보는 순간 부처가 아니 왜 또 저 샛별이 떴단 말인가 하고 의아하게 여겼을 리 만무합니다. 깨달음을 축하해주는 하늘의 눈빛쯤으로 반겼을 겁니다. 우리가 가야에서부터 여기까지 걸어온 그 몇 시간 사이에 이 길에서는 도저히 가늠할 수 없는 빠르기로 부처와 사르나트의 다섯 도반과 지금 잡혀간 다섯 사내들과 우리 다섯 길동무, 그리고 이 길가에 살고 있는 모든 불가촉천민들의 피붙이 살붙이들이 하늘로 올라가서는 별이 된 겁니다. 그 별들은 지금은 서로 광년의 거리로 떨어져 있지만 만나야 할 그리운 이름들을 별빛으로 불러주고 또 뽕짝도 한 소절 부르면서 그리움에 눈물짓고 있었던 것이지요. 그러니 슬퍼하거나 노여워할 것 없습니다. 서쪽 하늘에 다섯 샛별이 뜰 때까지 꿋꿋하게 걸어보자고요."

눈이 맑아지고 발걸음이 가벼워졌다. 스님이 길동무로 따라 나선 게 아니라 나를 길동무로 붙여준 것 같았다.

그 길을 기찻길이 줄곧 따라왔다. 우리가 걷고 있는 이 길이 왜 이토록 처참하게 버려지게 되었는지 명확해졌다. 여기서는 모든 나들이에 기차가 이용되기 때문이다. 그래서 그간 차라고는 경찰차 한 대만 지나간 것이다. 길 위를 오가는 사람들은 모두 기차역으로 가거나 기차역에서 내린 사람들이었다.

3월 12일, 여장을 푼 바라도 구라루라는 기차역에서 얼마 떨어지지 않은 역전 마을이었다. 다섯 사내를 붙잡아가던 경찰차가 지나가고 나서부터 길에서 만난 사람들은 불가촉천민이건 아니건 인도인다운 호기심을 보였다. 이 마을도 그랬다.

동구에 들어설 때부터 우리는 동네 사람들에게 둘러싸이기 시작했다. 그 바람에 빨리 걸을 수가 없었다. 이미 삼십오 킬로미터나 걸었고 주위가 어둑어둑해졌다. 어서 숙소를 찾아야 했다. 하지

나는 고개를 모로 내젓고 있었다.
까닭은 알 수 없었다.
그로부터 보름이 지난 뒤
바라나시에서 어떤 이의 주검을 보기 전까지
나는 그 노랫가락이
어느 여인의 입에서 흘러나온 것인지를 알지 못했다.

만 사람들이 장벽을 풀어주지 않았다. 그 무리를 끌고가는 수밖에 없었다.

함박눈 쌓인 운동장에 눈덩이가 굴러가는 것 같았다. 갈수록 사람들이 더 들러붙어 더는 굴러가질 못했다.

눈덩이의 입이 보이지도 않는 또 다른 입에게 고함을 질렀다.

"이봐! 빔. 더 못 가겠어. 오늘은 여기서 자자고. 하룻밤 묵어갈 만한 학교가 어디 있는지 물어봐요."

한참 뜸을 들인 뒤에야 그 다른 입이 외쳤다.

"학교는 마을을 벗어나 있어서 위험하다는데요."

여기도 불가촉천민 마을이어서 아직 방심할 때가 아닌 모양이었다.

"그럼 어디서 자라는 거야?"

"경찰서 게스트하우스로 가래요."

경찰서 게스트하우스라니! 이곳 경찰서는 나그네를 재워주는 게스트하우스까지 운영한단 말인가? 그 경찰서 게스트하우스라는 게 유치장만 아니길 바라며 눈덩이와 더불어 경찰서 쪽으로 굴러갔다.

막상 그 게스트하우스에 닿아서야 알게 되었다. 그곳은 경찰서 게스트하우스가 아니라 경찰서 옆에 있는 게스트하우스였다.

전기도 들어오지 않는 이 작은 마을에 게스트하우스가 있을 줄이야. 이 마을과 붙은 구라루는 꽤 이름난 힌두교 성지였다. 그 성지를 찾는 순례자가 묵는 숙소였다.

자원봉사자들로 보이는 게스트하우스의 관리인들은 힌두교도도 힌두 성지순례자도 아닌 우리들을 마을의 손님으로 기꺼이 받아주었다.

네댓 관리인들은 저녁 여덟시부터 한 시간 동안은 신도들이 예배드리는 시간이라고 알려줬다. 그 시간만큼은 시끄러워도 참아달라며 오히려 송구스러워했다. 게스트하우스라 해서 잠잘 방이 따로 있는 게 아니었다. 열댓 평 될까 말까 한 넓이의 방이 평소에는 예배당으로 쓰이다가 순례자가 찾아오면 숙소로 바뀌는 것이다. 그래도 한쪽 구석에는 우물 펌프와 화장실까지 갖춰놓았다. 관리인은 예배가 끝나면 바로 저녁 식사를 가져다준다고 했다. 그때까지만 배가 고파도 참아달라는 말도 잊지 않았다.

예배는 정확히 저녁 여덟시에 시작되었다. 관리인이 그 시간에 맞춰 촛대 여러 개를 갖고 들어와 여기저기 세웠다.

자리를 비켜주려 하자 사회자가 지켜봐도 좋다고 해서 그대로 앉아 있게 되었다. 서른 명가량이 예배에 참석했다. 아이들은 서너 명뿐이다. 여인들은 왼쪽에 두 줄을 지었고, 세 줄의 남정네들은 그 오른쪽에 앉았다. 모두들 시바와 비쉬누와 가네쉬와 크리슈나 신 등을 그린 브로마이드 사진을 붙여둔 정면 벽을 향했다. 한쪽 구석에 켜둔 향에서는 모기 향내가 가득 피어났다. 모기가 많은 동네라 제의용 향이 아니라 진짜 모기향이었을지도 모른다.

사회자가 '옴!' 하며 기도문 같은 주문을 읊는다. 신도 중 가장 나이가 많아 보이는 노인네가 일어나서 유인물을 돌린다.

노인이 그 유인물에는 눈길도 주지 않고 기도문을 낭독한다. 목소리가 낭랑하기 그지없다. 그때 신도석에서 핸드폰 벨소리가 울린다. 모두가 그럴 줄 알았다는 듯 왁자지껄 웃어젖힌다. 상습범인 것 같다.

낭독이 끝나자 사회자가 '나마스테'를 세 번 외치며 노인에게 인사를 한다. 그를 따라 모두 '나마스테'를 세 번 외친다.

이어 한 젊은이가 신도석에서 일어나 앞으로 나온다. 그는 노트와 손전등을 들고 나왔다. 그의 허리춤에 달린 손전등 두 개가 복더위 맞은 쇠불알처럼 덜렁거렸다. 손전등을 세 개나 가진 그 사내는 곧 그 손전등을 비춰가며 노트에 적힌 걸 낭독하기 시작했다.

판소리 가락 같은 운율에 실린 그 목소리는 정말 아름다웠다. 시를 낭독하는 것 같았다.

영화 평론하는 어느 친구의 말이 떠올랐다. 전 세계를 통틀어 가장 많은 영화가 제작되는 인도 영화의 제일 큰 매력은 음악에 있다는 것이다. 잘 만든 인도 영화는 모두가 뮤지컬이라는 얘기였다. 잊고 있던 그 얘기가 생각날 만큼 그의 낭독은 뮤지컬 배우가 들려주는 노랫소리에 다름없었다.

사회자가 그 노트를 넘겨받아 '옴 샨티 옴 샨티' 하며 세상의 평화를 기원하면 참석자들이 뒤따라 외쳤다.

그렇게 예배가 진행되는 동안 동네 사람들이 하나둘 도둑고양이처럼 살금살금 들어왔다. 그들은 신도석 끄트머리를 빙 둘러쌌다. 사람의 벽이 점점 더 두터워졌다. 백 명은 넘을 것 같았다.

모두 그 숙소가 생기고 처음 찾아온 외국 사람을 구경하러 온 것이었다. 짜파티는 말할 것도 없고 밀가루 반죽 속에 콩고물을 넣고 화덕에 구운 립티와 자그마한 짜파티를 기름에 튀긴 프리와 연

근처럼 생긴 꽈배기인 칠레비를 후식으로 내놓은 저녁 성찬을 대접받았다.

관리인들의 친절과 호의는 여기서 끝나지 않았다. 숙소 철문을 자물쇠 걸어 닫았다. 열쇠는 우리에게 줬다. 그 바깥에서 서너 명이 교대해가며 밤새 보초를 서줬다.

누군가가 잠도 자지 않고 장만하였는지 새벽 다섯시 반에 그들은 아침상을 들고 왔다. 이렇게 아침 준비까지 할 줄 모르고 우리는 새벽같이 떠날 거라고 일러뒀던 것이다. 아침상에 오른 쌀밥과 노란 채소카레가 김을 모락모락 피워 올렸다.

떠날 채비를 갖추고 숙박비를 치르려 했다. 하지만 그들은 끝내 받지 않았다. 그건 이 게스트하우스의 주인인 신들을 모독하는 짓이라고 했다.

관리인과 실랑이하는 사이에 동네 사람들이 또 다시 우리를 에워쌌다. 달라이라마나 교황을 알현하듯 그들은 우리 일행들과 한 사람 한 사람 손을 잡고 작별 인사를 나누려고 새벽잠을 접고 달려온 것이다.

여기저기서 플래시가 터진다. 들고 있는 핸드폰으로 사진을 찍고 있었다. 이제 여기서도 우리는 사진을 찍어주는 게 아니라 찍히는 모델이 되었다. 우리가 구경하는 게 아니라 저들이 우리를 구경하고 있다.

관리인이 그들에게 줄을 서라고 했다. 그 바람에 게스트하우스 앞에는 여가거리라고는 영화밖에 없던 시절 명절날 극장 앞처럼 길고 긴 줄이 세워졌다.

우리도 줄을 섰다. 그들에 비해 형편없이 짧은 줄이었다. 그 긴 줄의 사람들이 뱀처럼 꿈틀거리며 우리에게로 다가와서 한 사람씩 악수를 나눴다.

세어보지는 않았다. 이백오십 명은 확실히 넘었겠다 싶을 때 그가 내 손을 잡았다.

"저를 기억하세요?"

어제 저녁 손전등을 세 개나 가지고 있던 그 뮤지컬 배우였다. 잊을 수 없었던 그 목소리였다. 그는 주머니에서 자그마한 비닐 봉투를 꺼냈다.

"이거 라임입니다. 다섯 개죠. 식사하실 때 그냥 드시지 마시고 이 라임 즙을 뿌려서 드세요. 그러면 설사 걱정을 안 해도 됩니다."

그의 영어는 귓속으로 쏙쏙 파고들었다. 그가 라임을 다섯 개 가지고 왔다니까 깜박했던 다섯 사내들의 안부가 궁금해졌다.

"고맙소. 근데 알고 싶은 게 있어요. 어제 혹시 경찰들이 불가촉 천민 다섯 명을 체포해서 여기를 지나가지 않았나요?"

"아니, 그런 일이 있었단 말이오? 난 모르는 일인데……. 옳지, 관리인들에게 물어볼 게요. 그들은 마을 일이라면 모르는 게 없지요."

하지만 관리인도 모른다고 했다. 그런 차가 지나가는 걸 보지 못했다는 것이다. 거기서 여기까지 오는 길에 달리 빠져나갈 갈림길도 없었던 것 같은데…….

우리가 궁금증을 못 푼 게 제 탓이라는 듯 미안해하며 그는 윗주머니에서 메모지를 건넨다.

"여기 내 이름과 주소와 핸드폰 번호가 적혀 있습니다. 나는 밤새 당신들을 위해 기도했습니다. 당신들이 인도 땅에 와서 걷고 있는 그 뜻이 무엇이든 꼭 이뤄지길 기도했습니다. 오늘도 내일도 기도할 겁니다. 주소와 핸드폰 번호를 적어드렸지만 꼭 편지하거나 전화해달라는 건 아닙니다. 인도에서 무슨 일이 생겨 제 도움이 필요하면 연락하십시오. 다만 부탁드리는 것은 한국으로 돌아가게 되면 나를 꼭 한 번만 생각해주십시오. 내가 바라는 건 그것뿐입니다."

날란다 들목에서 만났던 문수동자는 지난 이십여 일 사이에 성년으로 자라나 이 불가촉천민 마을의 푸르사탐 프라사드라 불리는 문수보살이 되어 있었다.

동구 밖으로 오 리 가까이 따라오면서 손을 흔들던 사람들이 마을로 돌아가는 것을 뒤돌아보며 혜명 스님에게 말을 붙였다.

"어제 지나간 경찰차를 스님도 보긴 봤지요?"

바라의 문수보살과 얘기를 나누면서부터 내 눈을 믿을 수 없게 되었다. 헛것을 본 게 아닐까 싶었다.

"글쎄. 나도 분명히 봤소. 그래서 다섯 도반 얘길 나눈 것 아니오. 그런데······. 지금은 자신이 없소. 나도 꼭 헛것을 본 것만 같단 말이오. 데자뷔가 거꾸로 뒤집어진 느낌이오. 지금이."

처음 본 것을 어디선가 그전에 본 듯이 느끼게 되는 게 데자뷔 아닌가. 지금처럼 분명히 보았음에도 곧 그 기억이 지워지고 본 사실조차 믿지 못하게 되는 이런 경우를 가리키는 심리학 용어도 있을 것만 같다.

"스님! 그러면 그 다섯 사내들은 우리를 보긴 봤을까요?"

"우리가 그 사람들을 봤는지 못 봤는지를 모르니 그들이 우릴 봤는지 못 봤는지 알 턱이 없지 않소. 다만 그들을 생각하고 또 우리를 생각하는 사람들이 그 길에서 스쳐 지난 것 아니겠소."

스님의 얘기는 바라마을 문수보살의 마지막 당부를 되새겨주었다.

"한국에 돌아가거든 단 한 번만 나를 생각해주시오!"

눈을 감을 술래가 되면 세상의 어느 것도 보이지 않게 된다. 조금 전에 동무들과 술래를 뽑는 가위 바위 보를 했다는 사실마저 잊어버리게 된다. 머리카락까지 꽁꽁 감추고 숨은 동무를 어떻게 찾아낼 수 있을지 막막해지기도 한다.

그 숨바꼭질에서 숨은 동무를 찾아내는 수는 따로 있었다.

그건 뜻밖으로 손쉬운 일이었다.

상대를 생각하는 거였다.

그래서 나는 까닭을 묻지 않는 대시 까닭 없이 그리워지는 사람들의 이름을 하나하나 불렀다.

그리고 그들을 생각하며 서쪽으로 서쪽으로 걸어갔다.

What's your name?

걸음에 속도가 붙었다.

가야를 떠난 뒤 날마다 삼사십 킬로미터씩 걸을 수 있었다. 라피간즈에서 오브라를 거쳐 바룬에서 다시 갠지스 강을 만날 때까지 백이십 킬로미터의 버려진 길을 나흘 만에 걸었다.

가야를 떠난 뒤로 지금까지 하루도 흐린 날이 없었다. 그래서 달과 별과 바람이 나그네의 모기장 집에서 쉬다 가지 않은 날이 없었다. 혜명 스님과 심병우 씨와 셋이서 누우면 꽉 차버리는데도 그 숱한 밤하늘의 별들이 다 들어와 별자리를 수놓을 수 있었다. 그러고도 남은 자리가 있어 달이 그 환한 빛을 드리울 수 있는 신기한 집이었다. 밤마다 불어오는 바람은 쉬고 있는 길동무들의 살을 어루만져주었다. 그 시원하고 부드러운 손으로 바람은 집 안으로 들어온 별과 달의 볼도 쓰다듬어주었다.

그래서 알게 되었다.

꼭두서니처럼 빛나는 우리말들은 거의 홑글자에 'ㄹ' 받침을 달고 있다는 것을!

길, 말, 얼, 글, 술, 물, 불, 돌, 밀, 쌀, 절, 알, 팔, 발…… 이루다 헤아릴 수 없이 많은 그 말들을 하나씩 불러보며 날마다 잠 속으로 발걸음을 뗐다. 그 길이야말로 부처의 길을 따라 걷는 꿈길이었다.

철교와 쌍으로 놓인 바룬의 긴 다리를 건넜다. 갠지스 강 건너편의 데리온 손에서 2번 고속도로를 버리고 카드세루아 쪽의 논길로 들어섰다. 지도에도 나와 있지 않은 그 농로는 다행히도 다리하와리와 차나리까지 끊기지 않고 이어졌다.

바룬에서 갠지스 강을 건넌 지 나흘째 되는 3월 18일 저녁 무렵이다. 차나리를 벗어나 다음 마을인 하타로 부지런히 발걸음을 떼고 있었다. 그 마을까지 한 시간이면 걸어갈 수 있다고들 했지만 해가 곧 떨어질 것 같아 서둘러야 했다.

곰곰이 따져보았더니 그 며칠 전에 지나온 논길에서 카필라 성을 나서서 걸은 거리가 천 킬로미터를 넘어선 것 같았다. 그 숫자에서 무슨 뜻을 찾자는 건 아니었다. 오늘밤이라도 조촐한 술자리를 마련하고 싶어졌다. 술 한 잔이라도 나눠야 누구보다 발이 섭섭잖을 것 같았다. 그런데 개똥도 약에 쓰려면 없다더니 오늘따라 자기 집에서 묵으라는 이가 없다.

그때 어떤 자그마한 사내가 샛길에서 나타나 우리 쪽으로 내달려왔다. 어디 대처로 나가서 장을 봐오는 길인지 큼직한 보따리를 든 그는 오리처럼 뒤뚱거렸다. 가까이 온 오리는 몸피가 가늘긴 해도 아주 야무지고 단단해 보였다. 그는 아무것도 물어보지 않고 다짜고짜 자기 집을 가서 묵으라고 했다. 오히려 내가 물어봐야 했다.

집이 여기서 가까운가, 마당에 모기장 천막을 치고 잘 수 있느냐, 이웃이 좀 떨어진 집이어서 우리끼리 조용히 지낼 수 있으면 좋겠다, 그러냐? 오늘은 기념할 일이 있는 날이다, 따리주라도 있느냐, 저녁과 아침을 해줄 수 있느냐……. 그 모든 물음에 그가 빠짐없이 고개를 까딱거렸다. 믿고 따라가보는 수밖에 없었다.

그 뒤를 쫓아 몇 걸음 걷다가 전차에 받힌 듯 이름을 물어보게 되었다.

"아킬레스 쿠마르요."

이 인도 친구는 그리스 신화에 나오는 영웅과 이름이 같았다. 그리스는 여기서 멀지 않다. 이천 년 전부터도 인도와 그리스는 서로를 섞어왔다. 찬드라굽타 미술 양식이 그런 역사를 잘 말해준다.

하지만 그가 그리스에서 이름을 빌려왔을 거라는 짐작은 섣부르다. 그리스 신화가 인도인의 이름을 빌려갔을지도 모를 일이다.

아킬레스도 핸드폰을 갖고 있다. 자기 집으로 전화한다. 손님을 데리고 가니 저녁을 준비해두라고 이르는 것 같다.

그의 어머니와 두 여동생과 남동생 그리고 아내와 두 살 난 딸. 그 여섯 식구 모두 동구 밖까지 나와 기다리고 있었다. 그들은 오랜만에 만난 일가친척처럼 우리를 맞아주었다.

인도에서는 살갗이 하얗고 살집 많은 여자를 미인으로 친다더니 그의 아내가 꼭 그렇다. 보름 달덩어리다.

동네에서 조금 나가 앉은 집이 아주 예뻤다. 붉은 벽돌로 쌓은 그래서 알게 되었다.
꼭두서니처럼 빛나는 우리말들은
거의 홑글자에 'ㄹ' 받침을 달고 있다는 것을!
길, 말, 얼, 글, 술, 물, 불, 돌, 밀, 쌀, 절, 알, 팔, 발…….
이루 다 헤아릴 수 없이 많은 그 말들을 하나씩 불러보며
날마다 잠 속으로 발걸음을 뗐다.
그 길이야말로 부처의 길을 따라 걷는 꿈길이었다.

미음자집 담장이 동쪽으로 난 대문과 맞물려 너른 마당을 감쌌다.

포도나무, 레몬나무, 망고나무, 파파야, 가지, 무궁화, 장미, 메이플라워 따위는 내가 이름을 불러줄 수 있는 것들이고, 처음 보는 까닭에 이름을 불러주지 못한 꽃나무와 풀들도 마당에 가득하다.

마당 한 모퉁이에는 화덕이 있다. 며느리가 시어머니와 두 올케와 화덕에 불을 지피고 짜파티를 굽는다. 밀가루 반죽을 떡 주무르듯 하며 저녁을 짓는다. 시댁 식구와 며느리의 손발 맞는 소리가 철썩철썩 나는 듯했다.

남동생은 자전거를 몰고 술도가를 다녀왔다. 따리주 한 말이 자전거에 실려왔다.

아킬레스는 레몬나무 밑에 돗자리를 깔았다. 거기서 아킬레스 형제와 따리주로 우리는 천 킬로미터를 걸어낸 발들에게 바치는 축배를 들었다.

아킬레스는 오남이녀의 넷째다. 철도공무원인 아버지는 파트나역에 근무한다. 엔지니어인 세 형들도 아버지와 파트나에서 살고 있다. 본인도 지금은 파트나의 아버지 집에서 지낸다. 그곳의 대학에서 컴퓨터 공학을 전공하고 있는 학생이기 때문이다. 서른 댓쯤은 되어보였던 이 친구의 나이는 이제 스물이었다. 올 칠월에 졸업 시험을 보게 된다. 합격하면 파트나에서 일자리를 구하게 될 거란다.

남동생이 두 여동생을 데리고 어머니를 모시며 여기 고향집을 지킨다. 땅을 많이 가진 편이지만 손이 모자라 동네 사람들에게 소작을 부치게 했단다.

휴일도 아닌데 오늘 파트나에서 고향집으로 급히 내려온 건 그럴 만한 볼일이 집안에 있었기 때문이라고 했다. 그때까지만 해도 나는 아킬레스의 그 '볼일'이 무엇인지 정말 꿈에서조차 짐작하지 못했다.

그의 아내는 밤 열시나 되어서야 손수 빚은 짜파티와 채소카레로 차린 저녁상을 자리에 들여다놓고 졸졸 따라다니는 딸아이를 데리고 안방으로 들어갔다.

저녁을 들기도 전에 술기운이 올랐다. 술독은 이미 비어버렸다.

전기가 들어오지 않는 마을들을 위해 밤하늘은 쏟아져 내릴 것만 같은 별들을 박아 은하수로 흐르게 한다. 그 은하수를 거슬러 오르며 샛노란 별들이 춤을 춘다. 개똥벌레들이다. 반딧불이들이 별들을 끌어안고 블루스를 춘다. 그런 별밤이다.

그때 안방에서 어린애 울음소리가 났다. 아킬레스의 어린 딸인 듯했다. 어디가 아프기라도 한지 집안사람들이 다 깨어나서 웅성거렸다. 자정이 다 된 한밤중의 일이다.

아킬레스가 후다닥 일어나 소동이 난 안방으로 달려갔다. 조금 뒤에 도로 뛰어나온 그가 외쳤다.

"아들입니다! 아들!"

아픈 딸아이가 아들이라니? 따리주와 밤하늘의 별과 반딧불이에 취한 아킬레스가 헛소리하는 줄로만 알았다. 의아해하는 내 눈빛을 읽은 아킬레스가 다시 소리쳤다.

"제 아내가 지금 아들을 낳았다고요! 아들을 낳았어요!"

세상에!

어떻게 이런 일이 있을 수 있을까?

그제야 아킬레스의 아내가 살찐 게 아니라 출산 예정일을 며칠 앞둔 만삭의 임산부였다는 걸 알게 되었다. 아킬레스가 몇 시간 전에 귀뜸해줬던 그 집안 볼일은 아내의 출산 예정일이었다. 그래서 그는 파트나에서 신생아와 산모에게 필요한 물품들을 잔뜩 사담은 보따리를 들고서 읍 소재지 기차역에 내려서 여기까지 오리처럼 뒤뚱거리며 논길을 내달렸던 것이다.

일분일초가 다급했을 텐데 그 길에서 만난 낯선 외국인 나그네를 집으로 데려올 배짱은 저 작은 체구 어디서 나온 것일까?

더 놀라운 건 그의 아내다. 산모복이 아니라 품이 넉넉한 사리를 걸치고 있어 육덕 좋게 봤는데 곧 나올 아이를 가진 산모일 줄이야! 게다가 그녀는 밤 열시까지 손님을 접대하며 부엌일을 봤었다. 그리고 한두 시간 뒤에 아이를 낳은 것이다.

어린 시절에 그런 얘길 들어본 적은 있다.

개똥이 어멈 있잖아. 보기에는 저래도 깡이 보통 세지 않아. 재너머 감자밭을 매다가 아이를 밭고랑에 그냥 내났다잖아. 태를 밭 갈던 호미로 끊어서는 치마폭에 사서 밭둑 개똥 옆에 놔두고는 남은 밭고랑을 다 매고 고쟁이 차림으로 그 핏덩이를 안고 집을 돌아왔다지 뭐야. 개똥 옆에 뉘였던 그 애가 바로 개똥이고 수야댁은 그래서 개똥이 어멈이 된 게야.

지난 시절 풍문으로만 듣던 그 개똥이 어멈을 여기 '부처의 길'에서 만나게 될 줄이야.

아킬레스는 너무도 기뻐했다. 남동생 미트레스를 다시 술도가로 보냈다. 아들 눈밝이 술이 필요해서 왔다고 하면 주인 영감이 자다가도 벌떡 깨어나 남은 술을 다 퍼줄 거라고.

그는 레몬나무 아래에 앉아 술을 마시며 아들 본 기쁨에 젖었다. 여러 나무 밑으로 들어가 깨달음의 기쁨을 즐기던 부처만 같았다.

"부처님이 그때 느낀 기쁨도 틀림없이 이와 같았을 겁니다. 하지만 당신의 기쁨은 낳은 기쁨이 아니라 깨달음으로 다시 태어난 기쁨입니다."

혜명 스님도 자식을 낳은 듯 깨달은 듯 기뻐하며 술잔을 기울인다.

원래 예정일은 사흘 뒤였다고 한다. 그런데 아킬레스는 '부처의 길'을 천 킬로미터나 걸어온 우리를 손님으로 모신 덕에 아들이 손님 얼굴 보려고 서둘러 나왔다는 우스갯소릴 했다.

"그래서 아들 이름은 밀레스라고 지을 생각입니다. 천년의 아들이란 뜻을 담았죠."

우리는 천 킬로미터의 발길과 연이 닿은 밀레스를 위해 다시 잔을 들었다.

"아킬레스. 정말 놀랐어요. 조금 전에 짜파티를 구워주던 부인이 안방으로 들어가서 곧바로 아이를 낳았다는 게 믿어지질 않아요. 여긴 땅이 건강해서 그런지 부인네들이 정말 건강하네요. 그 건강한 산모들은 갓난애들에게 언제부터 젖을 물리나요?"

혜명 스님은 내가 왜 그런 질문을 하는지 알겠다는 듯 빙긋이 웃었다. 수자타에게 부처가 공양받은 유미죽 때문이다.

그 죽은 소의 젖으로 쑨 쌀죽이다. 그 죽에서 부처가 어머니의 젖내를 맡을 수 있었을까? 로이네에서 그 유미죽을 처음 맛보았을 때부터 무엇보다 그게 궁금했다. 부처에게 어머니 마야데비 왕비의 젖을 빨아본 기억이 남아 있었을까. 부처가 태어난 지 열흘 만에 그 어머니는 세상을 뜨고 말았지 않은가.

열흘! 과연 그 안에 부처가 어머니의 젖을 빨아보기라도 했을까? 아킬레스의 입이 떨어지길 기다리는 그 몇 초가 이루 말할 수 없이 길게 느껴졌다.

"삼사일 지나면 여기서는 바로 엄마 젖을 빨죠. 첫애도 그랬으니까요."

간곡한 내 바람대로였다. 부처의 출가 동기가 열흘 안에 놓쳐버린 모성의 상실감에 뿌리내리고 있다고 고집 피우려는 건 아니다. 다만 숨바꼭질 중인 '그'가 우리의 모성 뒤에 뒷꼭지마저 감추고 꽁꽁 숨어 있다는 걸 다시 확인할 수 있었기에 너무도 기뻤던 것이다. 그 기쁨에 들뜬 나머지 함부로 상상하기 시작한다.

…… 역시 우연이다.

모든 것은 우연으로 일어나서 필연을 사라지게 된다. 만나는 것은 우연이고 지나가는 것은 필연이다.

수자타가 유미죽이 아니라 채소 튀김 만두인 사모사나 짜파티 따위의 다른 인도 음식을 고행에 지쳐 쓰러진 수행자 싯다르타에게 내놓았다면 불교의 역사는 지금과는 다르게 흘러갔을지도 모른다.

그가 보리수나무 그늘에서 어느 날 새벽 샛별을 보는 순간 문득 깨달은 것은 죽음의 문턱에 닿은 고행 끝에 처음으로 입에 댄 음식이 유미죽이기에 일어날 수 있었던 기적이라는 생각까지 들었다.

성불한 싯다르타는 누구라도 제대로 수행하면 부처가 될 수 있다고 설법했다.

사람이면 그 누구라도 어머니 뱃속에서 나왔기에 어머니가 있다. 갓 태어나 어머니의 젖을 빨 때야말로 '하늘과 하늘 사이에 나 홀로 우뚝하다'고 외칠 수 있는 부처다. 하지만 어머니 품을 떠나 세상으로 나서 어머니 젖이 아니라 세상이 주는 밥을 먹고 자라며 그는 차츰 불성을 놓게 된다. 그러다 자신이 부처였다는 사실마저 까맣게 잊어버린다. 며칠 전 붙잡혀가던 다섯 천민 사내들을 잊어버린 듯 그런 시절이 있었다는 사실조차 하얗게 지워져버린다.

깨달음이란 다른 게 아니다. 그 젖먹이 시절로 되돌아가 이 세상 모든 것을 처음 보고 처음 냄새 맡고 처음 맛보고 처음 들을 수 있게 되는 순결함이다. 그 첫 눈과 첫 코와 첫 귀로만 참된 진리가 제 모습을 드러내고 보여준다. 한 번도 상처 받은 일이 없는 처음처럼 세상과 마주하는 것이야말로 깨달음으로 가는 팔정도다.

그 유미죽 한 그릇은 그때의 싯다르타에게 어머니의 젖을 처음 빨았던 기억을 되살려줄 수 있었을 것이다. 그 시절의 자신이 바로 부처였음을 깨닫게 한 유미죽의 젖내였다.

부처의 길은 부처의 인연을 따르게끔 이어진다.

인도로 들어서기 전에 부처는 우리들의 몸을 극단의 고행에 지친 수행자의 치수에 맞춰주었다. 그런 다음 로이라는 문수보살을 보낸다. 로이에게는 우리를 더욱 더 지치고 배고프게 만든 다음에야 유미죽을 내놓으라고 단단히 이른다. 그 다음 우펜드라를 등장시킨다. 그를 만나게 하여 부처는 우리들에게 희미해진 모성의 그리움을 일깨운다. 그러고는 아킬레스와 그의 아내를 무대로 내보낸다. 깨달음이란 젖먹이가 빨던 그 어머니 젖에서 얻어진다는 것을 알게 하려면 아내가 몸을 푸는 날에 맞춰 이 미련퉁이를 들길에서 붙잡아야만 한다고 이른다…….

안개 장막 속에 숨은 '그'의 뒷모습이라도 본 듯 나는 기뻤다.
아킬레스도 몹시도 기뻐했다.
미트레스도 기뻤다.
혜명 스님도 기뻤다.
기쁜 사람끼리 잔을 다시 마주쳤다.

날이 새자마자 길을 나섰다. 취기에 발걸음이 황홀했다. 아킬레스가 따라나섰다. 그는 인근에서 가장 큰 도시인 쿠드라로 산후 조리에 쓰일 것들을 장만하러 가야 했다. 장에 가서 아들 옷이라도 한 벌 사줄 수 있게 되었다.

논길로 오십 리를 걸은 쿠드라에는 큰 바자르가 있었다. 그 시장 언저리에서 그에게 점심도 사고 아이스크림도 사주고 과일도 먹이고 콜라와 차이도 사줬다.

그리고 그만두라고 손사래 치는 그를 애들 옷가게로 데리고 갔다.

옷가게도 많고 옷도 많았다. 두 시간 가까이 이 옷 저 옷을 뒤적거려 그는 빨간 유아복 한 벌을 골랐다. 인형에게 딱 맞을 만한 옷이었다. 그가 옷을 몸에 대는 시늉을 하며 예쁘냐고 묻는다. 고개를 끄덕여주자 흐뭇하게 웃으며 그 옷이 제 아들 밀레스인 양 품는다. 백 루피 그러니까 삼천 원짜리 선물이었다.

　시장에서 고속도로를 가로지르는 큰길에서 냄새를 맡을 수도 제대로 들을 수도 또 제대로 볼 수도 없는 온갖 악취와 소음과 먼지로 뒤엉킨 인도의 그 불가해한 유동체와 다시 만났다. 시장으로 몰려드는 인파들이었다.

　우리가 오래도록 흔들어대는 이별의 손짓을 돌아보고 또 돌아보며 아킬레스는 그 탁류 속으로 휩쓸렸다.

　그 순간에야 알게 되었다.

　오랫동안 나는 그 탁류를 오해하고 있었다.

　누구보다도 인간적인 매력을 지닌 아킬레스가 탁류에 휩쓸려 유동체의 한 입자로 자리 잡자 그 유동체는 수없이 많은 또 다른 아킬레스의 모자이크로 둔갑하는 게 아닌가.

　그것은 결코 냄새와 소리와 형태마저 느낄 수 없는 불가해한 괴물이 아니라, 갓난 아들에게 줄 삼천 원짜리 옷 선물 하나로 세상을 다 얻은 기쁨을 느끼는 사람들에게서 풍겨나는 체취와 노랫소리와 힘찬 육신이 뒤엉킨 황홀한 춤사위였다.

　그 춤사위는 자식을 낳고 길러본 사람이면 다 알아들을 수 있는 말 한마디를 던졌다.

　"이것이 인생이다."

　그 유동체의 정체를 가르쳐준 아킬레스가 헤어지기 직전에 입을 떼 내게 물었다 어제 오후부터 지금까지 같이 지내는 사이 내게 던진 그의 유일한 질문이다.

　그 질문을 그의 영어 그대로 쓴다.

"What's your name?"

긴 밤 짧은 밤

3월 19일, 쿠드라에서 고속도로를 뒤로 하고 브하부아 쪽으로 길을 꺾었다. 초입부터 길이 엉망이다. 칸타카를 끄는 빔과 빌의 입이 툭 튀어나왔다. 군데군데 진흙 구덩이가 파여 있다. 그 구덩이를 피하느라 칸타카는 구렁이가 되어 구부렁구부렁 기어간다.

가야 쪽보다 더 버려진 길이다. 버려진 길 위의 인간은 모두 평등하다. 그렇게 위안을 삼아보아도 허기지고 목마르고 더운 건 마찬가지다.

여기서는 상상하기 없기다.

을지로 을지면옥 냉면을 상상해서는 안 된다. 설악산 수렴동 계곡의 파란 구슬 물빛을 상상해서는 더욱 안 된다. 어릴 적 학교 갔다 돌아오던 길에서 사먹던 푸짐한 팥빙수나 서울 어디서건 양껏 들이킬 수 있는 생맥주를 상상해서는 더더욱 안 된다.

나는 걷는 것밖에 모르는 무지렁이!

길가의 모든 간이음식점을 수천수만 마리의 파리 떼가 점령하고 있다. 주인이 심심풀이로 물수건을 한번 휘두르면 파리 떼는 까마귀 떼처럼 날아올라 눈앞을 가린다. 그러면 그 파리 떼가 앉아서 놀던 소쿠리나 쟁반에 사모사나 마살 따위의 먹을거리가 담겨 있었다는 게 드러난다. 덮어둔 검정 보자기를 거둬낸 것 같다. 그러다 주인이 다른 볼일 보는 사이 돌아온 파리 떼가 장독대에 내리는 함박눈처럼 소쿠리와 쟁반에 수북이 쌓이면 거기에는 검은 보자기만 펼쳐져 있게 된다.
　허기에 지쳐 들어간 어느 음식점에서 내놓은 사모사나 달이라는 녹두죽 위에도 그런 파리 떼 검정 보자기가 덮여 있었을 것이라는 상상은 절대로 해서는 안 된다.

　하타와 아마완과 찬드 그리고 시호리아를 지나며 비하르 주를 벗어났다. 찬다울리는 우타 프라데시 주로 들어와서 처음 만난 도시다. 거기서 우리는 2번 고속도로를 만났다. 찬다울리에서 바라나시는 오십 킬로미터 남짓 떨어져 있다. 다시 고속도로로 걷는다. 바라나시를 끼고 흐르는 또 하나의 갠지스 강 지류를 건널 수 있는 다리가 이 고속도로와 연결되어 있어 선택의 여지가 없다.
　기나긴 트럭들의 행렬이 이어진다. 그 트럭 운전사들을 상대하는 휴게소도 줄을 잇는다. 차이만 파는 찻집도 있고 먹고 자고 쉬었다 갈 수 있는 대형 휴게소도 많다. 콜카타와 델리를 오가는 장거리 트럭 운전사들이 단골이다.
　가끔 그런 휴게소에서 행색이 수상쩍은 여인네들이 야릇한 미소를 흘리며 다가왔다. 빔비사라 왕이 라즈기르에 만들었다는 공창의 후예들이다.

그네들도 고속도로를 걸어가고 있는 이상한 외국인들에게 이상하리 만큼 강한 호기심을 보였다. 긴 밤 짧은 밤을 호객하는 건 아니었다. 몇 번 겪고 나서야 그네들이 뭘 궁금해하는지 알게 되었다.

그네들은 우리들을 거기까지 걸어온 네팔의 보따리장수로만 알았다. 팔 물건을 배낭에 지거나 자전거 수레에 싣고 바라나시로 걸어가고 있다고 지레짐작했다.

우리가 나타나면 그네들은 무턱대고 이렇게 물어온다.

"무얼 팔러 왔느냐?(힌디어)"

그 말을 우리는 어느 나라에서 왔느냐로 알아듣는다.

"코리아."

"오 메이드 인 코리아라고. 나 메이드 인 코리아 좋아해. 삼숭 엘지 현다이 최고야. 최고!(힌디어)"

그네들 입에서 나온 우리나라 기업의 이름을 알아듣고서야 나는 제대로 대꾸한다.

"한국제라면 가진 것 뭐든 좋지. 아무거나 파시오.(힌디어)"

"한국제라면 가진 게 이 몸밖에 없소이다. 지금은 뼈다귀뿐이지만 한국에 있을 때는 그래도 꽤 근수 나가는 괜찮은 몸이었소. 늙어서 좀 질기긴 할 테지만.(영어)"

"엥, 오빠는 농담도 잘하셔! 그렇게 말라비틀어지고 까맣게 탄 한국제는 없을걸. 오빠는 네팔 개그맨인가 봐. 그 네팔제 몸 말고 배낭에 든 한국제 좀 내놔보셔. 내 제값 쳐드릴 테니.(힌디어)"

배낭이나 칸타카를 부려 그네들에게 줄 만한 걸 뒤져본다. 볼펜뿐이다. 싸구려지만 한국제다. 룸비니 법신 스님이 필요할 때가 있을 것이라며 챙겨준 볼펜이다. 지금이 그땐가 보다.

"흥, 이 사기꾼 네팔 오빠들 같으니라고. 이게 무슨 한국제야, 네팔제지. 생긴 꼬락서니부터 영락없이 네팔 오빠들을 닮았잖아. 한국제라면 메이드 인 코리아가 찍혀 있어야지. 오빠들, 자 봐! 여기 어디 그런 게 찍혀 있느냐 말이얌.(힌디어)"

나는 그네들과 대화를 잠깐 중단했다. 한국에서 볼펜 만드는 사장님들께 올릴 말씀이 따로 있기 때문이다.

"사장님들! 이네들 얘길 들으셨죠. 앞으로는 제발 몇백 원짜리 볼펜이라도 등허리에 메이드 인 코리아를 듬직하게 찍어주십쇼. 그런다고 원가가 얼마나 더 먹히겠습니까요. 그렇게만 해준다면 사장님이 만드는 그 작은 볼펜 하나로도 국위 선양에 큰 도움이 될 겁니다.(우리말)"

내가 딴짓을 하고 있는 사이에 영문 모를 그네들은 잠시 머쓱해졌다. 그 틈에 스님이 그네들 손에 볼펜을 서너 자루씩 쥐어준다.

"엥, 네팔 오빠들 고집쟁이들이네. 정 그렇담 받겠지만 이걸 우리들이 뭐에 쓸까. 그래도 꽃값 외상 장부 적을 때는 좋겠넹.(힌디어)"

개구리 우는 듯 공공거리는 힌디어로 대꾸하던 그녀들은 그제야 볼펜의 용도를 찾아냈다는 듯 깔깔거린다.

포주일까? 나이가 지긋해 보이는 여인이 먼저 웃음을 멈추고 품에서 뭔가를 꺼냈다.

빳빳한 백 루피 지폐였다.

아킬레스 아들에게 선물한 옷값이다.

"네팔 오빠들. 이 돈으로 차비해. 이 돈이면 오빠들은 바라나시까지 편안하게 차타고 갈 수있을 거양. 제발 받아.(힌디어)"

백 루피로 그네들의 살 몇 근을 살 수 있을까? 백 루피를 받고서 그네들은 몇 근의 몸을 팔까?

받을 수도 없는 돈이고 받아서도 안 될 돈이었다. 한사코 거절하자 그녀는 휴게소 안으로 뛰어 들어갔다. 도로 달려 나온 그녀는 사모사가 가득 든 봉투를 품었다.

"네팔 오빠들 너무 말랐어. 저 머리 짧은 오빠는 빼고 말이야. 이 사모사 먹고 기운차려 살 좀 찌셔. 그래야 바라나시까지 걸어갈 수 있을 거 아냐. 머리 짧은 오빠는 하나만 먹엉. 알겠지?(힌디어)"

그녀는 머리 짧은 스님을 가리키며 검지를 꼽았다. 하나만 먹으라는 뜻이다. 그네 눈에도 길이 달아준 계급장이 보이는 모양이었다. 길동무가 된 지 열흘밖에 안 되는 스님은 원래 살집이 넉넉한 편이었다.

그 만두를 받아들고 돌아서려는 참에 그녀가 물었다.

"이름이 뭐냥?(힌디어)"

이제 이름 정도는 힌디어로 밝힐 수 있다.

"메로 남 박쿠라 부따."

백 루피로 그네들의 살 몇 근을 살 수 있을까?

백 루피를 받고서 그네들은 몇 근의 몸을 팔까?

받을 수도 없는 돈이고

받아서도 안 될 돈이었다.

한사코 거절하자 그녀는 휴게소 안으로 뛰어 들어갔다.

도로 달려 나온 그녀는 사모사가 가득 든 봉투를 품었다.

오래된 미로

3월 21일, 점심 무렵 무갈 사라이 언덕에 올라 갠지스 강 건너편으로 펼쳐진 바라나시 시가지를 바라보았다. 보드가야를 떠난 지 열흘 만에 삼백오십 킬로미터의 길을 걸었다.

미국 작가 마크 트웨인은 바라나시를 두고 '전통과 전설보다도 더 오래된 도시'라고 말했다. 먼발치에서 본 바라나시의 첫인상 또한 그 말만큼이나 오래 묵어 보였다.

부처의 고향이 있는 히말라야 산기슭에서 발원한 갠지스 강은 여기서 급히 몸을 튼다. 서북쪽에서 뻗어 내리던 물줄기가 바라나시를 끼고서 동북쪽으로 흘러간다. 그래서 바라나시 쪽인 서북쪽 하안에는 긴 띠 모양의 언덕이 생겨났고 그 맞은편인 무갈 사라이 쪽 하안에는 드넓은 모래사장이 만들어졌다. 모두가 수백만 년의 내공을 쌓은 갠지스 강의 작품이다.

그 긴 언덕의 띠가 우기 때 갠지스 강의 범람을 막아주는 자연

제방이 되어 그 너머 서북쪽 벌에 바라나시라는 도시가 들어서게 되었다.

바라나시의 상징인 가트도 그 띠 언덕이 갠지스 강과 맞물린 하안을 따라 길게 늘어서 있다. 가트는 갠지스의 강물로 죄업을 씻자며 바라나시로 몰려드는 힌두교도들의 계단식 목욕장인 동시에 화장터다.

바라나시의 고색창연한 때깔은 그 언덕에서 비롯된다. 그 발치에 가트가 마련되면서 바라나시를 세운 옛 사람들은 그 언덕에다 수많은 사원들과 순례자 숙소를 세웠다. 순례자들이 점차 늘어나며 그 언덕을 중심으로 바라나시는 수천 년에 걸쳐 물결 퍼져가듯 서북쪽 벌판으로 넓어져 오늘날 백만 인구가 사는 대도시가 되었다.

그 언덕에만 한때 칠백여 개의 사원과 육백여 개의 순례자 숙소가 세워졌다 한다. 그 많은 건물이 들어섰으니 집들은 모두 미로로 연결될 수밖에 없었다. 넓은 골목이라야 손수레 한 대 겨우 지나갈 수 있다. 배가 무척 나온 사람끼리 마주치면 외나무다리에서 만난 것처럼 둘 중 한 사람은 뒷걸음쳐야 될 정도로 좁은 미로가 거미줄처럼 얽혀 있다.

가트가 있는 강변으로는 차량이 들어갈 수가 없다. 바라나시 서남쪽에서 북동쪽 팔 킬로미터쯤 떨어진 사르나트에 닿도록 길게 이어지는 가트를 둘러보려면 걸어다니든지 긴 강에 버들잎처럼 떠 있는 보트들을 이용해야 한다. 그렇게 언덕의 빛바랜 옛 건물을 배경으로 누구는 갠지스 강물에 목욕을 하고 또 누구는 타다 만 시신이 둥둥 떠다니는 강물을 퍼마시거나 물통에 퍼담기도 하고 또 누구는 이승의 삶을 마감하고 가트에 쌓아놓은 장작불에 태워지고 또 누구는 배를 타고서 그 모든 삶과 죽음을 바라보는 관객 역할을 맡는 '바라나시'라는 연극이 일 년 삼백육십오 일 하루도 쉬지 않고 스물네 시간 공연되고 있다.

정작 바라나시는 '부처의 길'을 따라나선 어느 한국 나그네가 지금 그 맞은편 언덕에 올라 자신을 바라보고 있다는 것을 알 턱이 없다. 하지만 이 바라나시를 거쳐 사르나트로 가서 수행하던 부처의 다섯 도반들은 저들을 만나러 온 부처가 지금 막 갠지스 강 맞은편 무갈 사라이 언덕에 닿았다는 걸 알고 있었다. 세상의 모든 풍문은 사실보다 더 빨리 전해지기 마련이다.

언덕을 내려 선 부처를 갠지스 강이 가로막았다. 나루가 있고 거룻배가 있고 뱃사공도 있었지만 부처에게는 뱃삯이 없었다 사공은 뱃삯이 없다는 부처를 태워주지 않았다. 부처는 하늘을 날아 갠지스 강을 건넜다.

사르나트의 다섯 도반은 그 사실까지 알고 있었다. 세상의 풍문은 이토록 빠른 것이기에 실제의 부처는 그 풍문을 뒤좇아 배를 타고 갠지스 강을 건널 수밖에 없었다.

부처가 하늘을 날아 갠지스를 건넜다는 소문이 서쪽으로 나돈 한편으로 뱃사공이 부처에게까지 뱃삯을 내놓으라고 윽박질렀다는 소문은 동쪽으로 날아가 끝내 왕사성의 빔비사라 왕의 귓가에 닿았다. 왕은 크게 노하여 전국에 칙령을 내렸다.

"앞으로는 강을 건너는 사문에게는 뱃삯을 받지 말라."

그리하여 고대 인도의 법전에는 수행자의 뱃삯을 받아서는 안 된다는 조항이 생겨났다.

진실은 풍문을 뒤좇아오게 마련이다.

그렇다면 갠지스 강을 하늘로 훌쩍 뛰어 바라나시로 건너왔다는 싯다르타가 곧 사르나트의 다섯 도반들 앞에 나타날 것이다.

콘단냐와 마하나마와 밧디야와 밥파 그리고 앗사지는 머리를 맞대고 그 변절자를 어떻게 대해야 좋을지 뜻을 모았다.

"싯다르타는 신성한 고행을 헌신짝처럼 버리고 공양의 즐거움에 빠져버렸다. 타락한 그 모습을 가야 우루벨라에서 우리들 눈으로 직접 보지 않았더냐. 이제 그는 온몸이 욕망으로 얽매여버렸다. 도를 닦을 마음조차 없어졌을 것이다. 그가 우리를 찾아온다 해도 예전처럼 예를 갖춰 맞을 필요가 없다. 앉을 자리를 권하지도 말자. 그가 굳이 앉기를 원한다면 스스로 자리를 펴서 앉도록 내버려 두자."

하지만 막상 부처가 나타나자 일은 그들의 뜻대로 돌아가지 않았다. 감히 범접하지 못할 위의에 눌린 나머지 저들도 모르게 부처를 스승으로 모시기에 바빴다. 앉을 자리를 만들고 물을 길어다 발을 씻겨드렸다.

바라나시를 끼고 흐르는 갠지스 강을 건널 때 이제는 뱃삯을 가지고 시비할 필요가 없다. 고속도로가 지나가는 큰 다리가 놓여 있기 때문이다.

그 다리를 건너서 코앞에 보이는 바라나시 톨게이트까지 걷는

데도 한 시간 이상 걸렸다. 톨게이트를 지키는 경관에게 구시가지가 있는 고돌리아까지의 거리를 물어보았다.

"칠 킬로미터."

맥이 탁 풀렸다. 건너편 무갈 사라이 언덕에서 바라나시는 손에 잡힐 듯 가까워 보였다. 하지만 실제로는 아주 먼 거리였다. 저쪽 언덕에서 이쪽 언덕 사이로 흐르는 그 넓은 갠지스 강이 망망대해를 바라볼 때처럼 거리감각마저 앗아갔다.

다리를 건너자마자 이제 바라나시에 닿았다고 생각했다. 그때 긴장을 풀어서 그런지 톨게이트에서 고돌리아까지 너무도 멀게 느껴졌다. 걸어가는 동안 기진맥진했다.

바라나시는 부근의 숙소로 들어가는 미로에서 마지막 남은 진까지 다 빼냈다.

도무지 나이를 짐작할 수 없는 삼사층 벽돌 건물이 미로의 미로 사이로 빽빽하게 들어서 있다. 나뭇잎맥처럼 가늘고 여리게 이어진 그 골목길에 인도의 인생들이 저마다의 좌판을 펴놓고 지나가는 낯선 이들을 구경했다. 처음에는 그들이 음산하게 보였다. 하지만 그 첫인상은 오래가지 않았다. 문턱마다 쪼그리고 앉은 노파들이나 꼬마들, 위층 베란다 난간에 기대 앉아 하염없이 아래쪽을 내려다보는 아낙네들, 새카맣고 조그만 주전자에 찻물을 끓이고 있는 사내들 모두가 바로 '바라나시'라는 연극에 출연한 또 다른 아킬레스들이라는 것을 이내 알아볼 수 있었다.

물 반 고기 반이 아니라 민가 반 힌두 사원 반인 골목들이었다. 어둠이 이 연극 무대의 조명 원칙인가 보다. 모든 사원이 어두컴컴

하다. 그 어두운 벽면마다 바라의 게스트하우스 예배당에서 봤던 여러 힌두 신의 신상 그림이 붙어 있다. 조각을 모셔놓은 데도 많다. 모든 사원들이 그 힌두의 색인 노랗고 빨간 꽃가루를 뒤집어썼다.

이 골목의 주인들이 행차하셨다. 살찐 소들이다. 흰 소도 있고 검은 소도 있다. 그네들은 양반걸음으로 골목길 쓰레기 더미를 헤집고 다녔다. 그 소들을 마주치면 힌두인들은 그냥 지나치지 않았다. 그 머리에 손을 댔다가는 자기 이마를 짚으며 신의 축복을 빌었다. 힌두교는 그 골목에서 가장 싱싱한 젊음을 과시했다. 건물과 그 안에 사는 사람과는 달리 힌두교는 늙지 않았다.

바라나시를 제대로 느끼게 해준 골목이지만, 칸타카를 끌고 가기에는 번지수가 너무 틀렸다. 그 미로 속에서 우리는 숙소를 찾느라 두 시간 가까이 헤매야만 했다. 숙소 위치는 뻔했다. 지도도 있었고 골목의 사람들이 친절하게 가르쳐주기도 했다. 하지만 칸타카가 숙소까지 갈 수 있는 길은 어느 누구도 찾아내거나 알려주질 못했다.

이 골목 저 골목을 휘젓고 다닌 끝에 숙소를 삼백 미터쯤 앞두고 모두들 주저앉고 말았다. 거기서부터 언덕 위의 숙소로 올라가는 계단길이 시작되었다. 골목이 좁아 칸타카를 동강내지 않고서는 도저히 지나갈 수 없었다.

어쩔 수 없이 칸타카를 분해했다. 사람들을 샀다. 그들과 칸타카의 팔다리와 내장들을 숙소로 들어 옮겼다.

바바 게스트하우스에 닿자마자 우리는 저녁 먹으러 나가지도 못하고 방에 그대로 쓰러지고 말았다.

에히 빅쿠!

다음 날 일어나자마자 짐을 가볍게 지고 사르나트로 향했다. 사르나트로 가서 아쇼카 왕이 세운 탑 뒤에 숨어 있는 다섯 도반을 찾아내야 했다. 바라나시는 사르나트에서 하루를 머문 뒤에 다시 돌아와서 찬찬히 살펴보기로 했다.

사르나트까지는 한나절이면 걸어갈 수 있었다. 서울로 치자면 의정부 정도로 사르나트는 바라나시 동북쪽 외곽 가까이 자리 잡고 있다. 민가가 줄곧 이어져 있어 서로 다른 도시라는 느낌이 들지 않는다.

사르나트는 전원도시 같았다. 인도에서 보기 드문 현대식 아파트들이 드넓은 숲 속에 느긋하게 앉아 있다. 영국 식민 시대의 건물도 가끔 보인다. 그 사이로 식당과 호텔들이 들어서 있다.

차우칸디 스투파가 맨 먼저 나그네를 맞았다. 흔히 영불탑이라 부른다. 여기서 부처를 맞이했다는 뜻이다.

이 탑은 아쇼카 왕이 아니라 2세기경 굽타 왕조에서 세웠다. 하단부에 불상을 모셨던 감실을 두르고 있는 이 스투파의 머리 부분에는 때깔부터 몹시 다른 팔각형의 붉은 삼층 건물이 꽂혀 있다. 배보다 더 큰 배꼽이 여기 있었다. 그 배꼽은 1588년 무굴제국의 삼대 왕인 악바르의 작품이다.

악바르의 부왕인 후마윤은 아프가니스탄의 지배자 쉐르 샤와 서로 침략 전쟁이라는 숨바꼭질을 하게 되었다. 그때 술래였던 쉐르 샤는 이 스투파 뒤에 숨은 후마윤 왕을 끝내 찾아내지 못했다. 평지 위에 그냥 솟아오른 탑 어디에 후마윤은 숨을 수 있었을까? 오히려 들키기 딱 좋을 곳이다. 악바르는 아버지가 여기서 부처의 자비로 목숨을 구했다는 걸 알게 된다. 맘타라는 비구니의 도움으로 위기를 넘긴 것이다. 아버지가 입은 그 은혜를 잊지 않겠다는 뜻까지는 좋은데……. 이게 무슨 행패인가 싶을 정도로 그 기념탑은 폭력적이다.

감옥 같은 느낌을 주는 그 탑을 오르면 사르나트 녹야원 일대가 훤히 내려다보인다. 여기서 찾아낸 다섯 도반을 부처는 그 녹야원으로 데려갔다.

녹야원 숲 속에서 첫 설법을 하는 부처의 입술도 한없이 떨고 있었으리라.

부처는 전법이 깨달음보다 오히려 어렵다는 것을 잘 알고 있었다. 깨달음은 어디까지나 자신의 몫이다. 자신이 자신의 진정한 자아를 찾는 숨바꼭질이다. 하지만 전법은 다르다. 그것은 그 법을 듣는 사람이 그의 진정한 자아를 찾아내게 하는 숨바꼭질이다. 같은 숨바꼭질이라도 차원이 다르다.

부처는 가야를 떠날 때 이미 전법이 얼마나 힘든 일인가를 알게 되었다.

사르나트로 가서 법을 처음으로 전하기로 하고 가야를 막 나서는 길이었다. 우파카라는 수행자를 길에서 만났다. 그는 아직 부처가 깨친 걸 모르고 있었다. 그럼에도 저만치서 자신만만하게 걸어오는 싯다르타에게 심상찮은 기운이 느껴졌다.

"사문 싯다르타군요. 당신 스승은 누구시며 대체 어떤 법을 배웠기에 그토록 위풍당당하오?"

"나에게는 스승이 없소. 스스로 깨달았을 뿐이오. 나는 지금 진리의 왕국을 세우고자 사르나트로 가서 어둠의 세상 속에 감로의 북을 울리는 법을 전하고자 하오."

우파카는 믿을 수가 없었다.

"그럼 당신은 누구와도 비교할 수 없는 최후의 승리자가 되었다는 말이오?"

"그렇소. 나는 모든 번뇌를 넘어섰소. 우파카! 내가 바로 그 최후의 승자인 아노마요."

우파카는 더욱 믿지 못하게 되었다.

"아마 그럴지도 모르지요."

고개를 저으며 그는 서둘러 다른 길로 가버렸다.

그런 쓴 경험이 있는데다 처음 만난 자리에서 다섯 도반들도 쩔쩔 매기만 할 뿐 자신을 무상(無上)의 법을 얻은 부처로 대하진 않았다. 이들도 우파카처럼 부처를 사문 싯다르타라고 불렀다.

"싯다르타여. 그대는 출가하여 고행을 하다가 선인의 법도 얻지 못한 나머지 공양을 받아 육신의 안락을 취할 정도로 타락하지 않았습니까?"

"아니다. 나는 타락하지도 선정(禪定)을 잃지도 않았다. 나는 이미 깨달음을 얻어 영원과 불멸의 길을 성취하게 되었다. 너희들에게 그 법을 전하려고 여기까지 찾아 나선 것이다."

그런 까닭에 첫 설법의 입을 떼는 부처의 뇌리에는 그 순간을 맞기까지 스쳐지나간 모든 인연이 샛별로 떠올라 그 숨 막히는 그리움을 별빛으로 토해내고 있었을 것이다.

"수행자들에게는 버려야 할 두 가지 극단이 있느니, 모든 것은 존재한다고 보는 것이 그 하나의 극단이다. 이런 생각이 쾌락의 극단으로 몰고 간다. 모든 것은 존재하지 않는다고 보는 것 또한 버려야 할 또 다른 극단이다. 고행주의는 이 극단에서 생겨난다. 너희는 이 두 가지 치우친 견해를 버리고 중도의 길로 들어서야만 한다. 그러자면 팔정도를 깨우쳐야 하느니, 바로 보고 바로 생각하며 바로 말해야 하며 바르게 행동하고 올바른 생계를 갖고 바르게 노력하고 바르게 마음을 챙길 일이며 올바르게 집중할 수 있어야 하느니……."

중도와 팔정도에 이어 부처는 사성제와 무아와 십이연기법을 가르쳤다.

"삶은 고통이다. 욕계든 색계든 무색계든 고통의 바다에서 헤어날 수 없는 게 인생이다. 생로병사 자체가 고통이고 좋아하는 것과 헤어지는 것도 고통이며 싫은 것과 같이 지내야 하는 것 또한 고통이다. 원하는 것을 손에 쥐지 못하는 것도 고통이며 색과 느낌과 생각과 행위와 세상을 인식하는 마음 바탕에서 빚어지는 그 모든 것이 고통인 것이다. 이를 고성제라 일컫는다. 그 괴로움은 집착에서 나온다. 그 집착의 원인은 무명(無明)에 있다. 따라서 무명에서 벗어나야 고통으로부터 자유스러울 수 있다. 이것이 집성제이다. 무명이 남김없이 소멸하면 분별심이 소멸하고 분별이 사라지면 명분이 사라지게 되고 또 명분이 소멸하면 감촉이 소멸한다. 감촉이 사라지면 느낌마저 끊어진다. 느낌이 끊어져야 집착이 끊어진다. 집착이 끊어지면 존재가 소멸하고 존재가 소멸하면 태어남도 늙음도 죽음까지도 소멸한다. 모든 괴로움의 다발이 한꺼번에 소멸하게 된다. 열반의 경지는 이 멸성제로 찾아온다. 멸성제에 이르는 길이 도성제이다. 도성제에는 여덟 가지를 친 중도가 있으니 그것이 곧 팔정도다. 이러한 진리마저도 이것이 있으므로 저것이 있고 이것이 없으므로 저것이 없다. 이것이 일어나므로 저것이 일어나고 이것이 소멸하므로 저것이 소멸한다."

그 가르침은 듣는 이의 혼에 죽비를 내려쳤다. 다섯 수행자는 어느 순간부터 걷잡을 수 없이 눈물을 흘렸다. 콘단냐가 울던 자리에서 맨 먼저 일어나 덩실덩실 춤을 추었다.

그 첫 설법이라는 숨바꼭질에서 부처는 콘단냐를 처음으로 찾아내게 된 것이다. 또 콘단냐는 콘단냐대로 술래가 되어 자기 속에서 숨어 있던 참자아를 찾아낸다.

콘단냐를 찾아낸 부처가 기쁨에 넘쳐 소리쳤다. 술래가 숨어 있던 동무를 찾아내면 원래 '저기 장독 위에 머리카락 봤다. 이리 나와라!'라고 소리치게 되어 있지 않은가.

"콘단냐가 깨달았다. 드디어 콘단냐가 깨달았구나!"

콘단냐는 그 자리에서 부처에게 구족계를 받게 해달라고 청했다.

"콘단냐 에히 빅쿠!"

팔리어 '에히 빅쿠'는 '이리 나오라'라는 뜻이다. 부처는 정말로 숨바꼭질을 하고 있었던가! 이생에서만 따져 삼십오 년간 술래 노릇한 숨바꼭질 끝에 처음으로 '그' 속에 숨어 있던 진정한 '그'를 찾아내 '이리 나오라'고 소리친 것이다.

에히 빅쿠의 한역이 선래비구(善來比丘)다. 이 한마디가 부처의 제자를 비구 또는 비구니로 부르게 했다. 여기서부터 부처를 팔리어로 '잘 나왔다고 말하는 이'라는 뜻인 '에히세가비딘'이라 부르게 된다. 숨어 있는 자신들의 참자아를 찾아내 그 이름을 불러주는 숨바꼭질을 만들어 그 첫 술래 노릇을 한 부처였다.

부처는 자신이 깨달았을 때보다 더 기뻐했다. 불교가 역사에 첫 발을 내딛는 순간이었다.

여기서 부처는 다시 한 번 샛별을 본다. 그 신통력을 믿지 못하는 사람에게는 다시 한 번 까마귀 날자 배가 떨어진다.

불교가 태어나는 순간에 부처가 부른 이름은 콘단냐였다.

이즈음 부처의 귀에 익고 입에 붙은 콘단냐는 두 사람이다. 한 사람은 지금 부처 앞에서 깨달음의 눈물을 흘리고 다섯 도반의 우두머리이며 다른 이는 빔비사라 왕이 암라팔리에게서 낳은 위말라 콘단냐이다.

앞의 콘단냐에게 지금 '이리 나오라' 하고 외치고 있지만 부처의 머릿속에서는 뒤쪽의 콘단냐도 부름을 받고 있었으리라. 누구보다도 먼저 그의 생부와 생모가 '에히 빅쿠'라는 구족계를 받아야 할 업보를 지닌 사람이라는 걸 부처는 진작 살피지 않았던가. 그래서 콘단냐라는 이름을 가장 먼저 부르게 되어 더욱 기뻐했을 것이다.

부처와 빔비사라 왕 그리고 암라팔리의 그 색과 계를 넘나드는 인연은 이렇듯 불교가 태어나는 순간까지 이어졌다. 깨달음은 이처럼 까마귀 날아가자 배 떨어진 듯, 깨닫는 순간 보리수 위로 샛별이 뜨듯, 우연을 가장해서 그 모습을 드러낸다.

부처의 설법은 닷새간 이어졌다. 그 닷새가 가기 전에 부처는 다른 도반들의 이름을 빠짐없이 부르게 된다.

밥파 에히 빅쿠!

밧디야 에히 빅쿠!

마하나마 에히 빅쿠!

앗사지 에히 빅쿠!

이로써 사르나트는 불법의 탄생지이자 승단의 탄생지라는 거룩한 이름을 얻는다.

영불탑을 내려와 녹야원 쪽으로 얼마쯤 걷자 길 맞은편으로 사르나트 박물관이 보였다. 그 박물관 앞길은 초전법륜지가 있는 녹야원의 넓은 숲 지대로 이어졌다.

숲 속의 초전법륜지는 깨끗이 정비되어 있었다.

기원전 3세기경 아쇼카 왕은 부처가 처음 콘단냐의 이름을 부른 그 자리에 법륜을 뜻하는 다르마지크 스투파를 석주와 함께 세

숨어 있는 자신들의 참자아를 찾아내 그 이름을 불러주는
숨바꼭질을 만들어 그 첫 술래 노릇을 한 부처였다.
부처는 자신이 깨달았을 때보다 더 기뻐했다.
불교가 역사에 첫발을 내딛는 순간이었다.
여기서 부처는 다시 한 번 샛별을 본다.

왔다. 스투파는 모두 허물어지고 기단의 외벽만 남아 있었다.

허리 부러진 아쇼카 석주는 사람 손이 타지 않게끔 창살로 막아서 보관하고 있었다. 그 석주의 머리를 장식했던 네 마리 사자상은 초전법륜지에서 출토된 초전법륜상과 함께 사르나트 박물관에 전시되어 있다. 이 두 유물에 대한 인도인들의 긍지는 대단한다. 그 사자상은 인도의 국장(國章)이 되었다. 5세기 굽타 시대에 조성된 초전법륜상은 세상에서 가장 아름다운 불상의 하나로 알려져 있다.

초전법륜지에서 동쪽으로 조금 떨어진 곳에 다메크 스투파가 서 있다. 부처가 두 번째 설법한 자리에다 굽타 왕조에서 세운 기념탑이다. 높이가 사십삼 미터이고 기단의 폭이 삼십육 미터에 이를 만큼 거대한 이 탑은 녹야원의 상징이 되기에 모자람이 없다. 탄피를 세워둔 듯 단순한 구조물이지만 아랫부분 네 면에 새겨진 섬세하고 우아한 문양에서는 당시 불교 미술의 정수를 읽어낼 수 있다.

그 스투파 동쪽 담장에는 부겐빌리아 꽃이 불꽃보다 더 눈부시게 타오르고 있었다.

바람의 손이 남몰래 나무를 흔들었나?

그 붉은 꽃잎들은 벚꽃처럼 활짝 핀 채 허공으로 미련 없이 몸을 날리고 있었다. 꽃잎들은 나풀나풀 춤을 추며 떨어져 내렸다. 청춘의 낭떠러지로 떨어지는 꽃이었다. 깨달음의 기쁨으로 떨어지는 나무의 눈물이었다. 기쁨에 겨워 춤추며 떨어지는 사르나트의 눈물은 그 꽃비에 젖었다.

색즉시공!

꽃잎을 다 떨어뜨린 나뭇가지에 빈 하늘만 걸렸다.

공즉시색!

꽃비에 젖은 길바닥이 한없이 붉었다.

법의 바퀴를 굴려가며 걸어가는 부처의 '맨발'도 그 꽃비에 젖어 더없이 붉었다.

법의 바퀴 구른 그 길 위에서 인생도 꽃처럼 여기서 피면 저기서 지고, 여기서 지면 저기서 핀다.

홀로 걸어가거라

사르나트의 녹야원이라는 한국 사찰에서 하루 묵은 3월 23일, 바라나시로 돌아갔다.

부처도 첫 설법으로 태어난 다섯 비구를 데리고 사르나트에서 바라나시로 갔었다.

"인도로 가야 하는 까닭은 그곳에 바라나시가 있기 때문이다. 그리고 바라나시를 가서 봐야 하는 까닭은 그곳에 인도가 있기 때문이다."

이런 말이 전해질 만큼 바라나시의 이름은 인도와 동격으로 불린다. 하지만 나는 이 말에 전적으로 동의하지는 않는다.

"인도로 가야 하는 까닭은 그곳에 바라나시가 있기 때문이다."

여기까지는 좋다. 그 다음은 이렇게 바꾸고 싶다.

"죽기 전에 바라나시를 꼭 가봐야 한다. 그곳에서 당신의 죽음을 미리 볼 수 있기 때문이다."

인도 사람들은 바라나시로 가서 죽는다. 물론 죽은 자만이 바라나시를 찾게 되는 건 아니다. 매년 이백만 명 넘는 살아 있는 인도인이 바라나시 순례길에 나선다. 그들이 이곳을 찾는 첫 뜻은 갠지스 강물에 몸을 씻는 데 있다. 힌두인들은 바라나시 갠지스 강물에 목욕하면 죄업을 씻을 수 있다고 믿는다. 죽어서 유해라도 이 강물에 뿌려지면 윤회의 사슬에서 벗어날 수 있다고도 믿는다. 그래서 이 강변의 숱한 화장터의 불길은 사그라질 줄 모른다. 마지막으로 바라나시를 찾은 사람의 몸을 강물에 뿌려질 잿더미로 바꿔놓기 위해서다.

이 강물에 목욕하거나 강변에서 매일 저녁 촛불 예배를 올리는 순례자와 외국 관광객의 수가 화장터를 찾는 주검의 수를 압도하지만, 바라나시에서만큼은 죽음의 엄숙함과 경건함이 삶의 기쁨과 우스꽝스러움을 압도한다.

바라나시에서 사람들은 삶을 압도하는 죽음의 얼굴을 정면으로 마주하게 된다. 그래서 그 죽음이라는 거울에 비쳐진 자신의 삶을 되돌아보게 된다.

화장터마다 활활 타오르는 불길과 거기서 피어나는 연기와 사람의 살이 타는 냄새는 내 몸뚱이가 대체 무엇이며 그 속에 있던 내가 누구인가를 스스로에게 묻게 만든다. 머잖아 닥쳐올 내 죽음 뒤의 세계에 대해서도 생각해보게 된다. 존재하지 않을 것만 같았던 내세가 그 불길과 연기 속에 어른거리고 또 냄새 맡아진다. 내세에도 내가 어떤 모습으로건 존재하고 있을 거라는 예감 때문에 한차례 몸서리치는 수도 있을 것이다.

알고 보면 불쌍하고 우스꽝스러운 삶을 일당백으로 압도해버리는 그 엄숙하고 경건한 죽음의 힘에 가위눌릴지도 모른다.

전 세계 어디를 둘러봐도 바라나시만큼 죽음을 성찰하게 만드는 곳은 없다. 그리하여 바라나시 여행은 죽음을 미리 만나게 하여 삶을 돌아보게 만든다.

마크 트웨인의 얘기대로 바라나시는 삼천 년이 넘는 역사를 지니고 있다. 의심할 것 없이 세계에서 가장 오래된 도시 중 하나다.

'빛이 충만한 곳'이라는 뜻의 바라나시는 부처 시대에 이미 종교와 사상과 철학과 예술과 학문의 중심지로 이름을 날리고 있었다. 그 뒤로 갠지스 강 띠 언덕 일대에 천오백 개 힌두 사원이 들어섰다. 낱낱이 거대한 규모로 지어진 그 사원들을 갠지스 강변에서 올려다보면 이 세상에서 가장 길고 견고한 성채로 우뚝했다.

그 성채들은 12세기에 침공한 무슬림들에 무참히 파괴당해 그 찬란한 빛을 잃었다. 하지만 무슬림들도 이곳을 찾아 갠지스 강에 죄업을 씻으려는 힌두인들의 믿음만은 손볼 수 없었다. 가트까지 파괴할 수는 없었던 것이다.

강의 수위에 따라 목욕터를 오르락내리락할 수 있게끔 강물과 맞닿은 강변에 설치한 계단이 가트다. 지금도 바라나시에는 백 개가 넘는 가트가 있다.

"성스러운 갠지스의 강물을 바라보기만 해도 죄업은 사라진다. 이 강물에 몸이 닿기만 해도 윤회의 사슬은 끊어진다. 갠지스! 갠지스! 하고 되뇌기만 해도 영혼이 깨끗해진다."

비쉬누의 그 말을 믿는 수백만의 힌두인들이 매년 바라나시의 가트를 찾는다. 하지만 막상 바라나시 출신의 종교 시인 카비르는 이 목욕 문화에 대해 회의적이다.

"강물로 씻어 몸을 깨끗이 하는 것보다 마음을 맑게 하는 게 중요하다."

불교 쪽에서도 곱잖게 본다.

"갠지스 강물로 해탈할 수 있다면 물속의 물고기와 거북이가 가장 먼저 해탈했을 것이다."

그렇다고 해서 힌두교도들의 바라나시 갠지스 강에 대한 믿음이 흔들릴 리 없다. 그들이 가진 믿음의 원천은 이 강에서 몸을 씻는 삶에 있는 것이 아니라, 이 강변에서 시작되는 삶 저편의 세계, 곧 죽음에서 비롯되기 때문이다. 그래서 인도인들은 타다 만 시신이 떠다니기도 하는 더러운 강물에 몸을 담그는 것을 두고 몸이나 영혼의 때를 씻으려는 목욕 행위라는 비아냥거림에 콧방귀도 뀌지 않는 것이다.

그들은 수행자와 어린이와 처녀와 불구자들은 화장하지 않고 시신을 갠지스 강물에 그냥 떠내려 보낸다.

수행자는 평소의 수행으로 죄업을 씻었다.
어린이는 아직 죄를 짓지 않았다.
처녀는 더없이 깨끗하다.
불구자는 그간의 구박과 천대로 이미 죄업을 씻었다.

이들은 이미 구원을 받았으므로 화장하지 않아도 된다는 것이다.

부처 시대 이 바라나시에 구리자라는 큰 부자가 살았다. 구리자에게는 야사라는 아들이 있었다. 총명한 아들의 출가를 우려한 아버지는 그에게 여름과 겨울과 장마철에 지낼 집을 따로 지어줬다. 그 별채에서 여러 미인들의 치마폭에 싸여 출가는 꿈도 꾸지 못하게 만들었다.

하지만 아들은 곧 그 쾌락의 늪에서 헤어난다. 삶에 깊은 회의를 느낀다. 죽음의 공포가 급습한다. 집을 뛰쳐나간다. 갠지스 강가에 닿았다.

"아! 산다는 건 참으로 괴롭고 불안하구나. 도대체 어떻게 살아가야 하는 걸까?"

마침 갠지스 강변을 산책하던 부처의 눈에 띄었다. 아니다. 사르나트에서 다섯 술래를 찾아낸 부처가 다시 숨바꼭질에 나서 새 술래를 찾았다고 해야 옳다.

"이리로 어서 오게나. 여기는 괴로움도 두려워할 것도 없네."

부처는 그에게 사성제를 설했다.

"이제 마음의 평화를 얻었습니다. 부디 저를 인도하여 구족계를 받은 비구가 되게 해주십시오."

"야사 에히 빅쿠! 법은 이미 네게 전해졌다. 괴로움의 뿌리를 뽑을 때까지 쉬지 말고 수행토록 하라."

야사가 일곱 번째 비구가 된 인연으로 야사의 부모뿐 아니라 야사의 오십여 명 친구들까지 사르나트의 부처를 찾아가 불법에 귀의하게 된다.

"저는 오늘부터 거룩한 부처님에 귀의합니다. 거룩한 가르침에 귀의합니다. 그리고 거룩한 승단에 귀의합니다."

야사의 아버지가 기쁨으로 노래한 삼귀의(三歸依)는 사르나트에서 최초의 승단이 태어났음을 알리는 게송이었다.

그 육십여 제자들에게 부처는 전도를 선언하며 전법의 수레바퀴가 사르나트에서부터 굴러가는 위대한 역사가 시작된다.

"비구들이여. 그대들은 이제 모든 굴레로부터 자유롭게 되었다. 그러나 중생들은 여전히 고통 속에서 헤매고 있다. 이제 너희가 나서 그들을 정법으로 제도하라. 처음도 좋고 중간도 좋고 끝도 좋으니 잘 알아들을 수 있도록 법을 전하라. 비구들이여. 어서 떠나거라! 둘이서 가지 말고 홀로 가라. 나도 우루벨리의 세나니 마을로 가서 전법하리라."

우루벨라라면 부처에게 유미죽 공양을 올린 수자타와 깨달음의 그늘을 드리워준 보리수가 있는 가야 땅을 말한다.

바라나시로 되돌아가 갠지스 강을 도로 건넌 부처는 가야와 빔비사라 왕이 기다리겠다던 라즈기르와 날란다와 암라팔리의 바이샬리와 두고 온 처자가 있는 고향 카필라바스투와 기원정사를 세운 쉬라 바스티에 이르는 전도의 길에 오른다. 부처는 동북 인도의 전역을 그로부터 사십오 년간 맨발로 걸어 다니며 법의 수레바퀴를 굴렸다.

그 전법의 길에서 부처는 하루를 다섯 시기로 나눠 생활했다.

하루에 한 끼만 먹었다. 공양 초대가 없는 날은 나이 들어 건강이 좋지 않을 때도 발우를 챙겨 탁발을 다녔다.

오후에는 처소에서 법문을 했다. 그리고 잠시 방에 들어 쉬었다. 가끔 오른쪽으로 누워 낮잠을 즐기기도 했다. 그러고 나서 맨발로 서너 시간 걸어다니며 세상을 둘러봤다. 저녁에는 처소로 찾아오는 재가 제자들을 맞아 설법했다.

오후 여섯시부터 저녁 열시 사이의 초경에는 제자들을 가르쳤다. 그리고 새벽 두시까지의 중경에는 참선에 들었다.

새벽 두시부터 여섯시까지의 말경은 네 쯤으로 시간을 쪼갰다. 세시까지의 한 시간은 마당이나 처소를 천천히 거닐었다. 그리고 네시까지 잠자리에 들었다. 하루 한 시간만 취침한 것이다. 이어 다섯시까지는 선정에 들어 깨달음의 기쁨을 누렸다. 그리고 여섯시까지는 다시 대자비의 깊은 선정에 들어 모든 중생들에게 자비로운 마음을 보내는 데 썼다.

오직 이타심으로 몸을 혹사했지만 말년이 되도록 피곤한 줄 모르고 전법의 수레를 굴렸다.

그러나 바이샬리에서 안거하던 어느 날 심한 병에 걸렸다. 병상을 지키던 시자 아난다가 물었다.

"저는 스승님이 얼마나 고통스러워하는지를 매일 지켜보았습니다. 제 몸의 피가 다 마르는 것 같습니다. 그저 앞날이 깜깜해질 따름입니다."

"아난다야. 이 몸의 나이 이미 여든. 나도 늙을 대로 늙었다. 마치 낡은 수레를 가죽 끈으로 얽어매어 지탱하고 있는 것 같구나. 그러나 이 고통을 이겨내리라. 밖으로 향하는 모든 생각을 멈추고 무념무상의 삼매에 들 때 몸은 편안해지며 근심도 고통도 모두 사라지게 된다. 법을 등불로 삼고 법에 의지하라. 법을 떠나 다른 것에 매달리지 말라."

부처는 오리혀 아난다를 격려했다. 아난다는 안심했다.

그 얼마 뒤 부처는 아난다에게 차팔라 언덕으로 가자고 했다. 스승은 그 언덕에서 바이샬리 풍경을 바라보기를 즐겼다. 가는 길에 부처는 한 나무 아래 이르러 '여기 자리를 좀 펴다오. 허리가 아파 좀 쉬어야겠다'고 했다. 그 자리에 누운 스승은 뜻밖의 주문을 했다.

"아난다야. 제자들을 모두 불러 차팔라 언덕으로 오게 해라. 내 이를 말이 있다."

차팔라 언덕에 모인 제자들에게 부처는 먼저 삼십칠 도품(道品)에 대해 설법했다. 사마타 수행을 통해 집중력을 길러 물질과 정신현상을 통찰할 직관력을 키울 수 있는 수행법이었다. 이어 눈을 돌려 바이샬리를 바라보며 열반을 선언한 것이다.

그리고 입멸할 곳을 찾아 부처는 시자 아난다를 데리고 북서쪽의 이름 없는 마을인 파바로 향한다.

엄마야 누나야 강변 살자

나는 고갱의 화두를 품었던 사십오 년 전의 술래가 곧 모습을 드러내리라는 걸 짐작할 수 있었다. '그'는 손을 뻗으면 닿을 듯 가까이 다가왔다. 그러나 아직 '그'와 나 사이에는 건너야만 할 강 하나가 흐르고 있다.

그 강은 바라나시라 불리는 죽음의 강이다. 나의 술래는 그 강을 건넌 피안에서 어서 따라오라며 북서쪽으로 발걸음을 뗐다.

그 강을 건너는 일은 바라나시의 강변에 나가 '죽음의 얼굴'을 대면하는 일이었다.

나는 다시 바라나시로 갔다. 나흘을 머물렀다. 날마다 해가 떠오는 시각에 맞춰 화장터가 늘어선 갠지스 강변을 찾았다.

가트와 가트로 이어지는 강변을 하릴없이 오갔다. 각양각색의 피부에 다른 말을 쓰는 사람들이 새벽부터 강변길로 나와 그 피안의 세상을 비추는 해가 떠오르길 기다리고 있었다.

화장터에서 풍겨나는 죽음의 냄새는 새벽에 더욱 짙었다. 고기 타는 냄새와는 좀 달랐다. 그건 삼백초를 달일 때 나는 역겨운 냄새 같았다. 개들이 침을 질질 흘리며 냄새나는 쪽으로 무리지어 내달렸다. 그 개들을 따라간다.

이른 시각이라도 화장터는 분주하다. 엷은 천으로 둘둘 만 시신을 실은 대나무 들것이 이 골목 저 골목에서 다투어 빠져나온다. 상여꾼이 남도 판소리 가락의 만가를 부른다. 그 소리 사이로 끼어드는 날라리와 북소리는 들것이 화장터가 아니라 잔칫집으로 가고 있는 게 아닌가 하고 고개를 갸우뚱거리게 만든다. 시신들 위에는 알록달록한 꽃과 물감가루가 뿌려져 있어 더욱 그랬다. 시신들은 그렇게 성장하고 이 세상에서 마지막으로 맞은 홀리 축제로 춤추러 가는 것만 같았다. 태워질 순서를 기다리며 시신들의 들 것이 긴 줄을 선다.

맨 앞의 시신이 들것에 실린 채 갠지스 강물에 세 차례 적셔진다. 그리고 쌓아둔 장작더미에 얹힌다.

스님처럼 머리칼을 모두 밀어버린 상주가 불씨를 붙여 들고 시신을 몇 바퀴 돈다. 모든 상주는 흰옷을 입어야 한다. 불씨를 든 상주는 불꽃을 피워 올린 흰 초 같다. 화장을 거드는 인부들도 대개 흰옷 차림이다. 여기서 죽음은 희다.

그는 장작에 불을 붙인 뒤 긴 장대를 가지고 시신이 고루 타도록 거푸 뒤척인다. 여러 향신료와 노란색 쌀알 섞은 것을 불길 위에 뿌리면서 다시 죽은 사람 둘레를 몇 바퀴 돈다. 고기 타는 냄새와는 사뭇 다른 역겨운 냄새는 그 향신료 때문이다.

그때 나는 문득 보았다.

장작더미 속에서 삐져나온 두 발을 보았다.

맨발이었다.

주변에서는 어느 누구도 울지 않았다.

죽음은 슬픈 게 아니야.

다만 눈을 감고 수를 세는 술래가 되었을 뿐이야.

다른 술래를 찾을 때까지 술래가 된 것뿐이야…….

그런 하늘의 목소리를 듣고 있다는 듯.

곁에서 장송을 거드는 사내가 상주에게 짚다발을 건넨다. 그 짚다발은 아직 타지 않은 장작더미 밑으로 깔린다. 그제야 장작은 제 할 일을 찾았다는 듯 타닥타닥 하는 소리까지 내지르며 시뻘건 불길을 뿜어낸다.

그때 나는 문득 보았다.

장작더미 속에서 삐져나온 두 발을 보았다.

맨발이었다.

주변에서는 어느 누구도 울지 않았다. 죽음은 슬픈 게 아니야. 다만 눈을 감고 수를 세는 술래가 되었을 뿐이야. 다른 술래를 찾을 때까지 술래가 된 것뿐이야……. 그런 하늘의 목소리를 듣고 있다는 듯 유족들은 무덤덤하게 시신 태우는 일에만 몰두한다. 여자들은 장송에 참여할 수 없는 까닭에 멀찍감치 떨어져서 바라만 볼 뿐 울먹이지도 않았다.

그럼에도 슬퍼하는 제자들의 울음소리에 두 발을 관 바깥으로 내밀었다는 부처처럼 그 시신은 어느 순간 맨발을 불쑥 내밀었던 것이다. 연탄 불 위에 오그라드는 마른 오징어처럼 불타는 시신은 뜨거움을 느껴 몸부림치는 것만 같았다.

그 맨발은 뒤따라 덮친 시뻘건 불길의 손아귀에 바로 낚아채였다. 화염지옥에 선 채로 내던져지면 발부터 맨 먼저 타오를 것이다. 하지만 이곳에서 발은 맨 나중에 타올랐다.

휘발유라도 끼얹은 듯 활활 타오르며 그 맨발에서 잠깐 비린내가 풍겨났다. 소나기 맞은 흙길에서 풍겨나던 흙내 같은 비린내였다. 언젠가 사람의 맨발에서 맡아본 적이 있는 냄새 같았다. 하지만 그뿐이었다. 그 뒤로는 아무런 냄새를 풍기지 않고 맨발은 그저 타올라 끝내 재로 사그라졌다. 그래서 언제 어디서 맡았던 맨발의 비린내인지는 기억나지 않았다. 술래는 아직도 내 애를 태우고 있었다.

그 맨발이 다 타며 코가 한 치라도 더 높거나 낮았더라면 세계의 역사가 달라졌을 것이라는 클레오파트라를 교훈 삼아 성형에 목숨까지 거는가 하면 남의 살을 내 살로 알고 먹으며 보듬어온 인간의 육신은 한 줌의 검은 뼈다귀로 돌아갔다. 삼십분이 채 걸리지 않았다.

이제 화부가 갠지스 강물을 떠와 사그라지는 불 위로 끼얹는다. 그 잿속에 어쩌다 타다 만 시신 토막이 나오면 그때까지 참고 기다리며 어슬렁거리던 개들이 잽싸게 뛰어든다. 운이 좋아 갈비 한 대라도 물게 되면 그 자리서 뼈째 우적우적 오도독오도록 씹어먹는다. 사람 고기 맛을 들인 개들이다.

상주는 개들이 배를 채우건 말건 타고 남은 찌꺼기들을 쓸어 모아 갠지스 강에 흘려보낸다. 유골 보자기를 든 상주도 뒤따라 강으로 내려간다. 상주가 힘껏 내던져봤자 그 유골 보자기는 십여 미터도 못 날아가고 갠지스 강에 떨어지고 만다.

유골 보자기는 그렇게 해서 갠지스 강 위에 자그마한 파문을 일으켜 여기 아무개 아무개가 이 세상으로 소풍 나왔다가 저 세상으로 이제 그만 돌아가노라 하는 묘비명을 쓴다.

갠지스 강은 그 파문과 그 재와 그 뼛가루와 그 타다 만 찌꺼기를 모두 끌어안고 흐른다. 끌어안고 흘러 이미 가트에 바글바글 모여들어 목욕 채비를 갖추고 있는 인도인들의 목욕물이 되어준다.

디아는 갠지스 강에 피어나는 접시꽃 당신이다.
노란꽃을 두른 접시 한가운데 촛불을 켤 수 있도록 만든 디아다. 본디 이 꽃접시 촛불은 바라나시 가트에서 매일 저녁 여섯시에 올리는 푸자 의식에 쓰이는 것이다. 디아에 불을 붙여 갠지스 강에 띄워 보내며 푸자의 힌두 사제들은 복을 빌어준다. 그래야 불의 신 아그니가 소원을 들어준다 했다.
그런 연유를 알건 모르건 갠지스 강에 떠서 흘러가는 접시꽃 당신은 아름답다. 누구라도 그걸 보면 그 접시꽃에 당신을 향한 그리움을 실어 보내고 싶어진다. 어떤 이라도 그 접시꽃에 촛불을 켜서 당신에게 그리움의 연서를 띄워 보내고 싶어진다. 그토록 접시꽃 당신은 아름답다.
그래서 가트 주변으로는 목욕하러 오거나 가트 구경하러 오는 사람들보다 디아 팔러 오는 소녀들이 먼저 모여든다.
잔칫날 모든 인도 사람들의 목에 걸리는 노란 꽃목걸이를 디아 대신 들고 나오는 사람들은 모두 노인네들이다. 하지만 노란 꽃목걸이 당신을 거기서 찾아보기는 어렵다. 접시꽃 당신보다 훨씬 비싼 까닭이다.
디아 파는 아가씨가 그대를 접시꽃 당신으로 만들려 하고 또 노란꽃 목걸이 파는 쭈그렁 할머니가 그대를 노란 꽃목걸이 당신으로 만들려 하고 또 팔에 온갖 장신구와 기념품을 걸고 다니는 아저씨가 그대를 호구 당신으로 만들려고 기를 쓰는 사이에 어느새 떠오른 해는 인도인들을 갠지스 강에 죄업을 씻어 더없이 순결한 연꽃 당신으로 꽃피우고 있을 것이다.

"엄마야 누나야 강변 살자."

소월의 그 시구대로 인도인들은 모두가 강가에 살고자 한다. 갠지스에 몸 한 번 담그는 걸 평생소원으로 여기는 인도인들은 그 갠지스를 '강가'라고 부르기 때문이다.

옛날 아주 옛날 인도에 사가라 왕이 살았단다. 그는 하루하루 뙤약볕 아래 말라만 가는 땅에 사는 백성들의 처지를 못내 가슴 아파했다. 왕은 하늘에 기도했다. 천상의 강을 이 땅으로 돌려놓아 달라는 기도였다. 하늘의 시바 신이 왕의 소원을 들어주었다. 신은 기나긴 제 머릿결을 풀었다. 천상의 강은 그 머릿결을 타고 인도 땅으로 흘러들어 강가가 되었단다. 그 뒤로 인도 사람들은 이 하늘의 강에 몸을 씻으면 죄업을 씻어 해탈할 수 있다는 믿음을 지니게 되었단다.

인도인들이 화장터의 잿물로 뒤범벅된 강물에 몸을 담그다 못해 그 물을 떠 마시고, 또 집으로 가져가 엄마야 누나야 강가에 살자며 나눠 마시는 일은 눈앞에서 뻔히 일어나고 있음에도 강가의 전설보다 더 믿기 어렵다. 알고 보면 사실은 언제나 소설보다 더 극적이어서 전설보다도 더 믿기 어렵게 된다.

여기서 삶은 죽음을 배반하고 또 죽음은 삶과 등진다. 아니, 여기서 죽음은 오히려 삶을 싱싱하게 만들어주고 삶은 죽음에게 잔

그런 연유를 알건 모르건

갠지스 강에 떠서 흘러가는 접시꽃 당신은 아름답다.

누구라도 그걸 보면

그 접시꽃에 당신을 향한 그리움을 실어 보내고 싶어진다.

어떤 이라도 그 접시꽃에 촛불을 켜서

당신에게 그리움의 연서를 띄워 보내고 싶어진다.

치를 베푼다. 이런 모순을 들춰내려는 이성적인 분별심은 병원균 득시글거리는 강물에 몸을 담그고 마시기까지 하는 인도인들의 믿음 앞에서 끽소리를 내기는커녕 감히 숨도 제대로 못 쉬게 된다.

이것이 힌두교의 힘이다.

삶과 죽음이라는 모순으로 뒤엉킨 인생의 무게를 제 몸으로 그대로 받아내는 힌두교다. 그 힌두교의 모순이 제 발가벗은 몸을 거리낌 없이 드러내는 곳이 바로 바라나시의 갠지스 강이다.

나는 그 강가를 오래도록 바라보고 있었다.

나는 그 강가에 흘러가는 힌두교라는 종교에 몸을 실어 오래도록 함께 흘러가보았다.

나는 그 강가가 인도인들의 심장과 이어진 핏줄이라는 생각을 얻게 되었다. 그 핏줄을 타고 힌두교가 강가처럼 흐르고 있었다. 그래서 이들에게는 다른 종교가 파고들지 못하고 다른 핏줄에게 힌두교가 전파되지 않는 까닭도 알게 되었다. 다른 종교에 대면 힌두교는 물보다 짙은 피다. 피에서 피로만 전해지는 것이 힌두교다.

먹물을 풀어놓았던 강가가 제법 파릇파릇해졌다. 버들잎 나룻배들이 제 길 찾아 파릇한 제 속 드러내고 있는 물위로 미끄러진다.

디아 파는 소녀와 노란 꽃목걸이를 든 할머니를 제치고 나룻배 호객꾼이 몰려든다. 제값의 서너 배 배삯을 부른다. 바라나시도 관광지인 것이다.

이름 있는 관광지와 대도시 위주로 인도를 다녀온 사람들은 하나같이 인도인을 욕했다. 모두가 거짓말쟁이고 사기꾼이라는 것이다.

지난 석 달 동안 천이백 킬로미터를 걸어 여기까지 오는 동안 그런 인도인을 한 사람도 만나지 못했다. 그래서 '인도는 위험하다'는 경고와 함께 '인도에서 사람 조심해라'는 충고도 잊어버렸었다. 그간 농로로만 다녔기 때문에 그 길에 지나친 대도시나 관광지라고는 파트나와 보드가야뿐이었다. 파트나는 외곽에서 하루 묵고 바로 지나쳤고 불교 유적 순례자가 몰리는 보드가야에서도 걸어서만 다녔다. 인도를 보고 느끼고자 하는 외국인의 가슴에 상처를 남기는 그런 악당을 만나려야 만날 수가 없었던 것이다.

강가의 가트에서 다가온 그 삐끼들 덕에 그런 충고들이 사실임을 알게 되었다. 정말 진드기들이었다. 그럼에도 그 삐끼들이 그렇게 밉지는 않았다. 호주머니가 허락하는 한 넉넉히 셈해줬다.

그렇게 해서 나는 세하이라는 소년을 알게 되었다. 사나흘 거푸 강변길에 나서며 그의 단골이 된 것이다.

나는 그 번잡한 가트를 오가는 것보다 강가 건너편에 넓게 펼쳐진 모래사장으로 가서 이쪽의 피안을 바라다보는 걸 좋아했다. 세하이는 자기 아버지의 쪽배를 저어 우리를 그 모래사장에 내려놓고 약속한 시간에는 어김없이 데리러 왔다.

그 모래사장은 갠지스 강에서 태워진 모든 사람의 뼛가루가 지난 수천 년간 쌓인 것 같았다. 그 모래밭에 퍼질러 앉았다. 그리고 아침 무렵부터 달구어진 그 모래 속으로 발을 쑤셔넣는다. 고개를 든다. 건너편 가트에서는 여전히 시신을 태우는 불길이 오른다. 그러면 내 발 뼈에 들어 있던 뿌리를 알 수 없는 그리움과 슬픔이 쏟아져 나와 따스한 모래알에 데워지는 듯 황홀해지는 것이다.

세하이 덕에 나는 며칠 전 맨발이 타오르는 연기 속에서 잠시 떠올랐다가 스러진 어떤 영상을 간신히 기억해낼 수 있었다.

그날 모래사장에서 이쪽으로 건너오는 배편의 노를 젓던 세하이가 '오늘은 선생님들께 드릴 특별 보너스가 있다'면서 배를 상류 쪽으로 몰았다.

거기 아시카트의 화장터에 쌓인 네 개의 장작더미도 이미 시뻘건 불길을 내뿜고 있었다. 가까이 다가가도 별다른 냄새는 풍겨나지 않았다.

"선생님들을 위해 여기 책임자에게 특별히 사진 찍어도 좋다는 허락을 받아놨습니다. 마음 놓고 촬영하시고 멀어서 잘 안 보이면 제 망원경을 쓰십시오. 준비해왔거든요."

심병우 씨는 그때부터 정신없이 셔터를 누르기 시작했다. 나는 세하이의 망원경으로 화장터를 눈앞으로 당겨보았다.

머리를 깎고 흰옷을 입은 네 명의 상주가 불길을 뒤척이며 장작더미 주위를 돌고 있다. 오른쪽의 세 상주는 모두 소년이었다. 왼쪽 끝의 상주만 중년 사내였다.

그 사내에게로 자꾸만 망원경 초점이 맞춰졌다. 그는 울고 있었다. 지난 며칠 동안 백 명 넘는 상주를 보았지만 울음을 보인 상주는 그가 처음이다.

울고 있는 이 상주가 잃은 이는 누구일까?

망원경에 붙은 내 눈길을 장작더미 밑으로 가져갔다. 그러다 '그것'을 보고 너무도 놀란 나머지 헉 하는 신음소리까지 내뱉고 말았다.

그것은 너무도 하얀 맨발이었다.

아지랑이처럼 눈앞에 어른거리는 그 맨발은 하얀 몸을 지닌 여인의 발이란 걸 알 수 있었다.

사내는 그 하얀 발을 가진 아내를 잃은 것이다.

여인은 바로 눕혀져 있었다. 발바닥의 하얀 살갗과 깊이 팬 발바닥으로 흘러드는 그 나뭇가지 모양의 주름들이 내 눈으로 빨려들었다. 그리고 그토록 하얀 여인의 맨발을 보았던 기억이 되살아났다. 그 맨발에서 맡았던 비린내도 되살아났다.

그녀는 나의 종고모다.

종고모부는 일제 말기에 징병당해 필리핀 남쪽 남지나해 전선에 투입되었다. 결혼한 지 일 년이 채 안 되었을 때다. 종고모는 고모부의 아기를 갖고 있었다. 졸지에 유복자 가진 생과부가 된 종고모는 그 뒤로 하루도 빼지 않고 신작로 끝 돌장승에 기대 남편의 귀향 소식을 기다리는 망부석이 되었다. 그로부터 반년이 지나지 않아 남편의 전사통지서가 날아왔다. 그 충격에 뱃속 아이까지 유산하고는 실성하고 말았다.

정신을 놓아버린 그녀는 남편의 죽음을 한사코 받아들이지 못했다. 그 뒤로도 날마다 동구 밖 장승 거리로 나가 어서 남편 돌아오게 해달라고 당나무에 빌며 남지나해가 있을 남쪽 하늘을 넋 놓고 쳐다보았다. 그즈음 종고모가 불렀던 노래야말로 '단장의 미아리고개'였을지도 모른다.

종고모는 어느 날 동틀 무렵 동네 우물에 투신하고 말았다. 고무신 두 짝을 방문 앞 댓돌 위에 나란히 얹어놓았다고 한다. 맨발로 우물까지 간 것이다.

그 뒤에 얘기를 들어보니 종고모가 완전히 실성한 것 같지는 않았다. 왜냐하면 종고모부의 전사통지서를 받은 지 육 년쯤 지나 태어난 나를 친자식처럼 귀여워하고 나오지도 않는 젖을 물려가며 업어 키웠을 뿐 아니라 우물로 뛰어든 날이 바로 종고모부 전사통지서를 받은 그날이었기 때문이다. 그 날짜에 맞춰 투신한 걸로 봐서 정신이 어느 정도는 남아 있었을 거라는 얘기였다.

종고모는 십 년간이나 죽은 남편을 기다리느라 날마다 동구 밖 장승거리로 나간 셈이다. 십 년이 가도 백 년이 가도 살아만 돌아오라고 빌었건만 임은 죽은 몸으로도 돌아오지 않았다. 그 임을 만나러 종고모는 하늘나라로 올라가버린 것이다.

나는 그날 어머니 손에 끌려 그 우물로 달려갔다. 동네 장정들이 이미 숨진 종고모를 우물에서 꺼내 가마니로 덮어놓고 있었다.

그때 나는 가마니가 다 덮지 못한 종고모의 그 하얀 맨발을 보았다. 만석꾼인 큰할아버지는 종고모를 금이야 옥이야 하고 키웠다. 손에는 물 한 방울 못 묻히게 했고 발에는 흙 한 줌 안 묻게 했다. 그래서 더욱 하얘진 그녀의 맨발이었다.

나는 가까이 가지 말라는 어머니의 손을 뿌리치고 종고모에게로 달려갔다. 그 하얀 맨발을 껴안았다. 발바닥에 뺨을 문질렀다. 그리고 새끼발가락을 고모의 젖꼭지 빨 듯 자꾸만 빨았다. 그 발가락에서는 옅은 비린내가 났다. 깊은 우물은 비린내를 감추고 있었던가 보았다.

그때 나는 다섯 살이었다.

친척들은 그녀를 용강서원 뒤쪽 소나무 숲 밑에 묻었다. 종고모부의 가묘 옆이었다. 친척들은 그녀가 댓돌 위에 찍어둔 부채의 느낌표 같았던 하얀 고무신 두 짝을 종고모와 종고모부 무덤에 한 짝씩 묻어주었다. 그래서 고향에서는 그 무덤을 아직도 고무신 무덤이라 부른다.

나는 고무신 무덤가 소나무 숲에서 코흘리개 동무들과 숨바꼭질하고 놀았다. 그때마다 나는 들킬 줄 알면서도 매번 그 고무신 무덤 뒤로 몸을 숨겼다. 그 무덤에 기대면 고모 품에 안기는 것 같았고 또 고모가 거기 와서 숨으라고 부르는 것만 같았다.

나는 지금 오십 년 만에 그 종고모의 하얀 맨발이 나를 부르는 소리를 듣고 있다. 그 맨발의 비린내를 다시 맡고 있다. 그리고 얼마 전 여기 오는 길가에서 불렀던 '단장의 미아리 고개'를 다시 듣고 있다.

그 노래를 부른 여인은 나의 종고모였던 것이다.

그 순간 내가 지난 세월 동안 찾아 헤맨 '그'는 그 종고모의 고무신 무덤 뒤에 숨어 있을 것이라는 짐작에 사로잡혔다.

'그'가 거듭 외친다.

에히 빅쿠!

에히 빅쿠!

에히 빅쿠!

로이의 유미죽과 우펜드라의 어머니 사랑과 아킬레스 부부가 연이어 풍겨낸 그 젖내는 젖도 나지 않았던 종고모의 그 하얀 젖무덤에 젖줄을 대고 있었던가 보다.

젖먹이 조카를 품고 고모는 어서 젖을 빨라며 '에히 빅쿠!'를 외쳤다.

고무신 무덤

학도병 끌려간 종고모부는 돌아오지 않고
전사통지서 날아온 날
우물에 몸 던진 종고모가
두레박 댓돌 위에 찍어두었던
부재(不在)의
느낌표
고무신 두 짝
모두! 안녕!
그 두 마디의 하얀 흐느낌

동구밖 서낭당 솟대 되어
남지나해 전선에서 올라올
남편 생환소식 기다리다
종고모는 밭은 기침
한 웅큼씩 피를 토했다지

그 피 받아 시냇물에 헹굴 때마다

피눈물 쏟으며 함께 흐느끼던

고무신 두 짝

배 딴 잉어처럼

제 붉은 피 냇물에 풀고 나면

말갛게 드러나던

그리움의 살점이여

님인가 품고서 냇가 자갈밭 뒹굴며

검은 머리 홀로 풀었던

열아홉 나이 푸르고 푸른

식민지 사랑이여

고향 뒷산 해바라기 산모롱이에

그 작은 고무신 무덤이 돋아난 사연이라네

한없이 투명한 중도

어서 쿠시나가르로 떠나야 했다.

혜명 스님이 사르나트까지 다시 따라왔다. 스님과 사르나트 박물관의 초전법륜상 앞에 섰다.

수줍은 듯 눈을 반쯤 내려감은 표정이 우리의 반가사유상 같다. 초전법륜 때 부처 육신의 나이는 서른다섯 살이었다. 하지만 따뜻하고도 잔잔한 웃음을 머금은 이 불상은 이팔청춘의 소녀 같다. 봄비 머금은 메밀꽃 같다. 나는 이처럼 아름다운 소녀를 만난 적이 있다. 그녀의 이름은 명혜였고, 지금 그녀의 두 이름 글씨를 앞뒤로 바꾼 혜명 스님과 함께 그녀를 닮은 부처를 바라보고 있다.

"스님, 아무래도 스님과 만난 인연은 여기에 같이 서라는 부처님의 뜻 같습니다만."

나는 스님에게 십칠 년 전쯤 실크로드를 여행하다가 서역행 기차 안에서 만났던 명혜 이야기를 꺼냈다.

그녀가 나무로 새긴 불상 목걸이를 하고 있어서 더욱 그랬는지 모른다. 처음 볼 때부터 살아 있는 반가사유상을 만난 듯했다. 그만큼 그녀는 종교적인 아름다움으로 빛났다. 중국에서 꽤 이름난 영화배우인 아버지 주효춘을 따라 우루무치의 촬영장으로 가는 길이었다.

네팔 밀림에서 악어를 봤을 때 그랬듯 이번 방랑길에서도 명혜를 몇 번 생각했다. 지금까지 지나온 거개의 불교 유적지에서 명혜와 같은 고장 사람인 당나라 현장 스님의 채취를 맡아온 까닭이었다. 그가 남긴 《대당서역기》의 사실성은 지금 읽어봐도 혀를 내두르게 된다. 불멸 뒤 불교 성지를 순례한 어떤 이도 현장의 그 꼼꼼하고 치밀한 관찰력을 넘어서지 못했다. 인도에서 십육 년간 지낸 기록인 그의 저서가 남아 있었기에 이슬람 무굴제국의 침공으로 폐허가 된 불교 유적지들의 본디 모습을 짐작해볼 수 있게 되었.

그는 날란다 대학에서만 십 년간이나 수학하며 유식학의 모든 것을 전수받아 당나라에 불법을 전했다. 인도 사람들도 그 공을 잊지 않아 날란다에 현장 법사의 기념관을 세웠다.

그 현장이 당나라의 수도였던 장안 출신이듯 명혜도 장안의 요즘 지명인 시안 사람이었다. 아버지가 중국을 대표하는 영화감독 장예모와 함께 시안 영화사에 소속되어 있었다.

시안에서 종착역인 우루무치까지는 당시 급행열차로도 나흘이나 걸렸다. 시안을 벗어나자마자 펼쳐지는 서역의 모래벌판은 그토록 넓었다.

이곳을 지나가기는 끌로 바위에 구멍을 내는 것보다도 어렵다

했다.《사기》를 쓴 사마천의 표현이다.

영원히 건조 지대를 따라 달릴 것만 같았던 그 서역행 기차에서 우리는 그녀를 만나 나흘이나 함께 먹고 자고 마시고 노래하고 춤추며 어울렸다. 사막 위를 배추벌레처럼 기어가는 그 기차에서 함께 살았다.

나흘째 투르판을 얼마 앞두고 그 부녀와 이별주를 나눴다. 투르판의 옛 누란 땅으로 가는 길이어서 우리가 먼저 내려야 했기 때문이다.

명혜가 이별의 노래를 불렀다. 1970년대 초쯤 한국에서도 유행했던 브라더스 포의 〈그린필드〉였다.

…… 이 황량한 세계에는 아무것도 없소. 아무것도 아무것도 오직 나만 알아요 그러나 나는 기다릴 거예요. 이 황량한 세계에서 그대가 돌아올 때까지…….

그녀가 부른 〈그린필드〉에 대한 답가로 실크로드 여행에서 돌아온지 얼마 지나지 않아 나는 '블루'라는 유행가 가사조의 시를 썼다.

내일은 알 수 없지요
하지만 이것만은 분명해요
어제 만나 우리는 더욱 투명해졌잖아요
약속하진 말아요
그대가 흐려지지 않게요

어제 만나 투명해진 눈으로도
내일의 그대를 들여다볼 수 있으니까요

한평생 이별이 많고 많겠지만
한없이 투명한 그대 추억 속에
그 날의 내 모습이 살아만 있다면
그대 없는 오늘의 외로움까지
끝내 사랑할 수 있어요

아직까지 내 가슴에
그대 사랑은
더없이 투명한 블루로
그려져 있으니까요

현장 법사 이름이 부처의 발자취에서 드러날 때마다 그녀를 떠올렸으면서도 이 초전법륜상을 보기 전까지는 보드가야에서 이곳까지 걸어오는 그 긴 여로에서 한 번도 스님의 이름이 거꾸로 된 그녀 이름이라는 걸 깨닫지 못했다.

이 불상이 보여주는 투명한 아름다움에 비쳐진 명혜의 그 투명한 블루 빛은 알고보니 혜명 스님에게서 빛나던 불심의 아름다움이었던 것이다.

명혜를 혜명 스님으로 되비쳐준 그 불상은 정말 투명했다. 투명한 거울이었다. 본디 좌우를 거꾸로 바꿔 보여주는 게 거울 아닌

가. 그 거울 앞에 혜명 스님을 세우면 명혜의 그 투명한 블루가 비쳐졌다.

부처가 '에히 빅쿠!' 하며 '이리 어서 나오라'라고 불러낸 것은 모든 목숨이 지켜낸 그 더없이 투명한 아름다움이었나 보다.

아름다움!

내 숨바꼭질이 찾아내야 할 술래의 또 다른 이름이 아름다움이었던가? 쿠시나가르로 가서 죽은 부처 뒤에 숨어 있을 아름다움을 찾아내서 '에히 빅쿠!'라고 소리칠 때가 드디어 온 것이다.

초전법륜상 거울에 비친 명혜가 입을 열었다.

"잘 가시오. 가더라도 아름답지 않으면 가지 마시오. 아름다움이야말로 부처님이 남긴 위없는 법이라 나는 믿소. 부처님에게는 이 세상 모든 것이 아름다웠소. 그 아름다움과의 이별이 열반이었지 않소. 걸어가는 길 위에서만 그 아름다움이 드러나오. 끝까지 걸어간다면 반드시 그 길에서 아름다움의 본 얼굴과 만나게 될 거요."

3월 29일 오후, 박물관 앞에서 혜명 스님과 헤어졌다. 스님은 바라나시로 돌아갔고, 우리는 쿠시나르로 향했다.

사르나트에서 쿠시나가르에 이르는 삼백 킬로미터의 시골길은 혜명 스님의 주문 따라 아름다움이 넘쳐났다.

그 아름다운 길에 나는 중도(中道)라는 이름을 붙였다.

사르나트를 떠나 가우라에서 또 다시 갠지스 강을 건넜다. 발루아와 다나푸르로 들어서자 전정각산을 하산하는 부처처럼 중도로 들어섰다는 걸 느낄 수 있었다.

여러 의미에서 그 길은 중도라 부를 만했다.

무엇보다도 길이 그러했다. 버려진 땅에 뱀 허물처럼 버려졌던 비하르의 길과는 아주 달랐다. 그렇다고 차로 씽씽 내달릴 만큼 깨끗이 정비된 길도 아니다. 다만 수천 년 전부터 걸어왔을 사람들의 숨결을 그 길에서 생생하게 느낄 수 있다. 그 숨결과 함께 숨 쉬며 길은 꿈틀거렸다. 수천 년 묵었을 나이에 비해 이 길은 그렇게 늙어보이지도 또 그렇게 어려보이지도 않았다. 끊임없이 자신의 몸을 애무해주는 길 위의 사람들과 짐승과 바람과 구름까지 중용의 도를 깨우친 듯 적당히 나이 들고 또 적당히 자신과 주변을 보살필 줄 알았다.

좀 큰 마을이 가까워지면 이차선 정도로 굵어졌다가 그런 마을을 벗어나면 일차선으로 몸피를 줄이며 이웃과 호흡을 함께했다.

사르나트나 바라나시에서 차편을 이용해 쿠시나가르로 가는 길은 아주 불편하다. 꽤 규모가 있는 도시들인 가지푸르, 마우 그리고 이 지방 중심지인 고락푸르를 거치는 고속도로에서 쿠시나가르는 그 동쪽의 시골 들판 속으로 육십 킬로미터 넘게 떨어져 있다. 부처는 지금의 도로 사정까지 내다보고 숨기 좋은 곳으로 열반지를 골라낸 것만 같다.

덕분에 이 길은 처음부터 끝까지 수레조차 다니기 힘든 농로도 아니고 그렇다고 현대의 맹수들이 미친 듯 질주하지도 않는 중도로 남을 수 있었다.

중도는 포장도로와 흙길이 옛 수행자가 걸친 분소의(糞掃衣)처럼 짜깁기되어 있었다.

가지푸르를 지나 무하마다바드 쪽으로 길을 꺾어 더욱 넓게 펼쳐진 벌판으로 들어서며 이 중도가 어떤 동네와 다른 이웃 동네를 잇는 숱한 토막길의 짜깁기라는 것도 알 수 있었다. 그 길의 끝이 쿠시나가르로 이어지긴 해도 이 중도는 쿠시나가르 가는 길은 아니었다. 그 길로 쿠시나가르까지 가는 사람은 우리뿐이었다. 그런 사람을 여태 아무도 못 봤다는 사람들이 그 길 주변에서 더도 덜도 말고 적당히 잘살고 있었다.

불자가 아닌 다음에야 쿠시나가르로 갈 일이 없는 사람들이다. 고락푸르나 바라나시나 파트나 같은 대처로 나갈 때는 그 길을 이용하지 않는다. 그들은 고속도로와 만나는 더욱 짧은 길로 다니는 버스를 타게 된다.

이 길은 어디로 여행할 때 다니는 길이 아니다. 장을 보러 가고 학교 다니고 예배를 보러 가거나 일터로 또 논밭으로 나가는 생활이 다지고 가꾼 길이었다. 중도가 부처의 갈증과 허기와 무더위를 면하게 했듯, 이 길도 우리에게 그런 여유를 베풀었다.

사월로 접어들며 날은 더욱 뜨거워졌다. 하지만 이곳 사람들이 아름드리나무로 가꿔놓은 가로수가 줄곧 이어져 그 유리 조각처럼 살갗을 찔러오는 햇살을 피해 걸을 수 있었다.

아무런 외지인이 지나가지 않을 듯한 작은 마을에서조차 비하르에서는 그토록 얻기 어려웠던 생수를 팔고 있었다. 냉장고 시설을 갖춘 음료수 가게도 드물지 않았다.

동네마다 선 재래시장에서는 물론이고 한적한 길가에까지 과일 상이 있었다. 자그마한 좌판 위에 바나나 몇 송이와 귤이나 포도를 얼마쯤 얹어놓고 손님을 기다리는 손수레가 꾸준히 나타났다. 주인이 쉴 새 없이 뿌려주는 물을 머금고 함초롬히 웃고 있는 그 과일들로 갈증과 허기를 한꺼번에 달랠 수 있었다.

니힐푸르에서 찬 음료수를 사 마시며 가게 주인에게 물었다.

"아니, 이 비싼 콜라를 누가 사 마시나요? 생수도 그렇고. 여긴 관광객이 찾는 곳도 아니지 않소?"

콜라는 한 병에 칠 루피였고 생수는 십 루피였다. 그 생수 열 병이면 비하르 주에 사는 아킬레스에게 생애 최고의 선물을 안길 수 있다.

"보면 모르오. 이 동네 사람들이 마시지. 아니면 누가 사 먹겠소."

그는 곧 들이닥친 손님들 치르기에 정신이 없었다. 모두 동네 사람들이었다.

그만큼 우타 프라데시 농촌 사람들은 비하르의 천민들과는 달리 여유롭게 살았다. 이 생활의 여유가 쿠시나가르 가는 길을 더위로 뼈와 살이 녹아가는 고행의 바다에서 건져 올려 쾌락과 극단적인 고해의 사이를 걷는 중도가 되게 했다.

그 시골 마을까지 아이스크림 장수가 나타났다. 빨간 아이스박스를 실은 자전거 릭샤에 제품명이 적힌 깃발이 꽂혀 있었다.

'Super Liberty.'

초자유다!

그 아이스크림 회사 사장이야말로 위대한 사상가나 철학자가 아닐까 한다. 그런 위인이 아니고서야 세상의 어떤 사업가가 자기가 만든 아이스크림에다 저토록 심오한 이름을 갖다 붙일 수가 있겠는가 말이다.

그 이름 때문에 나는 수십 년 만에 아이스크림을 사 먹게 되었다. 그 슈퍼 리버티는 슈퍼 스피드로 입안에서 녹아버렸다. 삼 루피로 슈퍼 리버티를 얻은 건, 내 몸이 아니고, 슈퍼 스피드로 녹아 물이 된 아이스크림 자신이었다.

슈퍼 리버티는 그깟 몇 푼의 루피로 살 수 있는 게 아니다. 그런 철학을 중생들에게 심으려면 아이스크림의 이름을 슈퍼 리버티로 붙일 수밖에 없다……. 뭐 그런 고심 끝에 찾아낸 이름이려니.

버려진 땅 비하르로 들어설 때 어느 트럭이 내게 던진 '인생은 위험한 것이다'라는 경구가 비하르에 어울렸듯 중도의 땅 우타 프라데시의 시골길에서 맛본 '슈퍼 리버티'의 달콤한 맛은 우타 프라데시와 잘 어울렸다.

모든 달동네가 원래 그러하듯 인심은 비하르가 오히려 더 좋았는지도 모른다. 하지만 이곳 인심은 확실히 비하르 주의 인심보다 달콤했다.

가로수가 드리운 그늘로 나그네에게 줄 참을 내온 사람들은 모두가 여인네들이 아닌가! 남자를 길에서 먼저 만난 경우에도 아내나 딸에게 손님을 대접케 했다. 네팔을 떠난 뒤 대낮에까지 꽃밭에 둘러싸이긴 처음이다.

그 꽃밭에 들어 그녀들이 가져다주는 인도 전통의 음식과 과일 덕에 허기와 갈증을 면한 내 몸은 진정 슈퍼 리버티를 얻어 기뻐했다. 법열의 기쁨이 이러하리라 싶었다.

인도와 네팔의 차이는 남녀 차이라 할 만하다. 인도는 어딜 가건 남정네 판이고 네팔은 반대로 여인네 왕국이다.

그래서 인도에서는 사내들만 만났다. 여인네들이라고는 그들이 데려간 집의 부엌에서나 잠깐 스쳤을 뿐이다. 네팔에서는 길에서도 어린 소녀들까지 살갑게 다가와서 말을 걸었다. 인도에서는 한 번도 그런 일이 없었다. 인도에서는 소년들이나 청년들이 나이를 무시하고 옛 동무처럼 다가왔다. 그런데 이게 어찌 된 일이란 말인가. 벌써 네팔로 넘어가기라도 한 듯 나그네를 붙잡아 참을 내오고 차를 대접하는 인도 여인네들 향기에 나는 취해 있었다.

네팔이 가까워진 까닭일까?

그것만은 아닐 것이다. 비하르 또한 우타 프라데시와 마찬가지로 네팔과 접경을 이루고 있지 않은가!

때마침 우리에게 줄 참을 담은 바구니를 이고 오는 아짐 싱의 아내를 바라봤다.

니딜푸르에 사는 아짐은 마을 앞길 가로수 밑에 자리를 깔고 아내와 쉬고 있었다. 내외가 모두 삼십대 중반쯤의 나이로 보였다. 아짐은 마침 그 앞을 지나가는 우리를 맞아 아내에게 중참을 내오게 한 것이다.

아짐도 그렇지만 그의 아내도 덩치가 컸다. 나이에 비해 살이 많이 쪘다. 나잇살이 아니라 인심살인가. 그만큼 사람들이 넉넉해 보였다.

그녀가 내온 건 중참이 아니라 정찬이었다. 인도의 가정식 백반이라 할 수 있는 탈리였다. 짜파티와 서너 종류의 카레 요리와 녹두죽에다 다히라는 요구르트까지 챙겨서 왔다. 그 음식들을 소꿉장난하듯 나뭇잎을 찍어서 만든 여러 가지 크기의 접시에 담아 손님들 앞에 하나씩 놓았다. 그 나뭇잎 접시를 나르는 손이 아주 크고 두툼해 복스럽다. 고모의 큰손이다. 아니 바로 종고모의 그 후덕한 손이다.

그때 다시 한 번 내가 어디서 와서 지금 어디로 가고 있는지를 되새길 수 있었다.

나는 종고모가 그 넉넉하고 하얀 가슴으로 조카에게 젖을 물리고 남지나해 전선으로 떠난 종고모부를 하염없이 기다리는 고향에서부터 걸어온 게 분명했다.

아짐의 아내는 다른 것도 알려주었다. 네팔에 잇대고 있기는 비하르와 마찬가지지만 우타 프라데시는 비하르와는 달리 인도의 부성보다는 네팔의 모성에 더 깊은 뿌리를 내린 세상의 모든 고향을 닮아 있었다.

그리하여 그녀는 내가 술래를 찾아가는 마지막 발길의 방향을 또렷이 가리켜주었다. 그것은 부처의 고향인 네팔 카필라바스투가 있는 북쪽이었다.

이제 모든 것이 확실해졌다. 바르게 보고 바르게 생각하라는 부처의 팔정도가 여태 눈을 가리고 있던 어떤 막을 거둬준 듯했다.

바이샬리 차팔라 언덕에서 열반을 선언한 뒤 아난다를 데리고 북서쪽으로 마냥 걸어간 까닭이 눈에 또렷이 밟혀왔다. 부처는 어머니 품과 같은 고향의 품에 마지막으로 안기고자 한 것이다.

그는 고향으로 걸어가고 있었다.

맨발의 나무

바이샬리를 떠난 부처는 아난다에게 먼저 파바 마을로 가자고 했었다. 파바는 바이샬리와 고향 카필라바스투 중간쯤에 자리 잡은 농촌이다.

정든 바이샬리였다. 부처도 정들었고, 바이샬리도 정붙인 부처다. 그 부처가 바이샬리를 떠나 마지막 여행길에 나서자 숱한 바이샬리 사람들이 부처를 뒤따랐다. 그들은 갠지스 강의 지류인 간다키 강까지 따라왔다. 부처는 그 강변길을 따라 첫 출가지인 상류의 케사리아로 걸어가고 있었다.

그만 돌아가라고 했지만 정을 끊지 못해 바이샬리 사람들은 그래도 쫓아왔다. 그들은 케사리아를 얼마쯤 앞두고서야 걸음을 멈추었다.

정든 사람들끼리 서로 손을 흔들었다. 손을 흔들면서도 부처는 줄곧 걸었다. 이제 서로 보이지 않게 되었다.

부처는 들고 있던 발우를 강물에 띄웠다. 부처가 사라진 강굽이에서 발우 하나가 떠내려 왔다. 바이샬리 사람들은 그게 부처의 발우라는 걸 알아보았다. 발우를 강물에서 건져냈다. 그리고 서로 돌려가며 껴안았다. 부처의 주검을 껴안은 듯 발우를 안고서 그들은 목 놓아 울었다.

케사리아에서 부처는 간다키 강의 상류를 건너 지금의 고파이간즈를 지난다. 거기서 고향 카필라바스투까지는 백오십 킬로미터가량 떨어져 있었다. 아무리 낡은 수레라 해도 열반을 예고한 날로부터 석달 안으로는 충분히 걸어갈 수 있는 거리다. 고향 가는 길의 중간 기점으로 잡았던 파바 마을도 거기서는 멀지 않다. 그즈음부터 마지막 원행 소식을 접한 여러 제자들이 따라붙었다.

깨달음으로 가는 '부처의 길'은 자신을 한없이 낮추는 길이었다. 태자의 지위를 버리고 누더기 걸친 구도자가 되어 맨발로 보드가야까지 걸어간 구도의 길은 히말라야 그 높은 곳에서 갠지스 강물을 따라 인도양까지 낮은 곳으로 마냥 흘러내리는 일이었다.

하지만 열반으로 가는 길은 이와 달랐다. 그 길은 갠지스 강을 거슬러 오르며 자신의 몸을 한없이 높은 곳으로 끌어올리는 일이었다. 그것은 연어의 회귀 본능과도 같았다.

마지막 가는 길에 부처는 고향으로 돌아가서 자신의 삶이 갠지스 강과 더불어 발원한 히말라야의 설산을 한 번만이라도 더 바라보고자 했을 것이다.

아난다와 몇몇 제자와 함께 부처는 파바 마을에 닿았다. 그사이

건강은 많이 회복되어 있었다. 이제 고향 카필라바스투는 백여 킬로미터 거리 안으로 들어왔다.

파바 마을이 춘다라는 대장장이 아들은 부처가 자기 망고 농장에 머물고 있다는 소식을 듣고 너무나도 기뻐했다. 부처에게 공양을 올릴 기회가 온 것이다.

그는 정성을 쏟아 음식을 장만했다. 하지만 그 음식상의 '스카라맛다바'라는 요리는 어쩐 일인지 입에 댈 수 없을 만큼 상해 있었다.

"춘다야. 스카라맛다바는 다른 비구들이 먹지 못하도록 모두 내 상으로 가져오도록 하려무나."

그 썩은 요리는 부처에게 치명적이었다. 피가 섞인 설사가 계속되었다. 창자가 끊어지는 고통이 따랐다. 그 요리에 다른 비구들이 입을 대지 못하게 하며 부처는 자신의 죽음을 앞당겼다. 죽음은 이미 예정되어 있던 일이었다.

히말라야를 넘은 바람은 고향 땅을 쓰다듬은 뒤에 여기까지도 불어오리라. 독약이 될 줄을 알고서 춘다의 공양을 받아들였듯 그 바람도 여기서 맞으리라.

그렇게 마음 비우며 지긋이 고통을 참아내던 부처는 끝내 아난다를 불렀다.

"자, 아난다야! 우리는 이제 여기서 가까운 쿠시나가르로 가자. 내 거기서 열반에 들리라. 그리고 춘다를 나무라지 마라. 깨달음으로 들어가게 한 공양과 열반으로 들어가게 한 공양은 둘이 아니라 하나다. 서로 조금도 다를 바 없다."

고향까지 갈 수 없게 한 춘다마저 부처는 그 따뜻한 자비심으로 껴안았다.

그곳에서 이십 리 남짓 떨어진 쿠시나가르로 가면서 부처는 스물다섯 번이나 길에서 앉아 쉬어야 했다. 가룻타 강에서 몸을 씻었다. 그리고 하르나바티 강을 건너 쿠시나가르를 들어섰다. 강을 건넌 곳에는 사라수가 숲을 이루고 있었다. 그 숲으로 들어간 부처는 쌍을 이룬 사라수 밑으로 갔다. 아난다에게 가사를 네 겹으로 깔게 했다. 그리고 머리를 북쪽으로 두고 얼굴은 서쪽을 향하게 누웠다.

그 북서쪽에 두고 온 카필라 성이 있었다.

그 북서쪽에 돌아가려다 끝내 돌아가지 못한 고향이 있었다.

그때 아난다가 부처에게 물었다.

"이제 열반에 드시면 남은 우리들은 어찌하면 좋겠습니까."

"걱정하지 말라. 그대들이 늘 기억하고 찾아가봐야 할 이 곳이 있기 때문이다. 내가 태어난 룸비니와 깨우침을 얻은 보드가야와 법의 바퀴를 굴리기 시작한 사르나트와 열반에 드는 이곳 쿠시나가르다. 이 네 곳을 순례하며 내 가르침을 떠올릴 수 있다면 나를 다시 만나 내 가르침을 따르는 것에 다름없다. 나는 늘 거기 있을 것이다. 거기서 그대들을 기다리리라. 그리고 아난다야. 나를 찾으러 올 때는 너 자신을 등불 삼고 네 자신에 의지하여야 한다. 네 자신 밖의 것에 의지하지 말고 오직 네 자신에 전념하도록 해라."

그러니까 불교 사대성지 순례는 부처가 마지막 가는 길에서 제자들에게 직접 이른 가르침이었다.

그것은 약속이었다.

거기서 그대들이 올 때까지 기다리겠다는 천년의 약속이었다.

그것은 이 세상에서 가장 오랜 약속이었다.

그것은 모르는 사이에 내 핏줄로 맺은 언약이기도 했다.

부처로 다시 태어난 가야 땅의 정기가 우리 땅에 가야라는 나라를 세우게 하고 우리 조상들이 숭배해오던 산들을 오대산이나 가야산이나 영취산으로 부르고 그 들목마다 일주문을 세우게 한 인연으로 그는 머나먼 세월 저편에서 이미 다시 만날 것을 약속해두었던 것이다.

마지막 가르침은 이렇게 마무리된다.

"모든 것은 변한다. 다만 끝없이 정진하라."

여기서 나는 이 불교 사대성지 순례길을 되돌아본다.

네 성지를 이으면 마치 북두칠성을 엎어놓은 국자 같은 모양이 된다. 그 구도를 따라 찍은 듯한 자리에 네 성지가 위치하고 있다.

열반지 쿠시나가르의 위치가 특히 절묘하다.

탄생지와 성불지와 초전법륜지를 국자 모양으로 둥글게 이으며 화룡점정의 자리에 찍혀 있는 열반지. 만약 열반지가 다른 성지보다 남쪽에 자리 잡았거나 동쪽으로 더 삐져나왔다면 사대성지 순례는 시대 순서를 따르지 못하게 되거나 성지를 잇는 순례길이 서로 엇갈리게 되는 부자연스러운 그림이 그려지게 되었을 것이다. 그런 우려를 말끔히 가시게 하며 부처는 열반지를 초전법륜지에서 북동쪽으로 삼백 킬로미터가량 떨어진 쿠시나가르에다 찍었다. 탄생지와 고향으로 되돌아가려는 회귀본능이 그려낸 순례지도는 그렇게 해서 마무리된다.

그 길을 부처가 말한 순서를 쫓아 그대로 순례하게 되면 사대성지 외에 케사리아와 파트나와 날란다, 그리고 팔대성지에 속하는 라즈기르와 바이샬리까지 부처의 연대기를 따라 차례대로 들를 수 있게 된다.

사대성지에다 라즈기르와 바이샬리 그리고 기원정사가 있는 쉬라바스티와 도솔천에 올라 어머니 마야 부인을 귀의시키고 하강했다는 전설의 무대인 상카시아 네 곳을 더하면 팔대성지가 된다. 상카시아는 전설상의 성지이고 쉬라바스티는 부처가 스물다섯 번이나 하안거를 보낸 장소여서 팔대성지에 들긴 하지만 불교사적 관점에서는 다른 성지만 한 비중을 지니지는 못한다.

부처가 자신의 발자취를 뒤따르라고 유훈한 사대성지 순례길에서는 그야말로 부처의 숨결이 느껴지는 '맨발의 땅'을 고스란히 밟아볼 수 있게 된다.

그 길은 미리 기획하고 의도된 듯한 기승전결의 구도를 가지고 있다.

그 가운데서도 초전법륜지에서 열반으로 들어가는 마지막 길을 나는 이 순례의 백미로 꼽는다.

이 길은 유일하게 부처의 연대기에서 벗어난다. 마지막으로 부처가 걸은 길은 이 길이 아닌 것이다. 그럼에도 부처는 '사대성지 순례'를 마지막 가르침으로 남기며 이 길을 가라고 했다.

왜?

열반에 드는 부처가 마지막으로 걸은 길은 바이샬리에서 케사리아로 올라가 갠지스 강을 건너 파바를 거쳐 쿠시나가르에 이르는 길이다.

사르나트를 떠나 전법의 수레바퀴를 사십오 년간 동북 인도 전역에 굴리며 걸어간 그 '맨발의 시간'이 사르나트와 쿠시나가르 사이에 큰 단층을 이루고 있는 것이다. 첫 설법지에서 삼백여 킬로미터가량 떨어진 열반지까지 가는 데 사십오 년이란 세월이 걸렸다. 부처는 여기서 길이라는 공간이 아니라 그 단층에 걸린 사십오 년이란 시간을 걸어간 것이다.

그 길은 탄생지에서 성불지와 초전법륜지에 이를 때까지와는 다른 걸음을 요구했다. 그 거리는 육신의 발걸음으로는 좁혀지지 않는다. 아름다움을 생각하는 '그'의 발걸음으로 걸어야만 건너갈 수 있는 시간의 강이 거기 있었다.

지금까지는 부처의 걸음을 따랐지만 이제부터는 부처가 아니라 그 길을 걷고 있는 자신의 인생 속으로 들어가 자신의 걸음걸이로 걸어가라는 뜻이다. 그래야만 이 길을 좇아온 사람은 이 길 끝에서 '그'를 찾아내게 될 터이다.

그래서 마지막 길에서 부처는 아난다에게 '자신을 등불로 삼고 자신 밖의 것을 의지하지 말며 오직 네 자신에 전념하라'는 자등명(自燈明)과 자귀의(自歸依)를 설했던 것이다.

사대성지를 걸어서 순례하되 오직 네 발만을 믿고 그 발에 의지해 걸을 때만이 네 자신으로서의 부처를 만날 수 있다는 약속이었다.

모든 부처의 길은 갠지스 강으로 끊어지고 또 갠지스 강으로 통한다.

부처의 발자취가 찍힌 네팔과 동북 인도는 부처의 손바닥인 동시에 갠지스 강의 손바닥이다. 그 땅에서 생로병사의 고리를 끊으려던 부처의 생애는 갠지스 강이라는 손금으로 주름지고 패여 깊은 고랑을 냈다.

유난히도 손금 자글자글한 땅이다. 부처의 손바닥에는 그 하나하나의 길이가 이천 킬로미터가 넘는 손금이 다섯이나 패여 있다. 그 다섯 손금은 모두 파트나로 모여든다. 파트나가 부처 손의 엄지와 검지 사이의 혈 자리를 차지하고 있는 까닭이다.

따라서 사르나트에서 쿠시카가르로 올라가는 길에서는 그 부처의 생명선을 거듭 건너야만 한다. 같은 갠지스 강을 두 번 아니라 열두 번도 더 건너게 되는 것이 '부처의 길'이다.

4월 9일, 벨트하라에서 다시 갠지스 강을 건넜다. 이제 쿠시나가르까지는 하루거리로 좁혀졌다. 서울 집을 떠난 지 구십구일째다.

길이 곧다.

곧은 길이 빠르다. 마음은 어서 빨리 그곳으로 가서 '그'를 찾아 '에히 빅쿠'라고 소리치라며 발걸음을 재촉한다.

곧고 빠른 길은 지평선이라는 활에 놓여 팽팽히 시위가 당겨진 화살 같다. 서두르는 발걸음에 화살이 난다. 길이 지평선을 가른다. 길은 시간이다. 길이 그 속으로 날아들자 수평으로 펼쳐진 들판은 인생이라는 입체가 된다.

이날은 칸찬푸르에서 묵었다. 이제 쿠시나가르까지는 십오 킬로미터 거리다. 쇠똥 스투파 너머 밀밭에 벽돌 공장의 큰 굴뚝들이 서 있다. 끝없는 벌판이라는 권태의 바다에 세워둔 등대다. 곧은 길은 그 등대와 등대 사이로 나 있다.

하얀 굴뚝 두 개가 나란히 서 있다. 그 굴뚝을 '그'를 찾아가는 길에 나란히 눕혀본다. 굴뚝은 그 옛날 종가 댓돌 위에 얹혀 있던 종고모의 하얀 고무신이 된다. 하지만 지금의 그 고무신은 부재의 느낌표가 아니라 존재의 느낌표다. '에히 빅쿠'에 찍힐 느낌표라는 걸 나는 안다.

쿠시나가르에 가까워지며 가로수가 아쇼카나무에서 망고나무로 바뀐다. 아직 망고나무에 망고는 없다. 오뉴월이 되어야 열릴 것이다. 그 망고 향을 상상한다. 그 짙은 망고 향기만큼이나 그늘도 짙어진다.

부처가 가장 사랑했던 나무는 아무래도 이 망고나무가 아니었을까 싶다.

보리수 밑에서 깨달을 때는 물론이고 출생에서 입멸에 이르기까지 부처가 나무와 맺은 인연은 끊이지 않는다.

어머니 마야데비 왕비는 룸비니에서 아쇼카나무 줄기를 잡고서 부처를 낳았다. 여기 쿠시나가르에서 열반에 들 때는 한 쌍의 사라수 아래 누웠다. 대나무도 무척 아꼈다. 그래서 라즈기르 빔비사라 왕의 대숲은 죽림정사라는 이름을 불교사에 올려놓게 되었다. 깨달은 뒤에는 나무 종류를 일곱 번씩 바꿔가며 그 그늘에 들어 깨달음의 기쁨을 누렸다.

먼 길 떠날 때 '스승님이 보고 싶어지면 어떻게 하면 좋겠습니까?'라고 제자들이 물으면 부처는 이렇게 답했다.

"나무를 심어라. 그리고 그 나무가 자라면 나를 보듯 대하라."

차팔라 언덕에 올라 열반을 선언하며 세상에 나와 만난 아름다운 인연의 이름을 두루 불러줄 때다.

여러 산과 연못과 동물과 절벽과 동물 농장의 이름이 나열되는데, 나무 이름으로는 망고만이 유일하게 불린다.

"……도둑의 절벽은 아름다웠다. 칠엽굴은 아름다웠다. 지바카의 망고 숲은 아름다웠다……."

그뿐만 아니라 부처는 법의 바퀴를 굴리는 길에서 어느 곳에 닿든 그 마을의 망고 숲을 먼저 찾았다. 그래서 좋은 망고 숲을 가진 그 고장 사람들이 부처와 남다른 연을 맺게 되었다. 부처의 여러 제자뿐만 아니라 라즈기르의 지바카와 바이샬리의 암라팔리와 파바의 춘다가 그랬다. 바이샬리의 원숭이들까지 그걸 알고서 망고 숲에다 부처가 목욕할 연못을 파지 않았던가.

나무를 '지혜의 집'으로 부른 만큼 부처는 보리수나무 그늘에서 얻은 깨달음을 나무가 낳아준 자식으로 보듬어 안았을 수 있었을 것이다. 그 나무는 흙과 냄 뿌리로 만난다. 출가 이래 평생을 맨발로 걸어 다닌 까닭을 여기서 찾아낼 수 있을지도 모른다. 부처는 맨발로 걸으며 흙 속에 맨 뿌리를 내린 나무가 되자고 했을 것이다.

불교는 식물적인 수밖에 없다. 태생이 그런데 어쩌랴! 나무는 그 불법의 어머니다. 불법을 부처의 몸으로 낳은 나무야말로 여성의 상징이다. 그 불법을 낳은 건 보리수라 하더라도 키운 건 아무래도 망고나무가 아닐까 한다. 낳은 정보다 기른 정이기 쉽다. 부처가 마지막 가는 길에서 다른 나무는 제쳐두고 망고나무의 이름을 부른 걸 봐도 그렇다.

부처에게는 그 어떤 나무보다도 망고가 여성적으로 느껴졌을 것이다. 그 망고 숲에 들어서야 '나무의 자식'인 깨달음이 그 어머니 젖을 닮은 망고의 사랑을 빨아먹고 자라는 그림이 그려지지 않았겠는가.

망고는 그 생김새로도 더없이 여성적이다. 경국지색의 암라팔리는 '망고나무 아래에서 주워온 아이'다. 그녀도 틀림없이 경국지색의 아름다움을 빛내는 두 개의 망고를 가슴에 달고 있었으리라. 그 망고에서 여성적 아름다움을 넘어선 법을 낳은 모성의 아름다움을 느낄 수 있었기에 부처는 그녀의 공양과 그녀의 망고 동산을 스스럼없이 받아들일 수 있었을 것이다.

부처가 마지막으로 돌아가고자 했던 곳은 고향이라는 이름으로 불리는 모든 목숨과 아름다움의 근원이었다. 그곳에서 그는 어머니의 젖을 다시 한 번 빨고 싶었을지 모른다. 모든 나무들의 수액! 그것은 이 세상의 모든 목숨과 아름다움을 키워온 어머니의 젖이었던 것이다.

부처가 마지막으로 드러누워 바라보고 있는 북서쪽 언저리에 망고나무가 서 있었다. 여전히 길은 곧다. 망고나무 가로수들이 길섶으로 두 다리를 곧게 뻗고 있다. 망고나무 가로수 다리가 뻗어 나오는 그 소실점 끝에 쿠시나가르의 은밀한 숲이 드러나 보였다.

라마르바르 스투파가 어느새 다가왔다. 부처의 다비 터에 세워진 스투파다. 탑이라기보다는 큰 동산 같다. 부처 열반 뒤에 세워진 첫 축조물이다. 불탑의 시원인 셈이다.

망고나무가 조금 전에 "거기야 어서 달려가 봐. 거기에 '그'가 숨어 있단 말이야"라고 가르쳐준 곳은 거기가 아니다. 그곳에서 일 킬로미터쯤 더 떨어진 촌락에 부처의 열반상을 모신 열반당과 사리탑이 세워져 있다.

천문대처럼 둥근 창을 두르고 있는 열반당과 송이버섯처럼 생긴 사리탑이 저만치 솟아났다.

나는 달렸다.

가슴이 방망이로 얻어맞은 듯 쿵쾅거리기 시작했다.

종고모가 우물에 투신했다는 소리를 듣고 어머니 손을 잡고 우물로 뛰어갈 때만 같았다. 꼭 그때처럼 가슴이 뛰었다.

서쪽으로 난 정문을 거침없이 뛰어들었다. 앞쪽에 세워진 열반당 안에 5세기경에 만들었다는 열반상이 황금색 가사를 두르고 조용히 눈을 감고 누워 있었다. 열반에 든 부처는 키가 육 미터나 되도록 컸다. 언젠가는 기억이 없지만 맨 처음 어머니나 종고모를 알아봤을 때 만큼이나 큰 몸이었다.

그 부처는 그 옛날의 종고모만 같았다. 죽은 종고모가 거적을 덮고 있듯 열반상의 부처도 가사로 온몸을 덮고 있었다.

그 열반상 둘레는 노랗고 빨간 꽃다발과 꽃잎들이 여기저기 뿌려져 있다. 그리고 바닥에는 태국에서 온 순례자들이 열반상을 둘러싸고 앉아 명상에 잠겨 있었다.

'그'는 어디 숨었나?

'그'가 바로 여기 누워 있는 부처일까? 그럴 리는 없다. 부처가 내 숨바꼭질에 끼어든 건 아니다. 그는 이 숨바꼭질 판을 만들어주었다. 또 술래를 찾도록 사대 불교성지라는 이름으로 이곳까지 이끌어준 것뿐이다. 그리고 끊임없이 '그'가 자신의 등 뒤에 숨어 있다는 암시를 줬을 따름이다. 그 부처의 등 뒤로 찾아가는 길이 지난 백 일간 걸어온 천오백 킬로미터의 방랑길이었다.

그렇다면 지금 기도 올리고 있는 이 순례자들 속의 어느 누구로 '그'가 변장해서 숨은 걸까? 한사람씩 샅샅이 살펴본다. 하지만 내 입은 결코 '에히 빅쿠'를 외치지 못한다.

오래전 부처는 바로 이 자리에 누워 자신의 발자취를 따라오라는 마지막 법문을 남기고 조용히 열반에 들었다.

그로부터 이천오백 년 세월이 흐른 뒤 한국의 한 방랑자가 그 길을 따라 걸은 끝에 당신 앞에 이렇게 서는 것까지 내다보고 있었을까?

그 어느 날 부처는 여기서 죽었다.

제자들이 슬피 울었다.

그러자 죽은 부처는 두 발을 관 바깥으로 내밀었다.

맨발이었다.

그의 맨발이 되어 그 맨발이 태어난 룸비니의 깨달음을 얻은 보드가야와 처음으로 법의 바퀴를 굴린 사르나트와 열반으로 들어간 쿠시나가르까지 그 맨발을 쫓아온 내게도 부처는 맨발을 내밀었다.

종고모의 주검을 덮은 가마니가 그러했듯 그 금란가사도 부처의 두 맨발을 다 덮지 못하고 있었다.

그 맨발이 입을 열었다.

"박쿠라 에히 빅쿠!"

그 맨발로 그는 천년의 약속을 지켰다. 나도 천오백 킬로미터를 걸어온 내 발걸음으로 그와의 그 오랜 약속을 지켰다.

그 약속의 맨발을 보는 순간 눈물이 걷잡을 수 없이 흘러내렸다. 스승의 부음을 듣고 급히 달려온 마하가섭도 지금 나처럼 구슬피 울었을 것이다. 그때 마하가섭에게 내놓았다는 맨발을 부둥켜안았다. 그리고 맨발에 뺨을 비벼댔다. 그 옛날 종고모의 맨발에 뺨을 비비던 감촉이 되살아났다. 나는 영원한 사랑의 살을 애무하고 있었다.

부처가 내게 무엇을 약속했는가를 알 수 있었다.

다시 입술이 파르르 떨렸다.

오늘의 이 영원한 하루를 만나 그 오랜 약속을 지키기 위해 나는 백일 동안 몸도 마음도 다 비우고 여기까지 걸어온 것이다.

이 길에서 그는 불멸을 약속했다.

이 길에서 그는 영원을 약속했다.

그리고 또 이 길에서 자유의 피둥피둥한 몸뚱이를 껴안고 뜨거운 눈물을 흘리게 될 것이라고 약속했다.

그것은 이미 부처 곁으로 가버린 산 친구들과의 오랜 약속과도 통했다.

걸음은 끝나도 길은 끝나지 않았다.

길은 영원했다.

길은 불멸을 기약했다.

길은 자유였다.

그런데 '그'는?

뺨을 문지르다 말고 나도 모르게 부처의 새끼발가락을 빨았다. 종고모 젖가슴의 젖꼭지 같았다.
그때 내 속에서 보드가야 보리수나무 아래에서 오체투지했을 때처럼, 하얀 빛 덩어리가 빠져나갔다.
그건 '나'였다.
열반당 천장에서 반딧불이처럼 날아다니던 그 빛은 그때까지 부처의 발가락을 빨고 있는 또 다른 나를 보고 소리쳤다.
찾은 것이다.
"에히 빅쿠!"
그 소리에 얼굴을 돌린 '그'를 보고서 나는 영원히 먼 태초의 시간에 처음으로 태어나는 아이 울음 같은 신음 소리를 내뱉었다.
'그'는 종고모와 어머니 품에서 젖을 빨던 젖먹이 시절의 바로 '나'였다.
나는 '그'에게 속삭였다.
부처의 그 큰 맨발에 네 그 작은 맨발을 펴서 맨발의 인사를 나눠보라고.

'그'는 내 말을 잘 들었다.
'그'는 곧 제 맨발을 황금으로 빛나는 그 큰 발에 가져가 댔다. 황금빛 발에 댄 '그'의 발은 정말 작아 보였다. 꼭 엄마나 고모의 발에 닿은 갓난애기 발만 같았다.

그때였다.

어디에선가 또 다른 부처를 잉태한 어머니의 양수가 터졌나 보다. 저 안개는 그 양수에서 피어올랐으리라!

안개가 '그'를 감쌌다.

안개 속에 '그'는 혼자가 되었다. 세상의 중심에 홀로 선 '그'라는 갓난아이는 사방으로 일곱 걸음씩 걸음 뒤에 사자처럼 외쳤다.

하늘과 하늘 사이에 나 홀로 우뚝하여라.

기원전 566년 사월 초파일에 네팔 룸비니에서 한 아이가 태어났다.

2010년 삼월 어느 날에는 인도 비하르 주 하타 마을의 레몬나무 밑에서도 한 아이가 태어났다.

그리고 1951년 시월의 어느 날 한국 경북의 청도 땅에서도 한 아이가 태어났다.

세 아이는 어머니 뱃속에서 양수에 둘러싸여 이 세상에 저 혼자 우뚝했다.

그래서 바깥세상으로 나오자마자 울음소리로 자기가 어디서 와서 어디로 가고 있는 누구인지를 어머니에게 알려드린 적이 있었다.

후기

먼 길을 걸었다, 그러나

귀국길에서다.

인도와 네팔의 국경을 통과할 때마다 이민국 직원이 시비를 걸었다. 왜 남의 여권을 가지고 왔느냐는 것이다.

그럴 만도 했다. 여권 사진 속의 나는 내게도 낯설었다.

어느 쪽이 진짜 내 모습일까?

양쪽 모두 가짜일지도 모른다. 이쪽도 저쪽도 껍데기이긴 마찬가지다. 내 껍데기가 이토록 검게 타고 말라비틀어지자, 다른 사람들이 모두 허여멀겋고 살쪄 보였다. 검은색은 흰색을 눈부셔 했다. 집으로 돌아와서 맨 먼저 한 짓은 그 반쪽 연탄 껍데기를 저울 위에 올려놓는 일이었다.

육십일 킬로그램!

고갱의 그림을 유서로 품고 남태평양 무인도로 떠나려 했던 그 중학교 삼학년 시절의 몸무게로 돌아가 있었다. 일찍 싹튼 반항심

만큼이나 조숙했던지 그때 내 키는 백칠십 센티미터를 넘었다. 성인이 되어 백칠십팔 센티미터까지 자라면서 인도로 떠나기 전까지 칠십사 킬로그램의 몸무게를 유지해왔다.

백 일간 '부처의 길'을 따라 천오백 킬로미터를 걸어가는 사이, 십삼 킬로그램의 살이 빠져버린 것이다.

나그네 길에는 거울이 없다. 걸음이 나를 어떻게 바꿔놓고 있는지 그 길에서는 겉모습이나마 확인할 길이 없다.

세상의 모든 집은 거울이라는 내시경을 가지고 있다. 집은 먹고 자고 사랑하는 곳이기 이전에 거울이 있어 자신을 들여다보는 곳이 된다.

집에서 본 거울 속의 나는 딴 사람이 되어 있었다. 뼈다귀에다 살갗을 살짝 도배한 듯한 몸이었다. 나이뿐 아니라 핏줄까지 짐작하기 어려운 몰골이었다. 검게 탄 얼굴에 툭 튀어나온 광대뼈와 더욱 곱슬곱슬해진 머리칼은 한국 사람이 아니라 어디 네팔이나 아랍에서 온 이방인에 더 어울렸다.

길을 떠나기 전에 나는 다른 사람이 되어서 돌아오리라 다짐했었다. 그 가출의 초발심은 목표를 초과달성했다는 걸 알 수 있었다. 완전히 다른 나라 사람으로 바뀌어버렸지 않은가!

그러나 (언제나 이놈의 '그러나'가 말썽이다. 아, 정말이지 '그러나'가 없는 세상에서 살고 싶다. 그러나, 이것 봐라 기다렸다는 듯 또 나타났다. '그러나'가 없는 세상은 없어서 잘나가다가도 이놈의 '그러나'에 걸리기만 하면 판이 뒤집어지거나 깨지고 마니 이 일을 어쩌랴) 바뀐 이 모습이 정말 내가 바라던 그 모습이었던가에 대해서는 도무지 자신이 서질 않았다.

아무래도 허우대 멀쩡하던 옛 모습이 겉보기에는 좋았던 것이다.

나는 치사했다.

깨달음이고 뭐고 다 버리고 예전 모습으로 되돌아가려 했다.

부지런히 먹고 마셨다. 술자리에서는 안주도 챙겨 먹고 좀처럼 입에 대지 않던 삼겹살로 배를 채우기도 했다. 한밤중에 일어나 라면을 끓여 먹기도 했다.

요는, 어서 살찐 돼지가 되고자 몸부림친 것이다. 그리고 하루에 열두어 번씩은 몸무게를 재보았다. 수면과 식사와 배설과 호흡, 걷기, 음주와 노래방에서 춤추며 노래 부르기, 독서와 목욕 등 인간 활동이 몸무게에 미치는 영향을 연구하는 과학자의 시간을 몇 달간 살았다. 하지만 그렇게 애를 써도 체중계 바늘은 육십삼 킬로그램을 넘지 못하고 그 언저리서 바들바들 떨기만 했다.

그러자 그 짓도 두어 달 만에 싫증이 났다. 고집스러운 체중계를 저만치 밀쳐버리고 저녁마다 술친구들을 만나 술잔을 기울였다.

인도에서 돌아온 지 넉 달쯤 지난 늦여름이었다. 어느 날 술에서 깨어나보니 나는, 아니 정확히 말해서 내 몸은 원래 모습으로 되돌아와 있는 게 아닌가. 바로 자리를 털고 일어나 한동안 쳐다보지도 않았던 체중계에 올라섰다.

칠십사 킬로그램이었다.

제자리로 돌아온 것이다.

체중계에서 내려와 나는 거울 앞으로 갔다.

거울 속에 인도로 가기 전의 내가 서 있었다.

언제나 술이 덜 깬 내가 거기 있었다.

언제나 잠이 모자라는 듯 보이는 아저씨가 거기 있었다.

언제나 피곤한 듯 눈자위가 벌건 늙은이가 거기 서 있었다.

나는 그에게 물었다.

"도대체 어딜 갔다가 온 거야?"

아저씨는 눈만 껌벅일 뿐 답이 없다. 아직도 술이 덜 깬 눈치다.

다시 물었다.

"제자리로 돌아오지 않을 나침반을 들고 백 일 동안이나 걸었다며? 그런데 제자리로 돌아오고 말았잖아. 그러면 도대체 인도엔 왜 간 거야?"

그래도 황소처럼 눈만 껌벅이던 그 아저씨는 그제야 뭔가 감을 잡았다는 듯 고개를 떨구고 불과 예닐곱 달 전 '맨발의 땅'을 백 일간이나 걷느라 생고생했던 맨발을 한동안 내려다보았다. 맨발을 쓰다듬더니 발바닥에 팬 고랑의 주름들을 살펴보기도 했다. 그러고는 고개를 들어 말도 안 되는 헛소리를 늘어놓기 시작했다.

되돌아온 자의 긴 변명이었다.

"산은 산이고 물은 물이다. 인도로 가기 전의 세상이 그랬네. 그러나 인도에 가서 걸어보니 산은 산이 아니고 물은 물이 아니었네. 인도에서 걷는 동안 세상을 보는 눈은 얼굴에서 내려와 발바닥에 붙게 되었지. 발의 눈으로 본 세상이 그랬다는 거네. 그렇게 걷는 동안 내 발의 눈은 세상을 또다시 달리 보게 되었네. 산이 곧 물이었고 물은 곧 산이었다네. 나는 그 거꾸로 된 세상 속을 끝없이 걸었다네. 그 길 끝에서 내 맨발의 눈은 죽은 부처의 맨발을 보았지. 그 부처의 맨발이 내게 말해주었네. 그래도 산은 산이고 물은 물이라고. 제자리로 돌아온 거야. 정말 덧없는 노릇이었어. 그래서 부처는 '모든 것은 덧없이 변한다'는 마지막 법어를 남겼겠지. 하지만 제자리로 돌아오긴 했지만 사실은 제자리로 돌아온 것은 아니야. 겉으로 보기에는 돌아온 것 같지만 속은 아니란 말일세. 인도에서 돌아온 지금의 산과 물은 인도로 떠나기 전의 산과 물과는 달라져버렸기 때문이지. 그런 의미에서만 인도인들이 말하는 갠지스 강물에 두 번 몸을 담글 수 없다는 아포리즘이 제대로 이해되는 것이지. 산은 산이고 물은 물이라는 명제의 첫 단계와 마지막 단계에 쓰인 산과 물은 같은 언어로 표현되었을 뿐, 의미적으로나 논리적으로 차원이 다른 산과 물이라는 얘기지. 이렇게 되돌아온 것을 두고 부처는 깨친다고 했고, 또 장자는 되돌아온 행위에 주목해서 무위라는 말을 썼지. 첫 단계의 산과 물은 존재 차원의 산과 물에 지나지 않거든. 그게 두 번째와 세 번째 단계를 거치며 의미 차원의 그것과 합일된 경지로 올라서는 거지. 그 첫 단계의 산과 물에서 마지막 단계의 산과 물로 올라설 수 있는 유일한 방법으로 부처는 사대성지를 걸어서 가라고 가르쳤다네. 걸을 때라야 비로소 도를 닦는 행위가 되는 거야. 그리고 그 길을 걸어 제자리로 돌아올 수 있어야만 그 걸음이 오히려 헛되지 않는 법이거든. 제자리로 그대로 머물러 있는 것과 먼 길을 걸어서 제자리로 돌아온 것은 아주 다르지 않겠느냐고. 같은 제자리라도 한쪽은 길이 없고 다른 쪽은 길이 있는 것이지. 모든 걸음은 목적이 없어야만 해. 산 정상이나 여행 명소 따위를 목적지 삼아 걸어서는 등산이나 관광 놀이로 끝나지. 걸음 끝에 깨우침을 얻겠다는 생각마저 버려야만 해. 비운다는 것은 바로 제자리로 돌아오는 것이란 말일세. 그 허망함에 진실로 솔직해질 수 있어야 하네. 그게 진정한 비움이지. 한 번 죽는 것과 같아. 그럴 때 비로소 허물이 벗겨져 새롭게 태어나는 거지. 그러니 제자리로 돌아온 이 몸까지도 용서해주게나. 이건 껍데기에 지나지 않아. 다시 떠나면 이 껍데기가 또 변할 텐데 뭘. 껍데기에 연연하지 마. 다시 길을 떠날 채비나 갖추라고 살을 도로 찌워준 거야. 길을 걸으며 그 길에서 다시 버려야 할 것들이 잠시 자네 몸에 머물고 있는 것뿐이라고. 그때까지 그 나잇살과 술살과 친하게 지내게. 그 살들 또한 부처 말씀대로 자네가 속세와 맺은 인연 따라 일어났고 또 인연 따라 사라지지 않겠는가."

혼잣말인가 했더니 어느 때부터 아저씨는 나를 쳐다보며 넋두리 같은 변명을 늘어놓고 있었다.

제자리로 돌아온 그가 한없이 애처로워 보였다. 그래서 그의 변명은 마음속으로 되뇌며 나름으로 위로하려 했다.

"산은 산이고 물은 물이다? 아니다. 요즘의 산은 산이 아니고 물 또한 물이 아니다. 그러면? 산은 곧 물이고 물은 곧 산이네. 위아래도 없고 안팎이 뒤바뀐 지 이미 오래되었지. 그러나 먼 길에서 돌아와 다시 보니 그래도 산은 산이고 물은 물이다."

제자리로 돌아온 듯 제자리로 돌아오지 못한, 다시 말해 나에게로 미치도록 걷고자 했으나 너에게로 미치도록 걷게 된 이 백일간의 발걸음으로 용수철을 말해본다.

용수철을 말해보다

용수철은 용하다

닫힌 동그라미 같은데 닫혀지지 않은
그런 사랑 같아서
그런 기억 같아서

용수철을 따라 동그랗게 걸어가 본다

제자리로 돌아온 것 같은데 어느새 기억의 자리만큼 나아가 있는 사랑의 자리 같아서

용수철 걸음을 멈출 수 없네

용수철 따라 밤하늘 별자리 걸어가면 용수철 모양 우주를 새롭게 기억할 수 있을 것만 같아

같은 별자리인 듯 새로운 별자리 지키고 있는 하늘에게 용수철의 말을 걸어보면 어느새

시간을 빙빙 돌려 공간으로 빙글 이어주던 기억!

용수철은 참으로 용하다

기억상실증에서 용수철처럼 용하게 되돌아왔다며

철물상 주인은 그렇게 말했다

부처의 길, 백일간의 여정

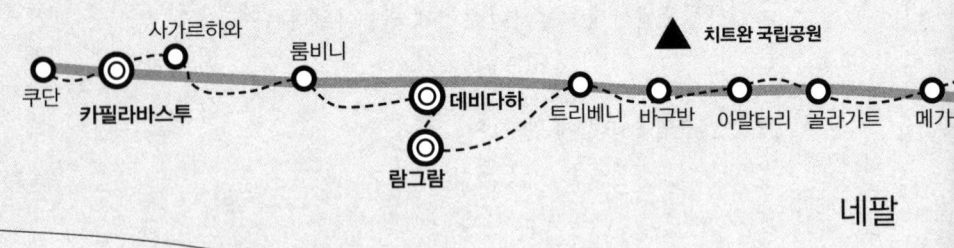

- - - - - - 저자 행로
──── 네팔·인도국경

카트만두
주아니
피드라하니
르나가르
헤타우다
비르간지
락솔
수가울리
케사리아
바이샬리
포우라
파트나
힐사
날란다
라즈기르
가야
바라톨라
카스타
구라루
다람푸르
보드가야
바라
인도

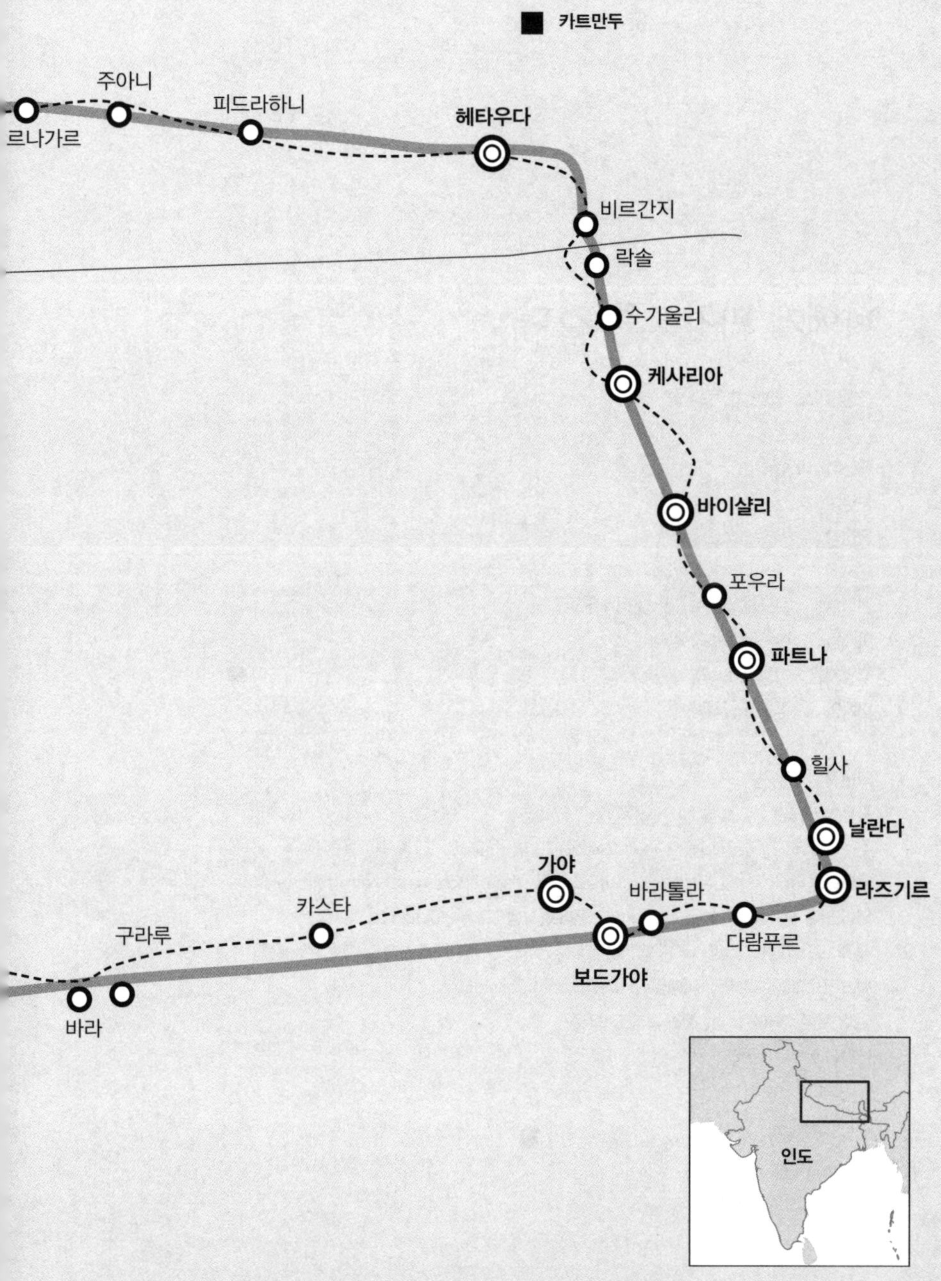

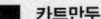

너에게 미치도록 걷다

개정판 1쇄 2025년 9월 5일

지은이 박인식
펴낸이 허연
편집장 유승현

편집부 정혜재 김민보 고병찬 이예슬 장현송
마케팅 한동우 박소라 임성아
경영지원 김정희 오나리
디자인 김보현 한사랑

펴낸곳 매경출판㈜
등록 2003년 4월 24일(No. 2-3759)
주소 (04557) 서울시 중구 충무로 2(필동1가) 매일경제 별관 2층 매경출판㈜
홈페이지 mkbook.mk.co.kr **스마트스토어** smartstore.naver.com/mkpublish
페이스북 @maekyungpublishing **인스타그램** @mkpublishing
전화 02)2000-2630(기획편집) 02)2000-2646(마케팅) 02)2000-2606(구입 문의)
팩스 02)2000-2609 **이메일** publish@mkpublish.co.kr
인쇄·제본 ㈜M-print 031)8071-0961
ISBN 979-11-6484-802-7(03810)

© 박인식 2025

책값은 뒤표지에 있습니다.
파본은 구입하신 서점에서 교환해 드립니다.